新编21世纪高等职业教育精品教材 ◆ 物流类

采购与供应商管理

CAIGOU YU GONGYINGSHANG GUANLI

翟光明 编著

中国人民大学出版社
·北京·

图书在版编目（CIP）数据

采购与供应商管理/翟光明编著. --北京：中国人民大学出版社，2021.10
新编 21 世纪高等职业教育精品教材. 物流类
ISBN 978-7-300-29945-7

Ⅰ.①采… Ⅱ.①翟… Ⅲ.①采购管理-高等职业教育-教材②物资供应-物资管理-高等职业教育-教材
Ⅳ.①F252

中国版本图书馆 CIP 数据核字（2021）第 199522 号

新编 21 世纪高等职业教育精品教材·物流类
采购与供应商管理
翟光明　编著
Caigou yu Gongyingshang Guanli

出版发行	中国人民大学出版社		
社　　址	北京中关村大街 31 号	**邮政编码**	100080
电　　话	010－62511242（总编室）		010－62511770（质管部）
	010－82501766（邮购部）		010－62514148（门市部）
	010－62515195（发行公司）		010－62515275（盗版举报）
网　　址	http://www.crup.com.cn		
经　　销	新华书店		
印　　刷	北京昌联印刷有限公司		
规　　格	185 mm×260 mm　16 开本	**版　　次**	2021 年 10 月第 1 版
印　　张	15.25	**印　　次**	2021 年 10 月第 1 次印刷
字　　数	276 000	**定　　价**	42.00 元

前　言

随着全球经济一体化进程的加快，企业采购部门正面临着需求预测不准、产品技术更新加快、部分强势供应商价格和技术垄断、生产计划多变、库存控制难度大、满足需求与降低采购成本之间的矛盾日益突出等问题。如何建立高效的采购管理运作体系，让采购部门前期参与产品开发和推进标准化，降低采购成本；如何进行询价、比价与供应商成本构成分析；如何提升采购业务操作技能，规避采购风险；如何从战略层面搞好业务外包、供应商开发与评估；如何做好供应商绩效考核，使供应商持续改进；如何同供应商建立战略合作伙伴关系，整合外部资源，降低采购成本等，已成为企业发展的“瓶颈”。因此，做好采购与供应商管理是企业可持续发展的重要基础。

本书借鉴了企业目前在采购与供应商管理中最新的实践成果和成功经验，以实际管理程序和业务操作流程为主线，全面系统、深入浅出地阐述了采购管理职能与流程优化、采购业务操作、询价比价与供应商成本构成分析、采购成本控制、招标管理、采购谈判、采购合同管理与风险防范、采购绩效评估、企业业务外包、供应商的选择与评估、供应商绩效考核和供应商关系管理等内容，书中附有优秀企业采购与供应商管理的操作程序，为读者提供了有价值的参考资料。

本书突出了先进性、实用性和可操作性的特点，可以作为普通高等院校、高等职业院校采购和物流管理专业及其他相关专业的教学用书，也可以作为企业从事采购业务及供应商开发、评估与管理等人员的培训教材或学习参考书。

编者在书中融入了个人近二十年的企业采购管理经验及为数百家跨国企业、世界500强企业、股份制企业和民营企业提供采购与供应商管理培训和咨询时所获得的信息资料和成功经验。本书在编写过程中参考和引用了企业、学术界同行的有关资料、著作、教材及案例等，在此一并表示衷心的感谢！

编者

2021年8月

目　录

第一章　采购管理职能与流程优化 …… 1
第一节　采购管理概述 …… 1
第二节　采购管理职能与采购流程优化 …… 4
第三节　采购管理中的跨部门协作 …… 8
第四节　采购方式创新 …… 11
第二章　采购业务操作 …… 15
第一节　采购业务操作流程 …… 15
第二节　采购订单管理 …… 20
第三节　物料跟催管理 …… 24
第四节　进货验收 …… 30
第五节　货款结算 …… 33
第三章　询价比价与供应商成本构成分析 …… 40
第一节　供应商定价方法与报价策略分析 …… 40
第二节　询价与比价 …… 45
第三节　供应商成本构成分析 …… 53
第四节　供应商成本指数变动与价格调整 …… 56
第四章　采购成本控制 …… 60
第一节　影响采购成本的因素 …… 60
第二节　降低采购成本的途径 …… 63
第五章　招标管理 …… 72
第一节　招标概述 …… 72
第二节　招标文件 …… 78
第三节　投标文件 …… 81
第四节　开标 …… 84

第五节 评标 …… 86
第六章 采购谈判 …… 95
第一节 采购谈判概述 …… 95
第二节 采购谈判流程管理 …… 101
第三节 采购谈判常用技巧 …… 112
第七章 采购合同管理与风险防范 …… 120
第一节 采购合同的概念及内容 …… 120
第二节 采购合同的订立与争议处理 …… 122
第三节 采购风险防范 …… 136
第八章 采购绩效评估 …… 147
第一节 采购绩效评估概述 …… 147
第二节 采购评估指标和标准 …… 150
第三节 提升采购绩效的措施 …… 155
第九章 企业业务外包 …… 160
第一节 业务外包概述 …… 160
第二节 外包的方式 …… 164
第三节 自制与业务外包决策 …… 167
第十章 供应商的选择与评估 …… 175
第一节 供应商选择程序 …… 175
第二节 供应商评估与审核 …… 191
第十一章 供应商绩效考核 …… 201
第一节 供应商绩效考核体系建立 …… 201
第二节 供应商绩效考核实施 …… 206
第三节 供应商绩效考核结果的处理 …… 212
第十二章 供应商关系管理 …… 221
第一节 供应商关系的发展趋势 …… 221
第二节 供应商关系策略 …… 224
第三节 供应商整合 …… 229

参考文献 …… 238

第一章 采购管理职能与流程优化

第一节 采购管理概述

一、采购的基本概念

采购是人类社会最常见并大量存在的行为，其历史可以追溯到人类“诞生”的时候，不过那时的采购是以交换（物物交换为主）的形式进行的。随着人类社会的进步，采购的形式及职能都发生了变化，不变的是采购仍然是各企业所共有的职能，也是企业经营的开始环节，同样也为企业创造价值。因为它是保证生产正常运转的必要条件，为企业降低成本、增加盈利创造条件。

采购是指企业在一定的条件下从供应市场获取服务或产品，将其作为企业资源，以确保企业生产经营活动正常开展的一项企业经营活动。企业采购一般可分为生产性采购和非生产性采购。

（一）生产性采购

生产性采购又称直接物料采购，是指直接用于产品生产所消耗的物质资料的采购。生产性采购包括原材料、辅助材料、外构件（标准件）、外协件（定制件）、包装材料等的采购。生产性采购具有批量采购、重复采购、采购渠道固定的特点，采购合同采用年度框架协议形式，因此，具备了战略采购与采购业务分离的条件。采购部的核心业务是战略采购，为了使采购与物控部门更好地进行协调，汽车、机械、家电等制造行业都将采购业务职能划归生产管理部门或物流部门，而食品、制药、化工等行业与生产计划需求绑定的包材、外协物料的采购业务也可划归生产管理部（物流部），这也是生产企业采购管理体制改革的趋势。

（二）非生产性采购

非生产性采购又称间接物料采购，是指非直接用于产品生产所消耗的物质资料采购。非生产性采购包括建设工程、生产设备、备品和备件、办公用品、劳动保护用品、软件、服务、咨询等采购。非生产性采购具有需求不确定性及采购渠道不确定的特点，因此，非生产性采购的战略采购与采购业务一般不分离，除非是固定的采购渠道。

二、采购管理

采购管理就是对整个企业采购活动进行计划、组织、指挥、协调和控制。

采购管理除涉及采购业务本身外，还涉及采购部门与设计、质保、请购、生产计划、物料控制等部门的跨部门协作，包括供应商开发、评估与日常管理，询价、比价、供应商成本构成分析、价格谈判与签约，订购、采购订单跟催、货物验收及付款，前期参与产品设计开发、推进产品设计标准化、参与产品价值工程分析、降低采购成本从源头做起等。

三、采购职责定位

一般而言，企业采购过程包括根据需求提出采购计划、审核计划、选择供应商、经过商务谈判确定价格、交货及相关条件，最终签订合同并按要求收货、付款等过程，如图 1-1 所示。

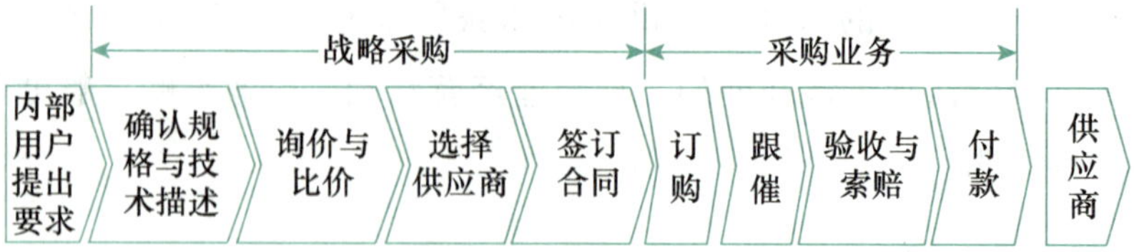

图 1-1　采购过程

通常可以从以下几个方面理解采购的概念：

（一）战略采购

即从资源市场上取得资源的过程。外资企业将战略采购称为 Sourcing，Sourcing 的词根是 Source，即资源。所以简单地理解，Sourcing 是寻找资源，即寻找合适的供应商。在新产品开发中，Product Sourcing 就是为新产品找供应商。如果想把产品生产转移到低成本国家，就称为全球采购（Global Sourcing），或低成本国家采购（Low Cost Country/Region Sourcing）。

为了更好地获得优质资源，降低采购成本，战略采购职能包括对内能在前期参与新项目与新品开发、参与价值工程（Value Engineering，VE）与价值分析（Value Analysis，VA）、推荐产品标准化、降低采购成本从源头做起；对外能进行询价、比价、供应商成本构成分析、供应商评估与选择、谈判与签订合同、供应商考核、供应链资源整合、降低采购成本与供应商合作关系管理等。

（二）采购业务

采购业务即将资源从占有方转移到需求方的过程。外资企业将采购业务称为 Purchasing 或 Buy。采购业务职能包括根据物料需求计划或需求进行部门请购、制订采购计划、下达采购订单、催货、到货验收与索赔、付款等业务过程，可以说，采购业务是对供应商交货的管理，属于物流业务的范畴。

不少企业的战略采购与采购业务职能归属采购部，导致采购部门既要开发及管理供应商，又要下订单、催货、协调生产计划与需求，采购人员就像救火队员。采购人员每天忙于处理对企业贡献不太大的需求协调、缺货、质量纠纷等事宜，没有足够的精力去解决对企业贡献更大的问题，如降低采购成本，提高供应商供货质量和物流服务水平等。图 1－2 所示为采购管理时间成本与贡献率的关系。

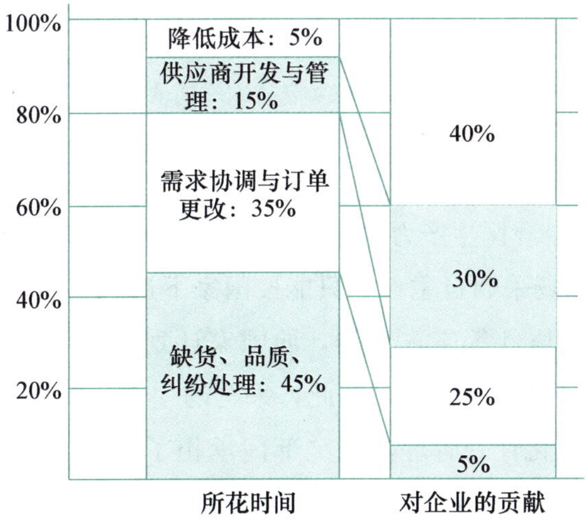

图 1－2　采购管理时间成本与贡献率的关系

因此，为了充分发挥战略采购的作用，企业有必要根据生产类型、物品需求的不同特点和资源可得性，将战略采购与采购业务分离开来。

第二节 采购管理职能与采购流程优化

一、采购管理职能的演进与采购组织体系

采购管理职能演进伴随着经济的发展，我国经历了供应管理、采购管理和资源管理三个阶段，如图 1－3 所示。

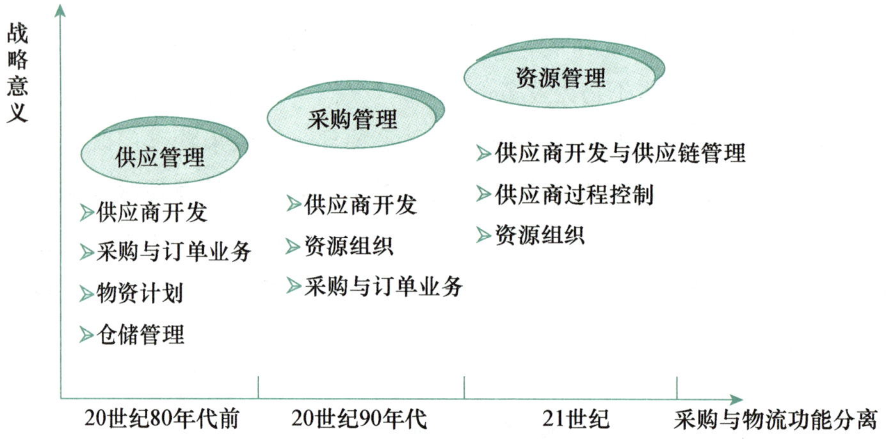

图 1－3 采购管理职能的发展

（一）供应管理阶段

20 世纪 80 年代前，我国生产力水平较低，资源紧缺，生产资料实行按计划分配供应的体制，企业没有市场采购自主权，只能按国家下达的生产计划制订生产设备更新及原材料、外购件、外协件等需求计划，向国家计划部门申请，由国家计划部门对物资进行分配，由指定供应商供货，因此，采购的主要功能是制订采购计划、订货、催货与付款等。为了强化计划管理，采购部门承担了采购、制订物资计划和仓储管理职能，其组织机构如图 1－4 所示。这种组织机构有利于控制需求请购，统一计划管理与物资供应，但采购部门不仅负责采购、计划管理，还要负责仓储管理，权力过大，不利于对供应商的监管，也不利于物料计划与生产计划的协调。

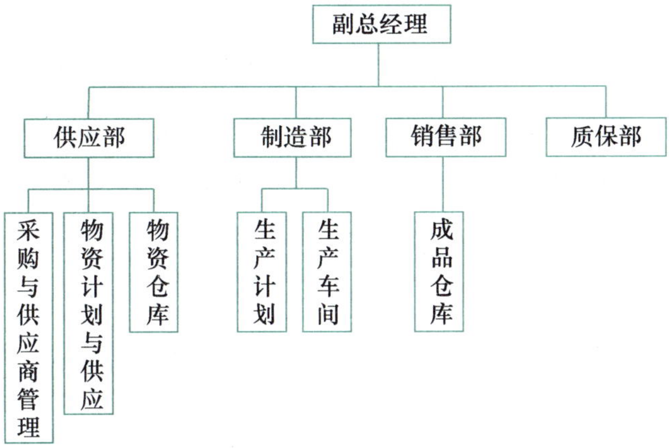

图 1-4 供应管理阶段的组织机构

（二）采购管理阶段

20 世纪 90 年代，我国全面进入市场经济，企业竞争加剧，集中精力降低采购成本、控制库存、强化供应商开发与管理成为企业采购管理的重要任务。因此，不少制造企业开始将物资计划与仓储管理从采购部剥离出去，而物资计划与仓储管理部门成为采购部门的服务对象和监督者，其组织机构如图 1-5 所示。这种组织机构有利于加强生产计划和物资计划的协调与控制，强化仓储服务与把关职能，但没有从根本上解决在生产计划多变的环境下物资采购与生产计划协调不良的问题，这个问题在以外协和外购为主的汽车制造、家用电器、机械装备等制造业中表现突出，因而这种组织机构比较适合以原材料采购为主的制药、食品、化工等非机械制造型企业。

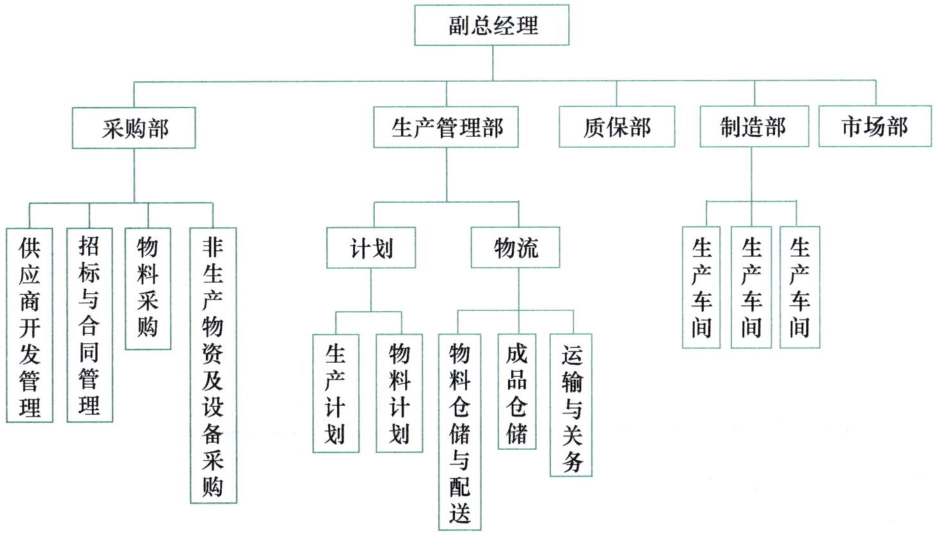

图 1-5 采购管理阶段的组织机构

（三）资源管理阶段

进入 21 世纪，我国经济进一步对外开放，大量引进外资，同时也引进了一些管理思想和管理模式，尤其是欧美制造企业的经验，将战略采购商务功能与采购执行功能分离，将与生产计划绑定的外购件、外协件采购业务划归生产管理部门或物流部门，其组织机构如图 1－6 所示。这种组织机构有利于采购部门集中精力搞好供应商开发、评估与管理、谈判与签约及与供应商建立长期的战略合作伙伴关系；同时，也有利于采购业务与生产计划、物资计划之间的协调，提高对市场需求的快速反应能力。因此，这种组织机构的采购部门的核心职能是战略层面、商务层面的，汽车、机械、家电等制造型企业一般都采用这种模式，而制药、食品、化工等非机械制造型企业有关包材、定制物料等采购业务归生产管理或物流部门管理。

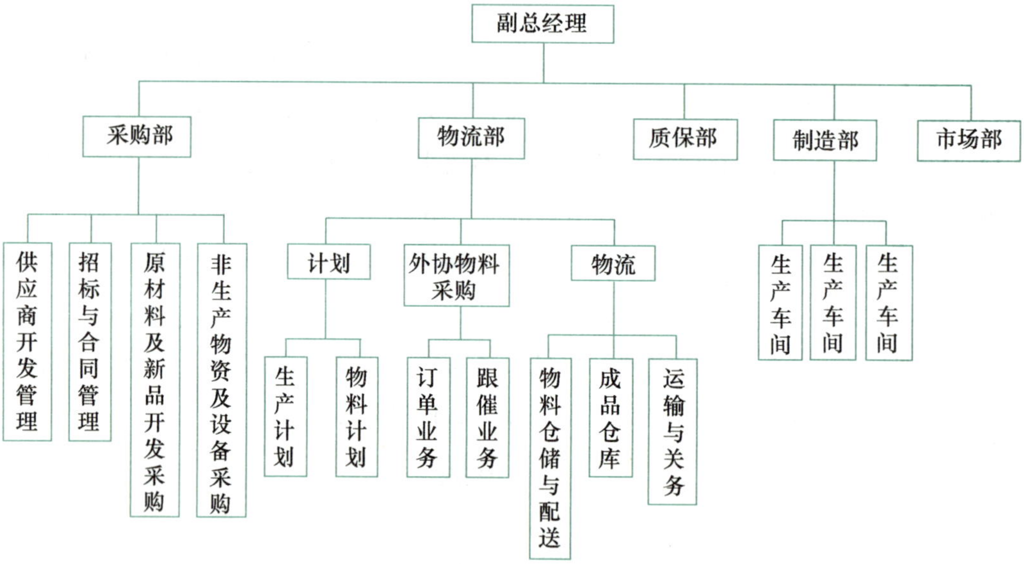

图 1－6　资源管理阶段的组织机构

二、采购流程优化

采购流程从采购需求确认开始，物料采购应首先确定能否选择原有供应商，否则按供应商开发程序选择新供应商，采购流程如图 1－7 所示。

为获得更好的资源，提高采购效率，降低采购成本，采购流程优化包括以下方面。

（一）采购部

采购部将主要精力放在选择供应商、同供应商谈判及签订“合作框架协议”上，对供应商供货质量和服务水平的监控通过实施详细的采购框架协议来保障（包括供货

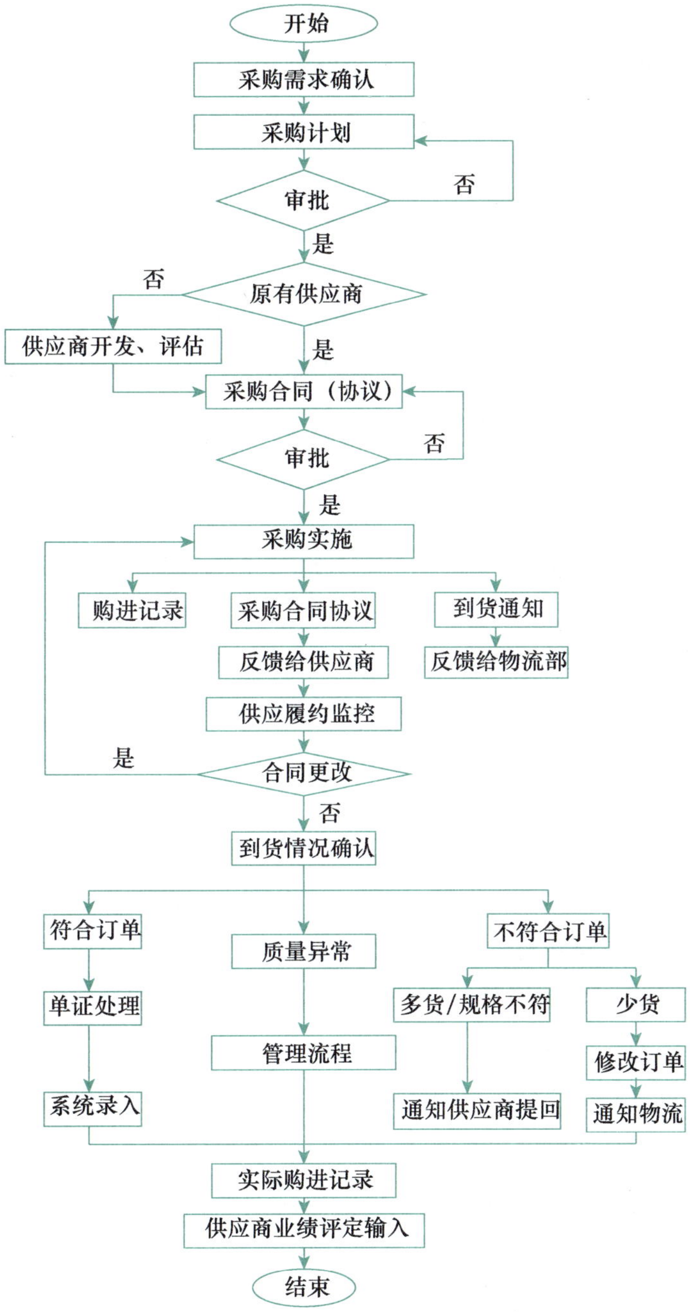

图 1－7　采购流程

问题具体处理办法、责任追究与处罚等），具体来说，就是将采购框架协议（同供应商签订的规则）移交给生产与物料控制部（或称物流部门）执行。

（二）物料采购员

物料采购员依据“合作框架协议”和物料计划下订单，并催货（新产品和零星采购由采购部下订单和跟催）及办理验收、索赔与付款事宜。

（三）其他部门

只要不涉及“合作框架协议”变动问题，质保、物流、技术工艺等部门应依据框架协议同供应商横向联系，处理“合作框架协议”执行中出现的问题。

多部门前期参与供应商选择与评估，如图 1－8 所示。为确保供应商严格履行“合作框架协议”，采购、质保、物流、技术工艺等多部门参与供应商的开发、评估和考核。

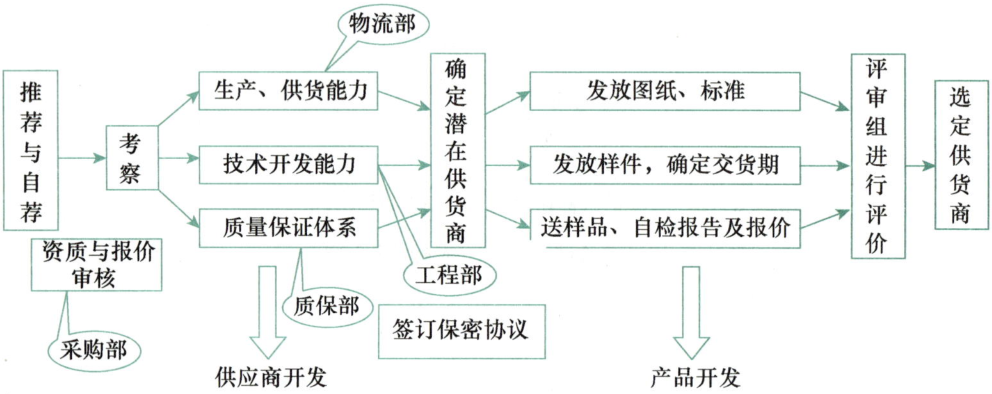

图 1－8　多部门参与供应商开发

(1) 采购部负责起草“合作框架协议”中有关商务条款，并对供应商资质、报价等进行评估，负责供应商开发全过程管理与协调。

(2) 质保部供应商质量管理工程师负责起草“合作框架协议”中有关质量条款，并对供应商质量体系、产品质量等进行评估。

(3) 物流部负责起草“合作框架协议”中有关物流条款，负责前期进入企业的物流及包装容器的规划，并对供应商产能、物流过程进行评估。

(4) 技术工艺部门负责起草“合作框架协议”中有关产品生产技术、工艺条款，并对供应商生产加工过程进行技术、工艺的评估。

第三节　采购管理中的跨部门协作

由于采购业务牵涉范围广，相关部门多，为了使采购业务顺利进行，获得良好的工作绩效，除采购人员的努力外，还需要企业内部各有关部门的密切配合。

一、目前企业采购与其他部门协作存在的十大问题

（1）采购部门前期参与新项目开发不够。

（2）需求申请、计划审批与库存控制协调不够。

（3）需求部门紧急要料多，需求申请人对需求变化规律把握不准，计划控制人对库存控制力度不够。

（4）产品编码不规范，质量标准描述不明确。

（5）计划变动与产品物料清单更改。

（6）采购与质保、工程技术部门沟通不畅，因技术更改与新品开发使采购处于被动地位。

（7）供应商管理和监控力度不够，供应商供货不够及时，质量有时不稳定。

（8）供应商考核有制度，但执行力不够。

（9）需求部门指定品牌和供应商。

（10）设计部门设计产品时未考虑产品标准化及降低采购成本。

二、跨部门协作不良的六大原因

（1）各部门考虑自身利益。

（2）各部门缺少沟通信息的主动性。

（3）业务程序不完善。

（4）人际关系影响业务操作的规范性。

（5）部门之间未建立为内部客户服务与过程评审的监督体制。

（6）管理机构设置不够完善，信息沟通不畅，反应慢。

三、采购部门与企业内有关部门的协调内容

（一）与营销部门协调

（1）营销部门应向采购部门提供正确的营销预测及营销目标等资料，以使采购计划有效执行。

（2）营销部门制定产品价格时必须事先预估制造成本，尤其是占主要部分的材料成本。在预估材料成本方面，采购部门应充分协助。

（3）营销部门在接收客户紧急订单时，应充分考虑库存情况和采购周期，通过引

导客户，确定合适的交货期，以免延误交货。

（二）与生产管理部门协调

为确保原料供应的稳定性，采购部门和主管部门需要经常交换信息。生产管理部门应尽早通知采购部门有关产品的生产计划与物料需求计划，使采购部门有充裕的时间寻求货源，并与供应商议价。而采购部门必须通知生产管理部门其需要的购运时间及订购后可能发生的变化。如果生产计划或采购计划中的数量或时间有任何的改变，彼此都应迅速通知对方，以便及时做出适当的调整。

（三）与品质管理部门协调

采购人员必须熟悉有关品质的标准，以便从供应商处购买符合质量要求的物料。采购人员由于直接与供应商接触，能帮助品质管理部门建立供应商所能配合的一套检验标准。而品质管理部门也应将检查结果告知采购人员，借以考核供应商。因此，采购部门与品质管理部门的协调关系如下：

1. 品质管理知识

采购人员应随时向品质管理部门学习品质管理的知识，以便在与供应商谈判时明确物料品质标准，以免在交货时与供应商在质量标准和检测方法等方面产生分歧。

2. 品质标准

采购部门应与品质管理部门保持密切联系，以使品质管理部门随时提供必要的协助，使请购规格与验收标准吻合。

3. 物料验收

品质管理部门在因厂商交来的物料不符要求而拒收时，应立即通知采购部门，以便采取必要的措施。

4. 开发供应商

采购部门与品质管理部门应共同开发供应商，以确认供应商是否具备供应所需品质和数量产品的能力。

（四）与技术部门协调

为降低采购成本，采购人员早期应参与产品开发过程，随时提供有关物料规格、性能、价格等最新信息，供技术部门参考，推进产品标准化。技术部门在设计物料规格时，不可过分强调追求理想情况，而忽略价格和市场因素；而采购部门也不可太强调价格因素而忽略品质要求。因此，技术部门应征询采购部门的意见，而采购部门应根据市场信息，建议执行适当的规格标准。总之，两部门必须密切协调，才能顺利进行采购。

（五）与生产现场协调

采购部门提供生产现场所需的物料，两部门关系密切，但是两部门却有不同的立场。通常，生产现场希望能快速供应物料，以免发生断料停工现象；而采购部门则希望能有充足的时间进行议价，以降低采购成本。因此，在采购的购运时间方面，彼此要互相尊重，充分协调，切勿意气用事。

另外，对于“自制”或“外包”的决定，生产现场与采购部门彼此立场与见解也可能不同，此时应根据成本分析结果，以客观的态度共商解决办法。

（六）与财务部门协调

每一项采购交易，从订购到交货、请款、付款，都需要进行财务处理。财务部门还可为采购部门提供各项有关的计算资料，如应付账款余额统计、实际支出金额与预算金额比较、材料成本计算、价差绩效计算等。

（七）与仓储部门协调

大量采购可以降低物料的单位成本，但存量的增加会相应提高仓储成本。因此，为了使整体的采购成本降低，采购部门与仓储部门必须进行良好的沟通与协调，设计适当的最低存量及订购点。

采购部门应在订购作业完成时，将有关交货时间与数量等资料提供给仓储部门，以便仓储部门事先准备所需空间，而仓储部门也应定期将存量记录通知采购部门，以便控制存量。另外，对于退货、呆料、缺料等问题，采购人员也应协助仓储人员处理。

第四节　采购方式创新

企业需要的物料可以通过不同的采购方式获得，采用何种采购方式一般由市场资源供需状况、物料需求特征、采购金额及政府有关法规决定。不同采购方式有各自的利弊，合理选择采购方式，对降低采购成本、规避采购风险有十分重要的意义。

一、集中采购与分散采购

企业采购可以集中进行，也可以分散进行。

（一）集中采购

集中采购是指企业采购部门对企业所需资源统一选择供应商，统一谈判，与供应商建立合作关系，又称统一采购。

1．优点

（1）企业集中各部门或分公司的需求，有利于提升企业采购谈判地位和议价能力。

（2）有利于获得采购规模效益，获得供应商的折扣，降低采购成本。

（3）有利于同供应商建立长期合作伙伴关系，可以充分利用供应商技术、服务等资源。

（4）集中采购规模大，金额高，一般采取公开招标、集体决策的方式，有利于防止采购腐败，有效防范采购风险。

（5）有利于采购决策中专业化分工和专业技能的提升，同时也有利于提高采购专业化水平。

（6）利用同供应商签订“合作框架协议”的方式，实行采购商流与物流操作分离的采购方式，有利于简化采购作业程序，提高采购与物流管理的效率。

2. 缺点

采购决策周期长，灵活性差，对于分公司分散的集团公司来说，专用物料、零星需求的物料集中采购成本高。

（二）分散采购

分散采购是指企业各部门根据各自预算和需求自行采购的采购方式。

1. 优点

采购决策快，灵活方便。

2. 缺点

采购成本高，议价能力低，谈判筹码少，采购人员不专业，采购风险大，容易产生采购舞弊行为。

（三）集中采购与分散采购的合理选择

集中采购与分散采购各有利弊，如何合理选择集中采购或分散采购方式，发挥各自优势，取长补短，是企业经营决策和采购管理体制改革的重要课题。

1. 统谈、统签、统支付

企业采购部门统一选择供应商、统一谈判、统一签约、统一支付的采购方式。这种采购方式主要适合以下情况：

（1）企业范围内数量和资金量大、同质性、模块性的需求（大宗原材料、系统供货等）。

（2）大型通用设备和工艺装备。

（3）战略性供应链搭建与规划选点（整合各地需求资源，搭建战略性供应链联盟）。

（4）物流服务采购。

2. 统谈、分签、分支付

企业采购部门统一选择供应商、统一谈判，由各部门与供应商签约和支付的采购方式。这种采购方式主要适合以下情况：

（1）与其他部门共享同一渠道的不同需求。

（2）物流外包资源整合，第三方物流服务采购。

（3）战略性供应链联盟。

（4）工程建设及专业设备、技术。

（5）普通类和综合类的采购，包括办公用品、空调、计算机、打印机、复印机、传真机等办公设备。

（6）设备维修备件的委托代理采购。

3. 自行采购

对于资金量小，实现统一采购不具优势且影响采购效率的物资，由各部门根据生产经营的实际需要自行采购。这种采购方式主要适合以下情况：

（1）数量小、金额小的物资。

（2）专用、非标物料或配件。

（3）临时需求。

（4）无法整合集团公司资源的采购项目。

（5）部分间接物料、非生产物资与服务采购等。

二、招标采购

招标采购是指通过在一定范围内公开购买信息，说明拟采购物品或项目的交易条件，邀请供应商或承包商在规定的期限内提出报价，经过比较分析后，按既定标准选择条件最优惠的投标人并与其签订采购合同的一种采购方式。

招标采购是在众多供应商中选择最佳供应商的有效方法，它经常用于比较重大的建设工程项目、新企业寻找长期物资供应商、政府采购或采购批量比较大等情况。它体现了公平、公开和公正的原则。

三、市场比价采购

市场比价采购就是对两个以上卖方提供的产品或服务，在质量相同的情况选择价格最低的采购渠道；质量有差异的选择质量略低但价格更低的采购渠道。因此，要采用市场比价采购方式，就必须对供应商进行成本构成分析，通过分析了解价格背后真正的含金量。

四、网上采购

随着我国电子商务与快递业的迅速发展，电子商务企业经营的商品正从消费品向工业品拓展。目前，各种类型的工业品网上超市正在迅速发展，为企业提供了价格透明、交易简便的采购渠道，如图 1－9 所示。

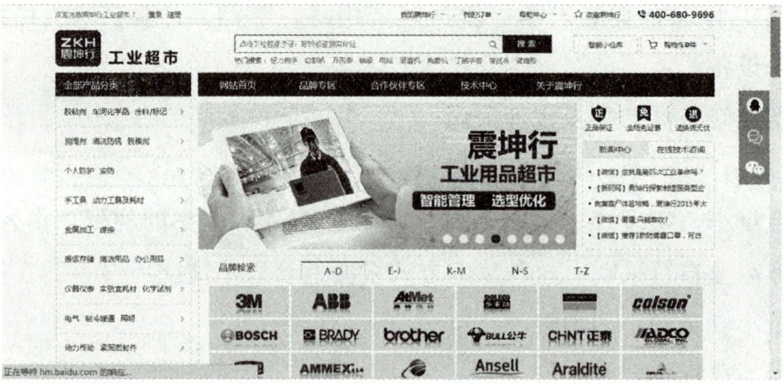

图 1－9　工业品网上超市之一

五、联合采购

联合采购是指多个没有行政隶属关系的企业之间自愿连锁采购的采购方式，其实质是采购联盟行为。联合采购的目的是追求规模经济效益，降低采购成本。

六、委托代理采购

委托代理采购又称采购外包，即需求方指定品牌和供应商，委托一级供应商（制造商或中间商）向二级供应商采购。目前，委托代理采购在发达国家或国内的外资企业中普遍采用。需求方委托代理采购的目的是降低采购风险和成本，获得优质的服务。委托代理采购方式适合需求量小、采购频次高、库存控制困难的物料、设备维修部件、五金配件等物料的采购。

第二章

采购业务操作

第一节 采购业务操作流程

采购业务操作流程通常是指采购生产所需的各种原材料、辅料和零部件等物料的业务操作过程。在这个过程中，购买方首先要确认需求，进行询价和比价，寻找相应的供应商，调查其产品在数量、质量、价格、信誉等方面是否能满足购买要求；其次，选定供应商后，要以订单方式将详细的购买计划和需求信息传递给供应商，并商定结款方式，以便供应商能够按照购买方的要求准确地进行生产和供货；最后，要定期对采购物料的管理工作进行评价，不断改善采购流程，创新采购模式。所以，采购作业流程是覆盖从采购计划制订、供应商认证、谈判、合同签订、执行到供应商考核、监控的全部过程。采购业务操作流程如图 2-1 所示。

一、识别需求与确定规格

（一）识别需求

识别需求是采购过程的起点。如果这个步骤没有做好，那么后面的所有步骤都将是有缺陷的。所以正确地走出第一步至关重要。

采购起源于企业中某部门的确切需求。需求部门负责请购的业务人员应该清楚地知道本部门的需求，包括需要什么、需要多少、何时需要，并根据需求编制采购请购请单（以下简称请购单）。采购申请可以来自生产或使用部门，可以来自销售或广告部门，也可以来自实验室等。表 2-1 所列为一张典型的请购单。

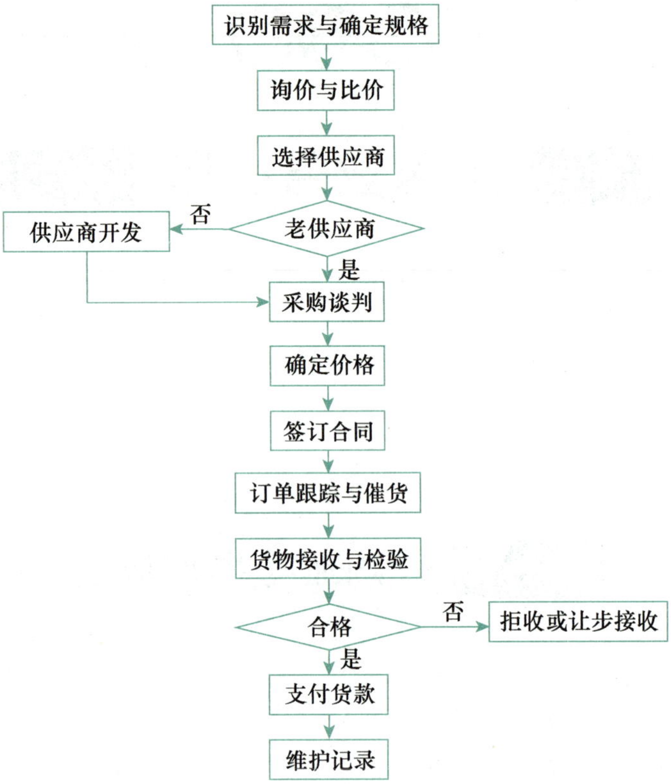

图 2-1　采购业务操作流程

表 2-1　请购单

申请部门______编号______ 预算额______日期______				
品名、规格	物资编码	单位	数量	技术描述
需要日期： 对送货要求： 请购人： 审批人：				
说明：一式两份，原件送采购部门，申请者保留文件副本。				

请购单内容包括请购日期、编号，请购部门，涉及的单位、数量，所需物料的完整描述，物料需要的日期和特殊的送货说明等。

（二）确定规格

通常用规格来描述所需产品或服务，规格是“对产品或服务属性的说明”。对所需产品或服务加以准确描述是采购成功的关键。

1．产品规格

事实上有些产品的规格很难描述，如颜色、手感、外观等。因而需要请购人员对其加以准确描述。

2．服务规格

企业采购的服务类型很多，包括物流、运输、仓储、广告、安保服务、保洁服务、教育培训、设计服务、管理咨询等。

服务在许多方面不同于有形产品，制定服务规格是非常重要的，但也是非常困难的。

（1）服务规格制定的困难。

许多产品的需求可以阐明，如尺寸、原材料类型或者燃料消耗量等。服务是无形的，通常制定服务规格比制定产品规格更困难。例如，物流服务及时、培训效果显著、服务周到等，衡量服务质量要素往往都是非定量因素，需对服务质量进行科学定义，并通过确定服务目标及考核指标衡量服务的好坏。

（2）服务协议。

服务规格经常被称为服务协议，这些协议是服务提供者和客户之间签订的，规定服务提供者应达到的服务质量和成本费用目标，通常服务提供者应达到的服务质量和成本费用目标是服务接受方支付劳动报酬的依据。

二、询价与比价

询价与比价是采购的前期阶段。通过各种渠道调查同类产品的供应商报价，比较价格高低及产品、服务差别，了解市场供需及价格行情，为采购预算和锁定供应商范围打下基础。

三、供应商开发与选择

供应商开发与选择是采购的核心职能，它直接关系到企业能否获得优质、低成本且长期稳定的资源的战略问题，因此，供应商开发与选择的实质是如何同供应商建立长期合作关系。开发供应商一般包括供应商报价、资质认证、现场考察、潜在供应商评估及最终选择供应商等程序。

四、采购谈判

谈判是指在商业交易中，个人、团体、组织、社团、社会以及不同国家之间，为了达成协议而进行的商议、讨论或讨价还价的过程。

采购谈判是实现采购目标的关键环节。采购谈判应包括技术谈判和商务谈判。因此，采购谈判一般由采购、质保及工程技术等部门的相关人员共同参与，在谈判中扮演不同角色，施展谈判策略和技巧，通力合作才能取得谈判的成功。

五、确定采购价格

确定所需支付的价格是采购过程中的一项重要决策。采购价格是否合理主要体现在以下两个方面：

（1）通过询价和比价，在同等质量与服务水平下比较价格的高低。

（2）通过价格与成本构成分析，判断其成本构成的合理性。具体来说，就是对供应商的报价与其所提供的产品质量和服务内容的衡量。

因此，确定采购价格是否合理，应进行询价、比价，还要对供应商成本构成进行分析，通过科学分析，才能判断采购价格的合理性。

六、签订合同

合同可以定义为双方或多方当事人之间的一份法律协议，这份协议可在当事人之间建立一种具有法律约束力的关系。

价格谈妥后，应办理订货签约手续，即签订合同——具有法律效力的书面文件，在合同中对买卖双方的要求、权利和义务必须予以说明。

七、订单跟踪与催货

订单跟踪与催货是采购业务实施的主要内容，也是采购合同履行的关键环节。提高订单跟踪与催货的执行力是确保供应、防止缺货的必要措施。

供应商产能、资源供求关系的变化及运输物流过程中的意外都会导致供应商供货不及时或供货的意外中断，造成企业停工待料的严重后果。通过订单跟踪与催货，可以及时发现供货异常，及时采取措施，调整生产计划，避免缺货带来的损失。

八、货物接受与检验

货物接受与检验是确保入库货物数量准确、质量完好的关键环节。验收结果也是支付货款的依据。把好入库验收关，就是对采购货物进行数量、重量、外观和内在质量的检验。仓储人员应严格按采购订单的要求收货和验货，质保人员应按质量与技术要求进行质量检验。验收操作应达到及时、准确和严肃的要求。

九、支付货款

供应商在交货验收合格后，随即开具发票，收货方及时履行付款义务。付款前，采购部门应核查发票与订单、仓库收料单的一致性，防止供应商多批次送货重复开发票，造成重复付款的漏洞。财务部门除审核采购核销的单证外，必要时核对采购合同，经审核无误后才能付清货款。

十、维护记录

经过以上步骤后，对于一次完整的采购活动而言，剩下的就是更新采购部门的记录。凡经结案批示后的采购案件，均应列入档案，登记、编号并分类，予以保管，以备参阅或事后发生问题时查证。档案应具有一定保管期限。例如，一张可以作为与外界所签合同证据的采购订单一般要保存 7 年，应该比作为备忘录的采购申请单的保存期限长。要保存的记录有以下几种：

（一）采购订单目录

目录中所有的订单都应被编号并说明结案与否。

（二）采购订单卷宗

所有采购订单副本都应编号后保管。

（三）货物文件

记录所有货物或主要项目的采购情况（日期、供应商、数量、价格和采购订单编号）。

（四）供应商历史文件

列出与交易金额巨大的主要供应商进行的所有采购事项。

（五）投标历史文件

在投标历史文件中指明主要物料项目所邀请的投标商、投标额、成功的中标者等信息，这些信息可以清楚地反映供应商的投标习惯和供应商之间可能存在的私下串通情况。

第二节 采购订单管理

一般在选择供应商、订立合同后签发采购订单。采购部门应在采购合同框架内拟订采购订单，采购订单与采购合同有同样的法律效力。采购订单描述了采购所需的重要信息，包括数量、物料规格、质量要求、价格、交货日期、交货方式、送达地址等。

采购订单伴随着物料的流动贯穿整个采购过程。采购订单的目的是实施订单计划，购买采购环境中的物料项目，为生产过程输送合格的原材料和配件，同时，对供应商群体绩效表现进行评价和反馈。

采购订单操作流程如下：

一、订单准备

（一）熟悉需要订单操作的物料项目

采购人员有时会遇到从没有采购过的物料项目，对其采购环境不一定熟悉，需要花时间了解物料项目的技术资料等。订单本身也有难易差异。所以，采购人员必须熟悉订单操作的物料项目。

（二）确认价格

制定采购订单的人员应对采购价格负责，不能把价格的确定责任全归于认证人员的责任。制定采购订单的人员有权向采购环节价格最低的供应商下订单，以维护采购的利益。

（三）确认项目质量需求标准

制定采购订单的人员与供应商联系最紧密，最清楚供应商的变化，订单标准是否需要调整，订单操作应发挥监督作用。

（四）确认项目的需求量

订单计划的需求量与采购环节订单容量应该相适应，或者小于采购环节订单容量。若大于采购环节订单容量时，认证人员要扩充采购环节订单容量。

（五）制定订单说明书

订单说明书是订单准备环节的输出，包括项目名称、确定的价格、确定的质量标准、确定的需求量、是否需要扩展采购环节订单容量等方面。此外，还包括相关的图纸、技术规范、检验标准等，见表 2－2。

表 2－2　采购订单

订货日期：			订单编号：	
订货单位名称：	订购单位编号		电话/传真	
供应商名称：	供应商编号		电话/传真	

序号	料号	品名、规格	单位	数量	单价	金额	交货数量及日期
合计	仟　佰　拾　万　仟　佰　拾　元　角　分						
交货方式				交货地点			

交易条款

1. 交期与数量
供应商必须遵循本订单的交期或本公司采购部电话及书面通知调整的交期，货物发出时须电话通知交货数量。
2. 品质
(1) 检验方法：按国家标准抽样检验。
(2) 工艺达到工程图纸要求。
(3) 品质保证期限为 3 个月。
3. 不良品处理
(1) 检验后如发现品质不良，供应商接到通知后 1 天内负责换货，逾期造成损失的责任由供应商方承担。
(2) 若急用需从其他渠道紧急采购，由此产生的额外费用由承制厂商负责。
4. 送货单、发票
交货时需在送货单上注明本订单号，并附上开立金额统一的发票，发票上须注明订单号，并按料号注明数量、单价及金额。

总经理	采购主管	采购员

二、选择供应商

（一）查看供应商档案

应在经评审的合格供应商范围内选择供应商，还要结合对供应商月度和年度业绩的考核结果，确定采购份额。一般供应商考核结果可分为 A、B、C 三个等级。根据企业对供应商考核业绩和采购份额分配的有关规定下订单。

（二）分析供应商供货能力

企业需求量与供应商供货能力、供货周期及最小供货批量往往不能保持一致，需要进行平衡。为避免因供应商路程远、供货周期长或一次供应量过大而造成积压的问题，可让两家或两家以上供应商交叉供货。

（三）与供应商确认供货意向

对采购需求应让供应商事先了解，并得到供应商的确认，供应商销售市场变化、组织结构的调整、设备的变化、厂房的扩建等都影响供应商的供货。因此，为确保供应商供货，应为供应商提供3个月的滚动预测计划和一个月的确认计划，以便供应商调整生产计划，力争做到需求与生产同步。

（四）确定意向供应商

在权衡供应商绩效、产能、供货周期及合作关系等因素的基础上，确定采购意向供应商，这是订单操作的关键环节。

（五）发放订单说明书

既然是意向，就应该向供应商发放相关技术资料，一般来说，采购环节中的供应商应具备已通过认证的物料生产工艺文件。如果是这样，订单说明书就不需包括额外的技术资料。供应商在接到技术资料分析后，即向采购方做出“接单”还是“不接单”的答复。

（六）确定物料供应商

通过以上过程，制定采购订单的人员就可以确定本次订单计划所投向的供应商，必要时可上报主管审批。供应商可以是一家，也可以是若干家。

三、签订订单

在选定供应商后，接下来要做的工作就是同供应商签订正式的采购订单。采购订单因采购物料的要求、供应的情况、企业本身的管理要求、采购方针等要求的不同而各不相同。签订采购订单一般需要经过以下过程：

（一）制作订单

拥有企业资源计划信息管理系统的企业，在供应商认证或签订采购框架协议时，就将价格、供货能力、供货周期、最小供货批量或最小包装数等信息维护到系统中，制作采购订单的人员直接在信息系统中生成订单，供应商通过系统接收客户需求信息，作为供货的依据。在其他情况下，则需要制作采购订单的人员编制和打印订单，通常企业都有固定标准的订单格式，而且这种格式是供应商认可的，制作采购订单的人员只需在标准合同中填写相关参数（如物料名称代码、单位、数量、单价、总价、交货期等）及一些特殊说明书后寄发给供应商，作为双方将来交货、验货、付款的依据。

（二）审批订单

审批订单是订单操作的重要环节，一般由专职人员负责。订单需审查的主要内容包括以下几点：

（1）采购订单的物料描述、价格与供货方式、供货周期和最小供货量及包装方式等是否与合同相符。

（2）所选供应商是否均为合格的供应商。

（3）采购份额是否与供应商业绩考核结果及公司有关份额分配的规定相符。

（4）价格在允许范围内，到货期是否符合订单计划的到货要求。

（5）制定采购订单的人员是否按照订单计划在采购信息系统中正确操作。

（三）与供应商签订订单

经过审批的订单即可传给供应商，由其确定并盖章签字。签订订单的方式有以下四种：

（1）与供应商面对面签订订单，买卖双方现场盖章、签字。

（2）制定采购订单的人员通过传真将打印好的订单传至供应商，并且供应商以同样的方式传回。

（3）通过 E-mail 进行合同的签订，买方向供应商发订单 E-mail，卖方回复，则表示接受订单并完成签字。

（4）卖方在买方专用订单信息管理系统接收订货信息，经确认，则表明完成了订单的传递（如上海通用汽车、大众汽车就是采用企业资源计划系统下达需求计划，将该系统作为订货的方式）。

（四）执行订单

在订单签订之后，即转入订单的执行时期。加工型供应商要进行备料、加工、组装、调试等过程；存货型供应商只需从库房中调集相关产品，经适当处理后即可供货。

四、订单跟踪

为确保供应商供货安全、及时、准确、保质、保量，制定采购订单的人员必须在订单下达后及时跟踪订单执行情况，及时了解生产计划安排、执行是否及时，生产秩序、仓库发货、发运及承运过程是否正常，一旦发现供应商没有兑现合同承诺或发生突发事件，订单跟踪人员应迅速向相关领导反映情况，以便采取补救措施，避免因缺货导致生产中断的严重后果。

第三节 物料跟催管理

一、交期延误的原因分析

供应商交期延误的原因很多，有供应商的原因，有采购方的原因，还有其他原因，为防止交货延误或在发生交货延误时能够采取有效补救措施，有必要对交货延误的原因进行分析，以便采取相应对策。物料跟催管理程序如图 2－2 所示。

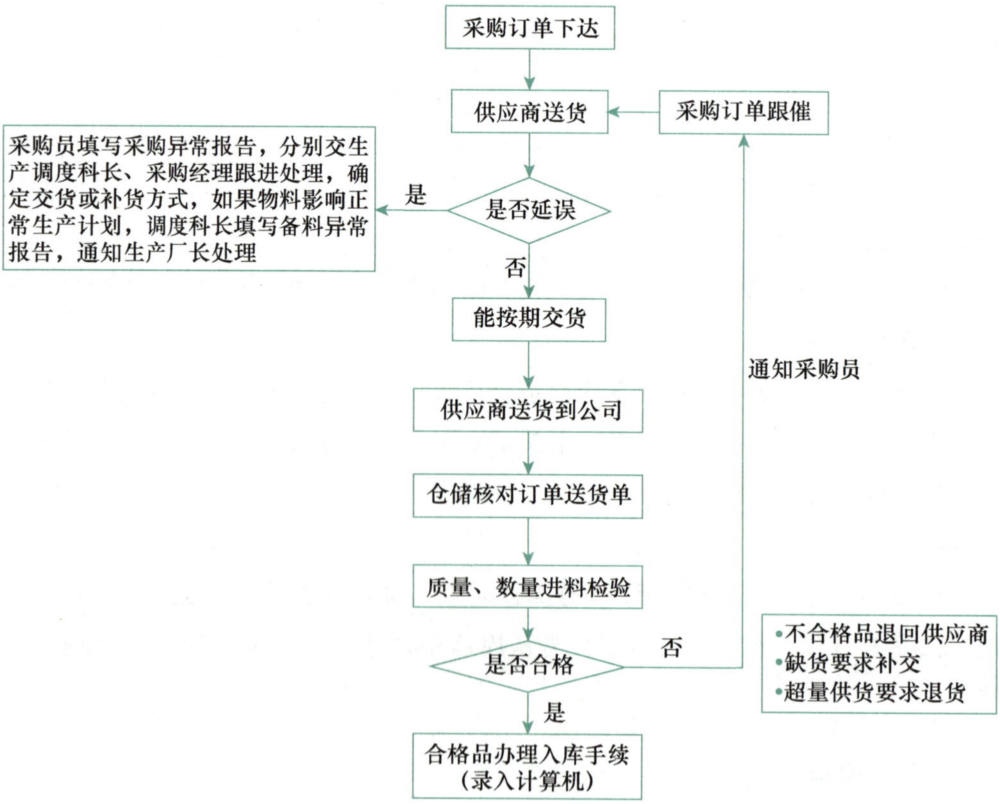

图 2－2　物料跟催管理程序

（一）供应商的原因

供应商延误交货的原因如下：

（1）接单量超过供应商的产能。供应商为获得更多的订单，不顾自身的产能和供货周期，盲目给客户承诺，发生延误时，拆东墙补西墙，使采购方面临缺货的风险或导致缺货。

（2）供应商技术、工艺能力不足。由于供应商不具备符合客户需要的生产技术和供应水平，供货后因质量、工艺等问题导致采购方无法让采购的物料正常投入生产，导致缺货。

（3）供应商对时间估计错误。因生产计划变化或生产进度管理不良，供应商事先未充分考虑可能会出现的意外情况，导致供货延误。

（4）供应商的生产材料出现货源危机。因原材料价格上涨或资源供不应求，某些原材料短缺，导致生产计划无法完成。

（5）供应商品质管理不当。因供应商技术工艺、质量检测未达到采购方的要求，供货后被判定不合格，供应商又无法补救，导致缺货。

（6）供应商经营者的客户服务理念不佳。供应商缺乏诚信，在产能不足或资源紧缺的时候不采取补救措施，未严格按订单交货。

（7）供应商对物流外包业务监管不严。因物流供应商运输计划执行不力、车辆调度不良或缺乏客户服务理念，导致交货延误。

（8）不可抗力原因。

（9）其他因供应商责任所致的情形。

（二）采购方的原因

1. 采购方采购部门的原因

因采购方采购部门责任导致交期延误的原因如下：

（1）供应商选择错误。未按规定严格评估供应商，包括对供应商产能、技术、质量及交货能力进行认证等，到交货延误时才发现供应商存在问题。

（2）下单量超过供应商的产能。未按供应商认证及合同规定的供货能力及供货周期下订单。

（3）业务手续烦琐或审批不及时。从请购、审批到下订单，各业务操作环节不够及时，执行力度不强，延误采购时机。

（4）更换供应商。因某供应商存在问题无法满足采购方的要求，必须更换供应商，而开发供应商一般需要经过一定的认证程序，若不能及时找到合适的供应商，就会导致缺货。

(5) 付款条件过于严苛或未能及时付款。因采购方付款方式不够灵活，审批时间过长，不能及时付款，导致供应商拒绝供货。

(6) 紧急订购。因销售预测不准、生产计划变动频繁，采购计划不得不随之变化，紧急订货难以避免，导致供应商供货不及时。

(7) 订货错误。因订货人员的原因发生错订物料的品种、规格、数量等，导致到货不能接收，再补订已为时过晚。

(8) 跟催不积极。订货人员工作责任心不强，下订单后未持续不断地了解订单执行过程，直到缺货时才发现供应商的问题。

2. 采购方其他部门的原因

因采购方其他部门责任导致交期延误的原因如下：

(1) 请购提前期不足。计划部门或使用部门未按采购周期的有关规定提前做好计划和请购，导致采购周期不够，到货延误。

(2) 产品描述不完整，技术资料不齐备。因使用部门对所需物料需求描述不完整，导致货物到达后，使用部门对技术工艺、质量要求产生异议，不能正常投入使用。

(3) 问题物料处理不及时。因相关部门对技术工艺、质量问题判定不及时，使问题物料得不到及时处理，导致停工待料。

(4) 生产计划变更或物料清单变更。

(5) 来料点收、检验不及时。未规定不同物料验收期限，验收人员验收不及时，导致来料不能投入供应。

(三) 其他原因

1. 采购方与供应商双方沟通不良所致的原因

(1) 未能掌握一方或双方的产能变化。

(2) 指示、联络不确实。

(3) 技术资料交接不充分。

(4) 品质标准和检测手段掌握标准不一。

(5) 单方面确定交期，缺少沟通。

(6) 未建立质量问题、交货延误及付款等问题的紧急处理机制。

2. 意外不可抗拒的因素

意外不可抗拒的因素包括车船事故、自然灾害及战争等。

二、跟催的有效办法

（一）下订单前规划

1. 制定合理的购运时间

将请购、采购、卖方准备、运输、检验等各项作业所需的时间予以合理规划，作为计划、请购部门业务操作的依据，避免因采购提前期不足造成到货延误。

2. 建立业务评审制度

由于市场状况变化莫测，因此，生产计划若有调整或物料清单有更改的必要，必须进行评审，征询采购部门的意见，以便对停止或减少送货的数量、应追加或新订的数量做出正确的判断，并尽快通知供应商，使其减少可能的损失，以提高配合的意愿。

3. 准备替代来源

供应商不能如期交货的原因颇多，且有些属于不可抗力。因此，采购部门应注重平时强化供应商的开发和培养，随时准备好替代渠道，产品开发部应根据采购资源瓶颈，推进产品标准化，或提供零部件的替代方案。

4. 预定流程进度与合理交期

（1）对内，采购企业对生产计划与物料计划、请购、采购、收货、验货、发货或配送等业务环节的作业周期进行标准化，作为相关部门操作和考核的依据，避免发生业务脱节、延误、货物紧急采购的现象。

（2）对外，采购企业应在采购订单或合同中明确规定，供应商应编制预定供货作业时间流程进度及交货进度表。

5. 合同中明确违约责任和处罚措施

（1）在签订买卖合约时，应加重违约责任和处罚措施，使供应商明白交货延误应承担的严重后果。

（2）强化供应商业绩考核。应建立供应商交货情况记录、评估制度，对如期交货或提早交货的供应商给予奖励或较优厚的付款条件。

（二）下订单后跟催

（1）下订单后请供应商提供生产计划或生产日程表，据以掌握并督促进度。

（2）定期打电话向供应商询问生产进度。

（3）建立跟催表或管制卡，切实掌握实际进度。

（4）了解过程中，当发现供应商说的与做的不一致时，尽快向对方负责人及高层管理人员报告，并及时投诉。

(5) 要不断在电话中提醒供应商的交期责任，要让对方保证产品生产，杜绝因人为因素造成交货期延误。

(6) 必要时去供应商生产现场进行查验。

(7) 随时准备好后备的供应商。

(三) 事后分析与改善

(1) 对交货迟延的原因进行分析并制定对策。

(2) 分析是否必须转移订单（更换供应商）。

(3) 执行对供应商的奖惩办法。

(4) 完成交易后剩料、模具、图纸等的回收工作。

(四) 跟催方法

1. 订单跟催法

按订单预定的进料日期提前一定时间进行跟催，具体包括：

(1) 联单法。

将订单按日期顺序排列好，提前一定时间进行跟催。

(2) 统计法。

将订单统计成报表，提前一定时间进行跟催。

2. 定期跟催法

在每周固定的时间将要跟催的订单整理好，打印成报表统一定期跟催。

3. 物料跟催表法

物料跟催表可据以掌握供料状况，跟催对象明确，确保进料。物料跟催表见表 2-3。

表 2-3 物料跟催表

产品	料号	名称	需求	库存	供需状况					在途	供应商	备注
					日期							
					需求							
					交量							
					短缺							

4. 物料跟催箱法

在采购部的办公室内设置一个物料跟催箱来取代传统的翻页打钩法。将这个物料跟催箱规划成 36 格，前面的 31 格代表一个月的 31 天，即第一格代表当月的第一天，第二格代表当月的第二天，第三格代表当月的第三天，以此类推，而其他格则是问题处理的档案及急件处理格，如图 2－3 所示。

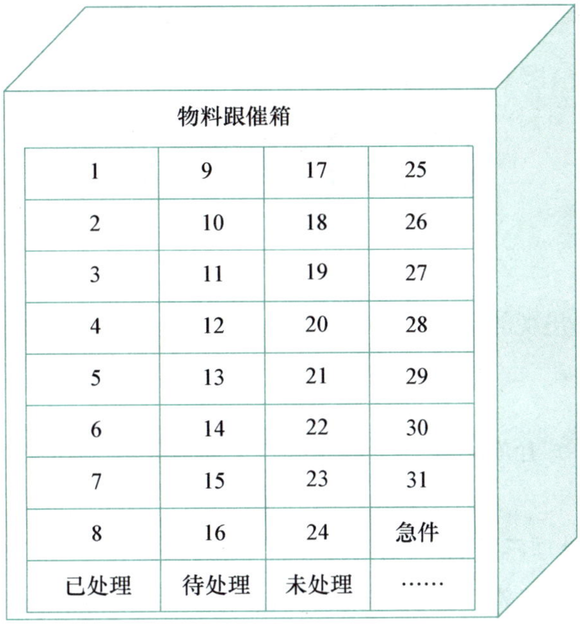

图 2－3　物料跟催箱法

采购人员按照所发出订单的预定进料日期，将这张订单放入适当的格内。假如某零件的预定进料日期是 9 日，则该零件的订单放在第 9 格内，该零件入库后，就把这张订单抽出来归档。若物料跟催箱内还存在单据，则表示该批物料尚未入库。

因为物料跟催箱内的订单会随物料的入库而被取出归档，采购人员可以集中精力跟催那些还存放在物料跟催箱内的物料订单。有时，采购人员已经尽力，但某些物料还是没有及时入库，这时就可以将这项物料的订单抽出，放到急件格内，让企业内相关部门的人员协助催料。

5. 分批采购法

在因供应商产能或质量原因不能按时供货的情况下，可要求供应商先提供小批量物料，以避免停工待料，同时为采购部门赢得向其他供应商采购的时间。

6. 盯人逼迫法

供应商延期供货时，采购人员应持续紧盯供方负责供货的相关人员，迫使对方最大限度地采取补救措施。

7. 生产会议逼迫法

通过生产会议方式，要求采购人员说明供应商延期交货的原因，并要求采购人员采取紧急措施，以免影响生产。

8. 实绩管理法

利用企业有关采购人员业绩考核机制，强化采购跟催的执行力度。

第四节 进货验收

一、进货验收易出现的问题

（一）单证不全

采购部门订单不到仓库，导致仓库验收没有依据；供应商到货单证不齐，影响验收进度。

（二）问题物料处理不及时

因单证不全、单货不符、送货差错或质量问题，采购或质保部门处理物料退换业务不及时，导致到货不能及时投入生产。

（三）到货信息沟通不及时

因采购人员不向仓库提供供应商到货时间、数量等信息，导致仓储部门处于被动状态，加班加点，增加成本，同时给仓储部门准备仓位及验收作业增加了难度。

（四）验收要求不明确

采购人员未向仓储人员提供不同物料的验收条件、标准和方法，导致仓储部门难以行使把关职责。

二、物料验收程序

仓储人员根据采购部门提供的订单，核对供应商的送货单及实物，确认无误后，将物料置于待检区域，清点数量，并通知质保部门前来检验。经检验合格后，仓储人员将物料存入指定的库位，并办理入库手续或录入系统；对于不符合验收条件、质量存在瑕疵且不能判定不合格，但又不宜退货的物料，应置于待处理区域；对于判定不合格的物料，应置于不合格品隔离区。物料验收程序如图 2－4 所示。

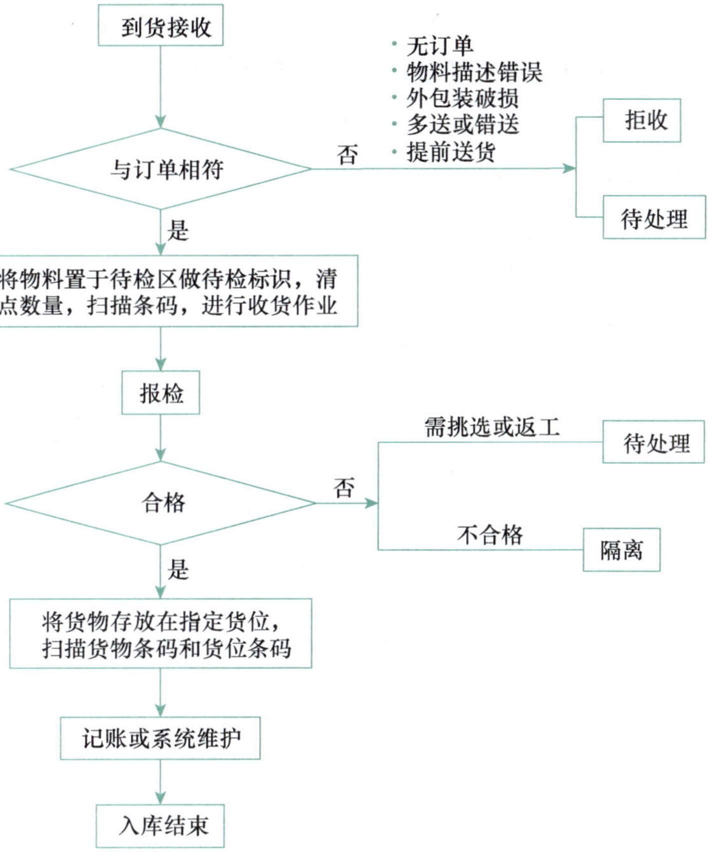

图 2-4　物料验收程序

三、验收的重点操作内容

（一）辨认供应商

辨认供应商即确认物料由哪家供应商供应。一批物料分别向多家供应商采购，或数种不同的物料同时进入企业时，更应注意这一问题。

（二）确定运交与验收日期

确定运交与验收日期是交易的重要条件，可测定供应商履约的可靠度。运交日期用以判定供应商的交期是否有延误，有时可作为延期罚款的依据；而验收日期可作为付款的起算日期。

（三）决定物料名称与品质

决定物料名称与品质即确认收料是否与原订购物料相符合，并判断物料的品质水准，将其作为接受、拒收或拒付的判断依据。

（四）清点数量

清点数量即清查实际运交数量与订购数量或交货单上记载的数量是否符合。对短交的物料，应立即促请供应商补足；对超交的物料，在正常情形下退货。

（五）通知验收结果

通知验收结果即将允收、拒收或特别认可的验收结果填到物料验收单（见表 2－4）上并通知有关部门。

表 2－4　物料验收单

供应商名称：＿＿＿＿＿＿　　编号：＿＿＿＿＿＿

供应商编号：＿＿＿＿＿＿　　日期：＿＿＿＿＿＿

订单号码	物料编码	品名规格	单位	送货数量	品质判定	实收数量	备注

质量检验员：＿＿＿＿＿＿　　仓储人员：＿＿＿＿＿＿

四、验收不合格的处理

（一）验收的数量与合约不符

若物料实收量不足且所差数量不多时，可同意补缴扣款结案。否则，应补足交货量且赔偿缺料所导致的损失。若实收数量超过合约所记载的数量，可依后续物料需求计划状况确定是否收取多交的物料。

（二）运输损耗的处理

运输损耗如果规定由采购方负责，则需在合约中规定损耗率的极限，若损耗超过此限度，则由承运经办者或供应商负责。

（三）拒收物料的退回

物料经查验不合格，需立即通知供应商自行运回，解除合约，责令其赔偿；如供应商不运回，则可依合约的规定收取保管费，或通知其逾期不运回将予以抛弃。但若不合格的物料仍可修补或调换，则可责令供应商修补或调换，不必解除合约，以免双方遭受重大损失。

（四）违约罚款的催收

供应商未能依约履行应尽的职责，依规定可令其缴纳罚款。

（五）特采

在物料需求紧急时，为避免因停工待料产生的损失，对不合格的物料予以特别认可，称为特采或特别认可。其方式可分为以下几种：

1. 质量偏差

（1）发生原因。送检批次全部不良，品质与验收标准有偏差，进料检验员判定为不合格。

（2）处理方式。由质检、工程技术、采购等部门共同研究，依据质量瑕疵和生产急需程度判定接收或拒收。

2. 重新加工

（1）发生原因。送检批次全部不良，因生产急需不宜退货，经质检、工程技术部门判定可以通过加工修复的方法满足生产需求。

（2）处理方式。由质检、工程技术、采购等部门共同研究，依据质量瑕疵和可修复程度判定接收或拒收，若可以接收，则派加工人员重新加工，以弥补品质的缺陷。

3. 全检和挑选

（1）发生原因。不良品过多，超过允许范围，被质检人员判定为不合格。

（2）处理方式。为避免停工待料，对送检物料进行挑选，合格者收下，不合格者退货。

第五节 货款结算

货款结算是整个采购业务过程中至关重要的一个环节，采购方能否按时支付货款是供应商最关心的问题，也是采购方的信誉所在。货款结算的过程是对采购业务最后把关和规避风险的关键业务环节。

采购方的付款操作一般是在通过物料质量或数量检验后，采购人员或者专职付款人员不仅要查询实际接收的信息，而且要审核仓库收料单、订单及供应商提供的发票，避免供应商多批次供货导致重复付款。为避免重复付款，供应商的送货单和发票、仓库收料单都必须注明合同号或订单号。付款操作包括以下几个步骤：

一、查询物料入库信息

对国内供应商的付款操作，一般是在货物运达并且完成入库验收等入库手续后进行的，因此，采购人员必须认真、准确、及时地查询货物入库信息，并着手办理货物付款手续。对于国外供应商，一般货物到岸或到指定的交易地点后必须及时验收，在验收后对供应商开具付款票据。对于长期采购的供应商，特别是有较好信誉的供应商，可按约定的付款周期付款，周期不宜过长。

二、准备付款申请单据

对国内供应商付款，需制作付款申请单，并且附合同、物料检验单据、物料入库单据、发票。付款人员要注意 5 份单据（付款申请单据、合同、物料检验单据、物料入库单据、发票）中的合同编号、物料名称、数量、单价、总价、供应商必须一致。

三、付款审批

付款审批由管理办公室或者财务部专职人员进行。审核内容主要包括以下几点：

（一）单据的匹配性

单据的匹配性即审核上述 5 份单据在 6 个方面（合同编号、物料名称、数量、单价、总价、供应商）的一致性和正确性。

（二）单据的规范性

首先是发票，其次是付款申请单，要求格式标准、统一，描述清楚。

（三）单据的真实性

单据的真实性即发票的真假鉴别、检验，入库单等单据的真假。

四、资金平衡

合理利用资金是对企业管理者的基本要求，特别是在资金紧缺的情况下，要综合考虑物料的重要性、供应商的付款周期等因素，以确定首先向谁付款。对于不能及时付款的物料，要与供应商进行充分沟通，征得供应商的谅解。

五、向供应商付款

企业财务部门接到付款申请单及通知后，就可以向供应商付款，并提醒供应商注意收款。

六、供应商收款

企业之间的交易付款活动一般通过银行进行。有时会因为付款账号疏漏，导致供应商收不到货款。对于资金量较大的付款活动，企业有必要在付款活动之后向供应商做收款提醒。

相关链接

×××公司采购控制程序

1. 目的

为使本公司采购作业有所依循，物料有所控制，履行提供适质、适量的采购职能，确保公司所采购的产品均能符合要求，特制定本程序。

2. 适用范围

适用于原物料、生产辅料、仪器设备、办公劳保用品等有形物的采购及承运、委外加工等劳务管理。

3. 职责

3.1 物料经理：订购价格在5万元以上订单的审核。

3.2 采购部：运输、办公劳保用品、生产及辅助材料、承运及委外加工的采购经办单位。

3.2.1 采购主管：采购计划的编制、5万元以下订单的审核及5万元以上订单的复核、急料的跟催。

3.2.2 采购员：订单的计算与下达、物料的跟催。

3.3 货仓部收料组：所有有形物料、设备及办公劳保品数量的验收。

3.4 进料检验部：所有生产及辅助材料品质验收。

3.5　工程部：仪器设备品质验收。

3.6　工模部：工模品质验收。

3.7　生产计划与物料控制部：生产计划的编排，物料的跟踪及交期控制。

4. 定义

4.1　订购点＝实际最低存量＝购备时间×每日耗用量＋安全存量。

4.2　购备时间＝处理订购时间＋供应商制备时间＋运交时间＋验收时间。

4.3　最高存量＝一个生产周期×每日耗用量＋安全存量。

4.4　存货订购量＝最高存量－安全存量＝一个生产周期×每日耗用量。

4.5　净需求＝计划生产量×物料清单＋损耗－库存量－已订未交量。

4.6　库存量＝现有库存－生产线已开单未领量。

4.7　已订未交量＝订购量－已交货数量。

5. 程序要点

5.1　下达月出货计划：生产计划与物料控制部接到订单计划后，经分析物料、产能及其他因素，编制月出货计划，并下达到采购部。

5.2　提出采购需求：

5.2.1　提出物料、半成品外协采购需求：

A. 订存货：物料库存到达订购点（实际最低存量）时，由采购员下达订购单进行订购，订购量介于“订购点”与“最高存量”之间。

B. 跟单订货：采购员查询库存报表（物料、半成品），展开物料清单，除去已订存货的物料，得到毛需求，再填制物料需求分析表，计算出净需求。

5.2.2　仪器设备等由使用部门填写请购单，5 万元以下经部门经理批准，超过 5 万元经副总经理批准方可下达订购单订购。

5.2.3　承运事务由使用部门填写请购单，5 万元以下经部门经理批准，超过 5 万元经副总经理批准方可下达订购单订购。

5.3　编制物料、半成品外协采购计划：计算出物料、半成品外包净需求后，根据月出货计划表和产品产能表，采购主管编制出采购计划表并交给物料经理审批。

5.4　物料订购及半成品外协：根据采购计划表，各采购员下达订购单至供应商办理订购事宜。

5.5　询问交货期：

5.5.1　下达订购单后，同时附上物料供应回复表至供应商，并要求供应商 24 小时内将表回复，回复交货期。

5.5.2　根据供应商回复的物料供应回复表，判断其交货期是否影响本公司的出货计划，若有影响，根据采购协议书，再与生产计划与物料控制部和供应商协调，协商一个合理的交期。

5.5.3　由生产计划与物料控制部填写交期交量变更通知单，经主管审核后送交销售部门，根据合同评审程序的规定与客户商讨交期变更事宜。

5.6　确定物料最后交期：供应商得到所有交期的协商结果后，于24小时内确定所有物料的最后交货期，并填在订购单上，回传至采购部，以确定违约责任。

5.7　进度控制：

5.7.1　根据回复的订购单，采购员编制物料进度控制表，经采购主管审核后进行物料跟催。

5.7.2　交期交量变更处理。

A. 供应商因内部原因而影响交期交量者，须尽快书面通知采购部门并重新确定交期，除按采购协议书确定其违约责任外，按5.5.3条处理。

B. 如客户有要求变更交期交量者，须由销售部门按合同评审程序和客户协议书的规定进行沟通协商，确定违约责任，若确认变更，将结果填于交期交量变更通知单上，并交给生产计划与物料控制部，生产计划与物料控制部书面通知采购部，采购部根据采购协议书确认是否可以通知供应商变更交期交量，若本公司有违反协议的相关条款，可与供应商协商变更事宜，以尽量减少公司损失。有关作业可参考合同评审程序和生产计划控制程序。

5.8　验收：按保管控制程序和进货检验与试验控制程序进行数量与品质验收。

5.9　记录维护：请购、采购订单等资料应由采购经办部门按品质记录控制程序的规定加以保管及维护。

6. 采购流程图（见图2-5）

7. 相关文件

7.1　生产计划控制程序。

7.2　合同评审程序。

7.3　保管控制程序。

7.4　进货检验与试验控制程序。

7.5　品质记录控制程序。

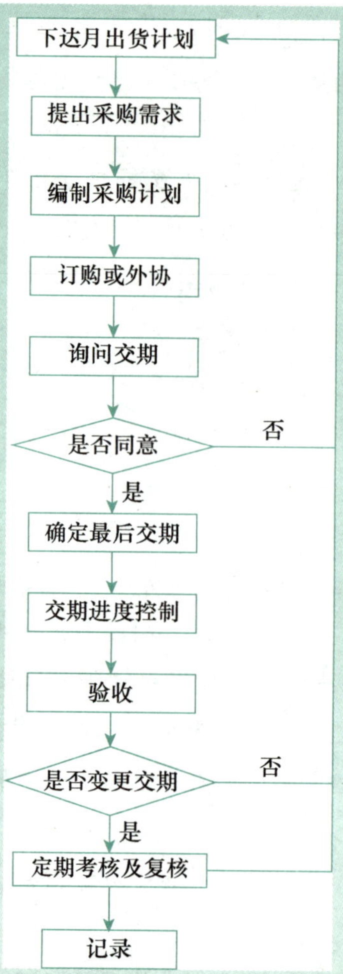

图 2-5 采购流程图

8. 相关表单

8.1 采购协议书。

8.2 生产能力调查表。

8.3 物料需求分析表。

8.4 请购单。

8.5 订购单。

8.6 采购计划表。

8.7 物料供应回复表。

8.8 物料进度控制表。

8.9 物料库存报表。

8.10　半成品库存报表。

8.11　月出货计划表。

8.12　产品产能表。

8.13　交期交量变更通知单。

8.14　客户协议书。

第三章 询价比价与供应商成本构成分析

第一节 供应商定价方法与报价策略分析

一、供应商定价的主要方法

在实际定价中，价格除了在一定程度上反映企业产品的价值以外，还会被用作市场竞争、产品定位及获取利益的工具。分析供应商定价方法，可以了解供应商定价策略、价格背后的内涵，作为采购方询价比价及对供应商成本构成分析的基础。

成本、需求、竞争是影响供应商定价最基本的因素，因此，与之相对应，就形成了以成本、需求、竞争为导向的三大类基本定价方法。此外，还有随行就市定价法和密封投标定价法两种常用的定价方法。

（一）成本导向定价法

成本导向定价法又称成本加成定价法，是指供应商按产品单位成本加上一定比例的利润制定产品价格的方法。具体公式如下：

$$\begin{aligned}\text{单位产品价格} &= \text{单位产品成本} + \text{单位产品成本} \times \text{成本利润率} \\ &= \text{单位产品成本} \times (1 + \text{成本利润率})\end{aligned}$$

成本导向定价法是供应商常用的定价方法。

1. 总成本导向定价法

总成本导向定价法是将产品的总成本（固定成本＋变动成本）加上预期的总利润，然后除以预期产品产量，从而得出单位产品的价格。具体公式如下：

$$\begin{aligned}\text{单位产品价格} &= \frac{\text{总成本} + \text{预期总利润}}{\text{预期产品产量}} \\ &= \frac{(\text{固定成本} + \text{单位变动成本} \times \text{产量}) \times (1 + \text{预期成本利润率})}{\text{预期产品产量}}\end{aligned}$$

=单位产品成本+单位产品预期利润

【例3-1】 已知某企业生产的电视机每台总成本是2 000元，年产量计划为5万台，预计全部销售，现采用总成本导向定价法，并把预计总利润定为800万元，在此条件下，单位产品的价格是多少？

单位产品价格=(总成本+预期总利润)÷预期产品产量

=(2 000×50 000+800×10 000)÷50 000

=2 160(元)

答：单位产品价格是2 160元。

总成本导向定价法计算简单，可以让供应商预先了解利润的多少，有利于核算、补偿劳动消耗，在正常情况下，能够获得预期收益。但这种定价方法以个别成本为基础，忽视产品市场供求状况，缺乏灵活性，通常不大适应复杂多变的市场供求。当利润不变时，如果供应商的个别成本高于社会平均成本，产品价格就会高于市场平均价格，势必影响其销售量；如果供应商的个别成本低于社会平均成本，则产品价格低于市场平均价格，又无形中抛弃了部分可以实现的利润。

2. 变动成本导向定价法

变动成本导向定价法又称为边际贡献定价法，就是在定价时只计算变动成本，而不计算固定成本，在变动成本的基础上加上预期的边际贡献。

边际贡献是指销售收入减去补偿变动成本后的收益。预期的边际贡献也就是补偿变动成本费用后企业的盈利。

具体公式表示如下：

$$单位产品价格=\frac{变动总成本+预期边际贡献}{预期产品产量}$$

=单位产品变动成本+单位成本边际贡献

【例3-2】 某服装厂年产服装2万件，已知总变动成本是82万元，当边际贡献为16万元时，试用变动成本导向定价法计算单位产品的价格。

$$单位产品价格=\frac{变动总成本+预期边际贡献}{预期产品产量}$$

=(820 000+160 000)÷20 000

=49(元)

答：单位产品销售价格是49元。

变动成本导向定价法适用于竞争十分激烈、市场形势严重恶化等情况，目的是减少供应商损失。因为在供过于求时，若坚持以总成本价格出售，就难以为采购方所接受，会出现滞销、积压等现象，甚至导致停产、减产，不仅无法补偿固定成本，就连变动成本也难以收回；若舍去固定成本，尽力维持生产，以高于变动成本的价格出售产品，则可用边际贡献来补偿固定成本。

3. 目标成本导向定价法

目标成本是指供应商依据自身条件，在考察市场营销环境、分析并测算有关因素对成本影响程度的基础上，为实现目标利润而规划的未来某一时间的成本。目标成本加上目标利润和税金，然后除以产品产量便是产品单价。

目标成本是供应商在一定时期内需经过努力才能实现的成本。因此，以此为导向的定价方法有助于供应商以积极的综合措施控制并降低成本，比较符合供应商的长远利益。但目标成本是预测的，在具体实施过程中，如果对影响成本的目标因素预测不准，极易导致定价工作失败。

（二）需求导向定价法

需求导向定价法是指供应商根据市场需求状况和采购方的不同反应分别确定产品价格的一种定价方式。其特点是平均成本相同的同一产品价格随需求的变化而变化。

需求导向定价法一般以该产品的历史价格为基础，根据市场需求变化情况，在一定的幅度内变动价格，以致同一产品可以按两种或两种以上价格销售。这种差价可以因采购方的采购能力、对产品的需求情况、产品的型号和式样以及时间、地点等因素而采用不同的形式。如以场所为基础的差别定价，虽然成本相同，但是具体地点不同，价格也有差别。

（三）竞争导向定价法

竞争导向定价法是供应商根据市场竞争状况确定产品价格的一种定价方式。其特点是价格与成本和需求不发生直接关系。

竞争导向定价法的具体做法是供应商定价时，主要以竞争对手的价格为基础，与竞争品价格保持一定的比例。即竞争品价格未变，即使产品成本或市场需求变动了，也应维持原价；若竞争品价格变动，即使产品成本和市场需求未变，也要相应地调整价格。

（四）随行就市定价法

随行就市定价法是指供应商按照行业的现行价格水平定价。在以下情况下往往采取这种定价方法：

（1）难以估算成本。

（2）供应商打算与同行和平共处。

（3）如果另行定价，很难了解采购方和竞争者对本供应商价格的反应。不论市场结构是总竞争的市场，还是寡头竞争的市场，随行就市定价法都是同质产品市场的惯用定价方法。

（五）密封投标定价法

密封投标定价法通常采用公开招标的办法。即采购方登广告或发出函件，说明拟采购产品的品种、规格、数量等具体要求，邀请供应商在规定的期限内投标。供应商在规定的期限内填写标单，上面写明可供应产品的名称、品种、规格、价格、数量、交货日期等，密封送给招标人（采购方）。这种价格是供应商根据对竞争者报价的估计制定的，而不是按照供应商自己的成本费用或市场需求制定的。供应商的目的在于赢得合同，所以它的报价应低于竞争对手（其他投标人）的报价。

然而，供应商不能将其报价定得低于某种水平。确切地讲，它不会将报价定得低于边际成本，以免使其经营状况恶化。如果供应商报价远远高出边际成本，虽然潜在利润增加了，但是减少了取得合同的机会。

二、供应商报价策略

供应商价格变动的原因包括资源价格变动、销售策略和市场竞争等，供应商价格变动有以下几种策略：

（一）独立的产品报价

供应商只报产品价格，不包括技术支持、物流服务等价格。供应商在报价时价格水平显得很有竞争力，但到进行合同谈判时，若采购方需要除产品以外的服务时，产品报价就会变得很高，因此，只有对供应商报价进行分析，才能防止采购总成本增加。

（二）低价渗透策略

供应商以低价格介入市场，然后涨价。由于采购方与供应商合作存在一定的技术配套性，包括技术选型、工艺匹配、模具配套等，开发供应商周期较长，采购方与供应商建立外协配套关系后，一旦供应商要求涨价，采购方再更换供应商就十分困难。因此，为避免供应商开发中的风险，必须对供应商成本构成进行审核和分析，对明显低于成本的供应商报价应予以排除。

（三）批量差价策略

供应商根据不同的销售批量采用不同的价格策略，采购方应进行需求预测，与供应商签订年度采购框架协议，同时尽可能采购供应商其他相关产品，实行模块化采购，以达到降低采购价格的目的。

（四）垄断价格策略

供应商凭借某个专利、独特技术或不可替代的产品品质优势，其报价就远高于市场平均价，采购方应在分析供应商报高价的原因后决定是否能够接受；若无法接受，打破垄断有以下几种措施：

（1）全球采购。拓展新的采购渠道，进行全球采购。

（2）改变设计。通过改变产品设计进行产品替代。

（3）联合采购。可以设法寻找该供应商的客户进行联合采购，迫使供应商降价。

（4）降低总采购成本。针对供应商价格垄断，可通过谈判获得供应商交货方式、交货批量、交货期等方面改进带来的增值服务，降低非价格因素成本。

三、供应商报价的种类

供应商报价按付款方式不同，可分为下列几种：

（一）到厂价与出厂价

1. 到厂价

到厂价是指供应商的报价包括其负责将物品送达买方企业或指定地点所发生的各项费用。

2. 出厂价

出厂价是指供应商的报价不包括运送责任，即由采购方租用运输工具，前往供应商的制造厂提货。此种情形通常出现在采购方拥有运输工具或供应商加计的运费偏高时，供应商不再提供免费的运送服务。

（二）现金价与期票价

1. 现金价

以现金的方式支付货款。

2. 期票价

买方以延期付款的方式采购物品。通常卖方会将延迟付款期间的利息加在售价中。

（三）现货价与合约价

1. 现货价

现货价是指每次交易时由供需双方重新议定价格，若签订有购买合约，在完成交易后即告终止。在众多采购项目中，采用现货交易的方式最频繁，买卖双方按交易当时行情进行，不必承担价格可能发生巨幅波动的风险或困扰。

2. 合约价

合约价是指买卖双方按照事先议定的价格进行交易，在该合约价格存续期间依契约而定，短则几个月，长则一两年。由于价格议定在先，经常造成与时价或现货价的差异，使买卖时发生利害冲突。因此，合约价必须有客观的计算公式或定期进行修订，才能维持公平、长久的买卖关系。

(四) 定价与实价

1. 定价

定价是指物品标示的价格。例如，商场的习惯是不二价，自然牌价（定价）就是实际出售的价格，但有些商场仍然流行“讨价还价”的习惯，如某些老式商场或一般的工艺品店等，常使不知道内情的人吃亏上当。当然，使用自然牌价在某些行业有正常的理由。当买方要货时，卖方则通过调整折扣率来反映时价，也无须提供新的报价单给买方。所以自然牌价只是名义价格，而非真实价格。

2. 实价

实价是指买方实际所支付的代价。特别是卖方为了达到促销的目的，经常会提供各种优惠的条件给买方，如数量折扣、免息延期付款、免费运送与安装等，这些优待都会使买方真实的总成本降低。

四、如何处理相同报价

进行成本分析时，有时可能遇到不同的供应商报价非常接近的情况，甚至完全一样，这时可按照下列步骤来处理。

首先是对供应商的报价进行细分，最好是要求供应商使用本企业提供的分解报价表，从中找出差异点，再进行沟通与谈判，就可以找到突破点。接着再审视下列条款：(1) 质量条款；(2) 付款条款；(3) 交货期条款；(4) 运输条款；(5) 供应商库存方式；(6) 售后服务条款；最终判断出相同报价的不同之处，分出高下，做出决策。

第二节 询价与比价

一、询价与比价的概念

(一) 询价

广义的询价是指获得准确的价格信息，以便在报价过程中对工程材料（设备）及时、正确地定价，从而保证准确控制投资额，节省投资，降低成本。询查材料、设备价格的方法有造价信息、电话询价、上网查询、市场调查、厂家报价等。询价时应该尽可能多地提供预购的产品信息和数量等。

（二）比价

比价即价格比较，在经济活动中通过比较不同产品之间价格的高低，决定商业选择，以降低成本。

二、询价与比价的必要性

（一）采购人员会不可避免遇到从未采购过的项目

采购人员的采购经验总是有限的，随着企业业务的发展，采购人员很可能遇到新的需求，所涉及的产品描述、用途、技术要求之前从未接触过，通过询价和比价，不仅能了解同种新产品的标价，而且能了解新产品外观构造、用途以及与同类产品的区别等。

（二）采购人员不可能掌握所有产品的专业技术知识

采购人员的专业知识总是有限的，随着科学技术的迅速发展，产品寿命周期缩短，技术更新加快，新技术、新材料层出不穷，客观上要求采购人员通过询价和比价不断学习新知识，适应时代变化的要求。

（三）采购人员不可能掌握全部市场价格信息

由于市场价格瞬息万变，只有通过询价和比价，才能及时掌握最新的市场价格信息。

（四）科学技术发展要求采购人员不断从外行成长为内行

科学技术的发展和企业不断出现的新需求，要求采购人员不断学习新知识。采购人员只有与时俱进，才能跟上时代发展的步伐，促进企业发展。

三、比价的方式

（一）市场询价和比价

市场询价和比价是指在市场采购或紧急采购时，对供应商的价格、质量标准、交货及付款方式进行比较的比价方式。这种方式一般适合标准化的通用物料、办公用品、劳动保护用品等。

采购比价表见表 3－1。

表 3-1 采购比价表

计划需求时间：______年______月______日

项目	供应商 1	供应商 2	供应商 3	供应商 4	供应商 5
物品名称					
规格型号					
采购数量					
工艺材质					
送货方式及运费					
报价					
含税价					
结算方式					
采购部长初步意见：			总经理审核意见：		

填表人：　　　　　　　　　　日期：

（二）采购总成本比价

采购总成本比价是指用总成本评估进行比价的方式，采购价格低不等于采购总成本低，采购时除了要考虑价格因素外，更要考虑质量可靠性、交货及时性、物流及售后服务配套性、付款周期等非价格因素。非价格因素成本包括因供应商产品质量不合格、交货不及时、售后服务不配套、包装和运输问题等额外产生的成本。非价格因素成本是客观存在的，但难以量化，因此，不少企业领导就把降低采购价格作为考核采购部门的指标。那么，如何计算非价格因素成本呢？

只要供应商存在产品质量不合格、交货不及时、售后服务不配套、包装不良、运输不及时问题，就会造成采购方非价格因素成本的增加，因此，原有供应商过去的表现直接决定了采购方未来的成本，采购方应选择质量稳定性、交货及时性、服务配套等方面表现优秀的供应商作为合作伙伴，这些优秀供应商的报价可能比较高，而采购总成本可能比较低。采购总成本比价方式适合对原有供应商筛选和采购渠道优化。具体公式如下：

采购总成本＝采购价格＋非价格因素成本

非价格因素成本是指因供应商质量、交货、服务等方面存在问题给采购方带来的额外成本或损失。只有通过对原有供应商质量、交货、服务等方面的考核和对数据的统计分析，才能计算非价格因素成本，通过考核计算出的非价格因素成本不是可以用金额表示的真实成本，而是一种虚拟成本，但可以反映采购方需要额外增加成本的程度，通过考核、计算多家供应商的非价格因素成本得到的修正价格排名，可以反映采购总成本排名，为筛选供应商提供可靠的依据。

具体操作步骤如下：

（1）为多家供应商提供报价表，包括价格、交货期、保修期、付款期、包装、运输等。

（2）由质保部、物流部、销售部、采购部等提交过去一年对供应商考核的结果。

（3）计算非价格因素成本系数，并填制非价格因素成本系数计算表。

（4）根据修正价格＝报价×(1＋价格修正系数)，计算修正价格，通过修正多家供应商价格排名，可以作为采购总成本排名的依据。

【例 3－3】 某采购员负责购买 50 台发动机减速器，收到了五家现有供应商报价，见表 3－2。如何量化非价格因素成本，选择采购成本最低的供应商？

表 3－2　供应商报价

项目	第一家	第二家	第三家	第四家	第五家
价格	8 000 元	9 500 元	8 700 元	9 000 元	9 250 元
交货期	1 周	JIT	VMI 出库结算	VMI 线下结算	VMI 出库结算
保修期	6 个月	1 年	2 年	3 年	3 年
付款期（天）	预付	到付	30		90
包装	无包装	有包装	无包装	有包装	无包装
运输	不送货	送货	不送货	不送货	送货

说明：

- JIT：准时化供货，一般采购提前期为半天或一天的采购方式。
- VMI 出库结算：只有在出库时供应商物料所有权才转移给采购方，出库之前的库存属于供方。
- VMI 线下结算：只有在成品下线时根据实际消耗的数量，供应商的物料所有权才转移给采购方，在成品下线前物料所有权属于供应商。

具体操作步骤如下：

第一步：设置采购需求项目，提供报价表，让供应商报价。

第二步：根据上一年度与供应商的合作情况，由质保部、物流部、销售部、财务部等职能部门负责对供应商质量、交货、售后服务、交货期、付款期和等非价格因素制定评估标准。

1. 定量评估项目非价格因素成本评估方法（设定 100％为满足需求，非价格因素成本系数为 0）

非价格因素成本是指未满足采购方需求、需要额外增加的成本。

定量评估项目的非价格因素成本系数＝1－考核结果，如质量合格率为 80％，非价格因素成本系数＝1－0.8＝0.2。

2. 定性指标非价格因素成本计算方法（设定5分为满足需求，非价格因素成本系数为0）

（1）根据报价条件采用五分制评分标准进行评分。

①交货期：≥1周：0分；3天：1分；2天：2分；JIT：3分；VIM出库结算：4分；VMI线下结算：5分。

②保修期：3个月：1分；6个月：2分；1年：3分；2年：4分；3年：5分。

③付款期：预付：0分；到付：1分；30天：2分；60天：3分；90天：4分；120天：5分。

④包装：有包装：5分；无包装：0分。

⑤运输：送货：5分；不送货：0分。

（2）计算非价格因素成本系数。

为使定量评估项目与定性评估项目计算方法保持一致，在计算非价格因素成本系数时，需将五分制评分结果折算为百分。

$$定性评估项目的非价格因素成本系数=1-\frac{评分}{5}$$

例如：第一家交货期为1周，0分，交货非价格因素成本系数$=1-\frac{0}{5}=1$；保修期6个月，2分，保修期非价格因素成本系数$=1-\frac{2}{5}=0.6$。

非价格因素成本系数的计算见表3-3。

表3-3　非价格因素成本系数的计算

供应商	定量评估项目				定性评估项目				
	定量评估项目考核结果	非价格因素成本系数			非价格因素成本系数				
		质量	交货	售后服务	交货期	保修期	付款期	包装	运输
第一家	合格率80%、准时交货率90%、售后服务满意率90%	0.2	0.1	0.1	1	0.6	1	1	1
第二家	合格率90%、准时交货率80%、售后服务满意率80%	0.1	0.2	0.2	0.4	0.4	0.8	0	0
第三家	合格率95%、准时交货率90%、售后服务满意率60%	0.05	0.1	0.4	0.2	0.2	0.6	1	1
第四家	合格率95%、准时交货率95%、售后服务满意率95%	0.05	0.05	0.05	0	0	0.2	0	1
第五家	合格率97%、准时交货率80%、售后服务满意率90%	0.03	0.2	0.1	0.2	0	0.2	1	0

第三步：计算价格修正系数及修正价格。

1. 确定非价格因素的权重

不同非价格因素对处于不同寿命周期的产品采购总成本的影响程度是不同的，如质量、交货期对处于投入期的新产品影响特别大，而包装、运输、保质期、售后服务对成熟期的老产品影响比较大。因此，应根据产品处于寿命周期的不同阶段确定非价格因素的权重。

2. 计算价格修正系数及修正价格

价格修正是指在供应商报价的基础上，结合成本构成权重，将非价格因素成本系数折算为价格修正系数，非价格因素成本系数高，说明供应商表现越差，价格修正系数越大，最终修正价格越高。修正价格计算公式如下：

修正价格＝报价×(1＋价格修正系数)

修正价格是在供应商报价的基础上，因供应商表现不良而额外给采购方增加的成本，因此，修正价格能够反映采购方的总采购成本水平。

价格修正系数＝非价格因素成本系数×权重

以第一家为例，质量权重为40%，质量合格率为80%，质量不合格率为20%，所以质量非价格因素成本系数为0.2，质量价格修正系数＝非价格因素成本系数×权重＝0.2×40%＝0.08。保修期权重为5%，非价格因素成本系数为0.6，保修期价格修正系数＝非价格因素成本系数×权重＝0.6×5%＝0.03。以此类推，经计算，第一家修正价格为11 480元。

其余四家计算结果见表3－4，则采购总成本由低到高的排名为第四家、第五家、第三家、第一家、第二家。修正价格是一种虚拟价格，反映采购总成本水平，修正价格排名可以作为筛选供应商的依据。

表3－4 修正价格表

供应商	报价(元)	价格修正系数									修正价格(元)
		质量40%	交货20%	售后服务5%	交货期15%	保修期5%	付款期5%	包装5%	运输5%	合计	
第一家	8 000	0.08	0.02	0.005	0.15	0.03	0.05	0.05	0.05	0.435	11 480
第二家	9 500	0.04	0.04	0.01	0.06	0.02	0.04	0	0	0.21	11 495
第三家	8 700	0.02	0.02	0.02	0.03	0.01	0.03	0.05	0.05	0.23	10 701
第四家	9 000	0.02	0.01	0.002 5	0	0	0.01	0	0.05	0.092 5	9 832.5
第五家	9 250	0.012	0.04	0.005	0.03	0	0.01	0.05	0	0.147	10 609.75

四、如何有效进行询价和比价

（一）利用“客户”的特殊身份，通过询价收集采购所需信息

供应商向客户提供产品信息的动力是推销产品，采购人员可以利用“客户”的特殊身份，要求供应商介绍产品用途、技术与质量标准、检测手段及与其他同类产品的区别等产品知识，向供应商索取产品样件、说明书、产品资料电子文档及试用版软件等。

（二）利用供应商信息资源，扩大采购人员收集市场信息的范围

为了促销和竞争，供应商不仅能提供产品信息，还能提供与产品配套的其他信息，包括硬件、软件、售后服务等。

（三）发挥供应商集成社会信息的作用

供应商在其提供的产品和服务领域具有明显的信息优势，与所需求采购产品的相关需求，包括软件、备品备件、维修服务的采购渠道、价格等信息，可以通过询价和比价来获得，以缩短采购周期，减少采购环节，降低采购成本。

五、询价和比价应注意的 20 个关键问题

（1）防止供应商可能会以小的计量单位报价，从而降低采购人员对价格的敏感度。

（2）报价单上小数点的精确位数应该根据采购量来决定。

（3）分析、审核报价单时，应尽可能用最常用或最熟悉的货币单位来分析（如果人民币升值，进口货物时应该用外币报价；如果人民币贬值，进口货物时应该用本币报价）。

（4）从报价单位和方式看，要尽可能用对自己最有利的方式报价。

（5）拆分的报价要特别注意化整为零的报价策略和方式（化整为零是指在拆分的各部分报价中都有小数点进位。供应商在这个地方多弄一点，那个地方多弄一点，整体就高出来了。这也是在细分成很多项的配套产品报价单上容易出现的问题）。

（6）要按照采购方的成本结构进行报价（采购大批量产品时，报价单的格式应该按照采购的要求去做，也就是要求供应商按照采购统一的报价模板报价，以便在供应商之间进行比较分析）。

（7）要特别注意供应商在解释报价时会尽可能提升采购方对价值的认识，从而让采购方自然而然地接受他的价格。

（8）在需要供应商报价时，应隐藏采购的目的。如果供应商了解采购方的目的，报价也许就会很离谱。

（9）要分析供应商原材料的来源、产品物料构成、生产工艺质量标准等，这样有利于分析供应商的真实成本。

（10）要分析供应商的建议是否存在陷阱。供应商的建议有价值，但是有可能对采购方不利，一定要辨别出供应商的“好意”。

（11）报价单中应该规定原材料供应商的品牌，更换时应该经过采购认证。这样既可以避免供应商“以次充好”，也可以控制成本，保证质量。

（12）供应商通常会把采购方最熟悉成本的部分或者市场最透明的部分报低价，让采购方认为供应商的报价实在、便宜，取得采购方对供应商报价的信任；而把采购方最不熟悉的部分或者市场不透明的部分报高价。

（13）要注意报价单中的弹性项目。供应商报价时常隐藏很多弹性计算费用的项目，采用这种报价策略，供应商经常可以在后期成功地获得丰厚的利润。采购方如果稍微不注意，就要付出成本代价。最好能减少弹性计算费用的项目。

（14）要注意生产产品产生的边角料的处理，它所产生的价值也应该作为供应商利润的一部分进行评估，或者冲抵成本。

（15）要全方位审核追踪所采购产品可能发生的税收变化（税金经常会被重复计算）。

（16）进行报价单分析和成本分析时必须去供应商生产企业进行成本审核。很多采购管理者认为采购方去供应商生产企业考察是浪费时间，而且有差旅成本。最重要的是采购方到供应商生产企业中，会更容易被供应商“搞定”。这种观点使很多采购人员没办法做得更专业。因为他们根本就不知道他们采购的产品是怎么生产出来的，更不用说清楚供应商所提供产品的成本了。

（17）要特别注意供应商偷工减料的问题。如果一味压低采购价格，供应商为了有利可图，可能会偷工减料。保质保量是很重要的，所以应该不断追踪和分析产品质量。

（18）橡塑胶件、铸造件等的生产应该特别控制新旧材料的比率，甚至可以考虑突击审查供应商的诚信。看看供应商是否按照采购规定的技术标准去生产。

（19）为了了解供应商成本的学习曲线与规模效应，应该分阶段报价。越是劳动密集型的产品，操作熟练程度越高，后续成本下降的空间就越大；在大批量生产阶段，成本很可能会沿学习曲线下降，学习曲线甚至持续很久。另外，规模效应也很可能是成本发生变化的重要因素。通过学习曲线与规模效应的追踪与分析，理应可以自动削减采购成本。

（20）要尽可能分析费用的分配率，而不是费用的加减乘除。因为在行业、供应商之间比较分配率相对容易。供应商经常在原材料上做文章，事实上各项目的费用，包括直接工资、制造费用、管理费用、财务费用也是大有文章的。

第三节　供应商成本构成分析

一、供应商成本构成分析的意义与具体实施

（一）供应商成本构成分析的意义

评估供应商报价的合理性是制定采购价格的基础。若供应商报价低于成本，虽然获得了订单，但合作关系不可持续，产品质量、包装、运输等方面一定会出现问题。若供应商报价过高，会使采购价格上涨，增加企业成本，进而削弱企业产品的市场竞争力。为了了解供应商真实的产品成本，就必须对供应商成本构成进行分析。通过对供应商成本构成的分析，不仅能了解供应商产品的制造成本，而且还能了解产品成本构成的合理性及降低成本的空间，通过成本构成分析，找到供应商成本构成中不合理的地方，帮助供应商改善，降低成本，最终达到降低采购价格的目的。

（二）供应商成本构成分析的具体实施

（1）组织供应商成本构成分析团队。由于供应商产品由原材料、外构件和外协件、自制件经若干工序加工和组装而成，供应商产品在生产制造过程中会产生材料采购成本、外购件采购成本、直接工资支出、专用费用、废品损失、管理费用、财务费用、销售费用等企业成本。这些成本与产品特征、生产工艺、加工工序、设备技术条件等有关。因此，为了有效分析供应商成本构成，应建立由采购、质保、技术工艺等部门成员组成的供应商成本构成分析团队。

（2）制订供应商成本构成计划。

（3）进入供应商工厂测定成本。

（4）对供应商成本构成进行分析，帮助供应商降低成本。

二、供应商成本构成测定与核算的操作程序

（1）根据产品物料清单了解产品的物料构成。物料包括原材料、外购件、外协件和自制件。外购件和外协件可审核采购合同，确定物料成本。自制件加工成本计入制

造费用。

（2）根据设备投资额、设备使用寿命、产品工艺流程，测定单位产品设备占用工时，确定设备折旧。

（3）根据模具投资额和模具使用寿命，确定专用费用。

（4）根据产品合格率确定报废损失。

（5）根据费用分配率和单位产品生产工时，确定直接工资、制造费用、管理费用、财务费用等。

（6）根据测定工时和汇总计算，确定企业成本、合理的行业利率、销售费用、税费，确定单位产品销售收入。

三、供应商报价单模板的制作

供应商报价单模板应根据不同产品的生产特点确定相关项目，配套产品报价模板见表 3－5，供应商零部件报价模板见表 3－6。

表 3－5　配套产品报价模板

单位			主管人					联系电话				
零件图号			填报人					填报方式				
零件名称			产品质量					运输方式				
序号	项目	金额（元）	原材料分析					外购外协件分析				
			名称	规格	单位	单价（元）	金额（元）	名称	单位	数量	单价（元）	金额（元）
1	原材料	0.23	PE		g	0.015	0.23	2m 铜芯 PE	m	1.08	5.2	5.6
2	外购外协件	15.9						ϕ12 套管 PVC	m	0.2	1.5	0.3
3	直接工资	0.36						插头	只	1	10	10
4	制造费用	0.9										
5	专用费用	0.3										
6	废品损失											
A	制造成本	17.69										
B	管理费用	0.44	合计				0.23	合计				15.9
C	财务费用	0.12	费用分配率分析								销售费用	
D	销售费用	0.25	项目			费用总额（元）		总工时（h）		分配率（元/h）	项目	金额（元）
E	企业成本	18.5	直接工资			588 040		97 440		6.03	包装费	0.1

F	产品利润	2.77	制造费用	1 493 772	97 440	15.33	运输费	0.1
G	销售额	21.27	管理费用	732 845	97 440	7.52	其他	0.05
H	增值税	3.62	财务费用	200 566	97 440	2.06	合计	0.25
I	销售收入	24.89	合计					

生产工时分析					专用费用分析				
工序	班产量（件）	单件台时（h）	操作人数	单件工时（h）	工具和模具名称	金额（元）	件/模	使用寿命	每件金额（元）
注塑	350		2	0.021	注塑模	6 000			0.3
修整	800		1	0.01					
组装	300		2	0.027					
合计				0.058		6 000			0.3
备注	1. 各栏目不够用时，须另外补充清楚。 2. 根据各单位生产特点可增添内容。 3. 配套零部件若需调价时，应附调价申请及详细资料。								

说明：

A. 制造成本：包括原材料、外购件和外协件采购成本，以及直接工资、制造费用、专用费用、废品损失等。

1. 原材料：可审核原材料采购的付款收据。
2. 外购外协件：可审核外购件、外协件采购的付款收据。
3. 直接工资：直接工资＝单件工时×工资分配率。
4. 制造费用：制造费用＝制造费用分配率×单件工时。
5. 专用费用：单件产品模具费用$=\frac{\text{模具投入金额}}{\text{模具寿命（产出量）}}$。
6. 废品损失：根据不同产品合格率，不可避免会有废品损失。

B. 管理费用：管理费用＝单件工时×管理费用分配率。

C. 财务费用：财务费用＝单件工时×财务费用分配率。

D. 销售费用：包括包装费、运输费、广告费、装卸费、保险费、展览费、差旅费、办公费、折旧费等。

E. 企业成本：企业成本＝A＋B＋C＋D。

F. 产品利润：产品利润＝企业成本×利润率。

G. 销售额：销售额＝企业成本＋产品利润。

H. 增值税：增值税＝销售额×17%。

I. 销售收入：销售收入＝销售额＋增值税。

表 3－6　供应商零部件报价模板

零件名称		零件材质		联系人	
零件图号		零件毛坯质量（kg）		联系电话	
物料编码		零件净重（kg）		电子邮箱	

费用项目	金额	自制件原材料				
		材料及规格	毛坯质量（g/件）	成品净重（g/件）	材料价格（元/g）	材料金额（元/件）

<table>
<tr><td rowspan="15">制造成本</td><td rowspan="5">物料成本</td><td>原材料</td><td></td><td></td><td></td><td></td><td></td><td></td></tr>
<tr><td>外购件</td><td></td><td></td><td></td><td></td><td></td><td></td></tr>
<tr><td>辅助材料</td><td></td><td></td><td></td><td></td><td></td><td></td></tr>
<tr><td>半成品</td><td></td><td></td><td></td><td></td><td></td><td></td></tr>
<tr><td>小计</td><td></td><td></td><td></td><td></td><td></td><td></td></tr>
<tr><td colspan="2">工资及附加</td><td></td><td></td><td></td><td></td><td></td><td></td></tr>
<tr><td colspan="2">燃料动力</td><td></td><td>合计</td><td></td><td></td><td></td><td></td></tr>
<tr><td colspan="2">废品损失</td><td></td><td colspan="5">自制件辅助材料</td></tr>
<tr><td rowspan="6">制造费用</td><td>维修费</td><td></td><td colspan="2" rowspan="2">材料及规格</td><td>用量</td><td>价格</td><td>材料金额</td></tr>
<tr><td>工装艺装备和模具分摊</td><td></td><td>g/件</td><td>元/g</td><td>元/件</td></tr>
<tr><td>折旧</td><td></td><td colspan="2"></td><td></td><td></td><td></td></tr>
<tr><td>低值易耗</td><td></td><td colspan="2"></td><td></td><td></td><td></td></tr>
<tr><td>其他</td><td></td><td colspan="2"></td><td></td><td></td><td></td></tr>
<tr><td>小计</td><td></td><td colspan="2"></td><td></td><td></td><td></td></tr>
<tr><td colspan="3">合计</td><td colspan="2"></td><td></td><td></td><td></td></tr>
<tr><td rowspan="4">期间费用</td><td colspan="2">管理费用</td><td></td><td colspan="5">外购件</td></tr>
<tr><td colspan="2">销售费用</td><td></td><td>名称</td><td>质量</td><td>数量</td><td>单价（元）</td><td>金额（元）</td></tr>
<tr><td colspan="2">财务费用</td><td></td><td></td><td></td><td></td><td></td><td></td></tr>
<tr><td colspan="2">期间费用小计</td><td></td><td></td><td></td><td></td><td></td><td></td></tr>
<tr><td colspan="3">总成本合计</td><td></td><td>合计</td><td></td><td></td><td></td><td></td></tr>
<tr><td colspan="3" rowspan="4">利润与价格</td><td>利润</td><td colspan="5"></td></tr>
<tr><td>价格（无税）</td><td colspan="5"></td></tr>
<tr><td>税金</td><td colspan="5"></td></tr>
<tr><td>价格（含税）</td><td colspan="5"></td></tr>
<tr><td colspan="4">合计</td><td colspan="5"></td></tr>
</table>

第四节 供应商成本指数变动与价格调整

一、供应商降价或涨价

采购方与供应商一般都采用一年或更长期限的框架协议方式进行合作，在合作期间会不可避免地遇到不可预测的成本变动，因此，在合作框架协议内应明确涨价或降价的条件和幅度，如某企业与供应商约定成本变动在±5%内不进行调整。

二、调价时机

与供应商进行价格调整时，无论是供应商要求调涨价格，还是买方要求调降价格，都属于议价谈判。一般而言，在下列几种情况，买卖双方通常都会视其对产品的影响幅度，主动提出调整价格建议。

（1）原物料价格的变化，如国际市场化工原料价格的上涨或下跌。

（2）劳工成本的改变，如制造地转移至工资低廉的国家。

（3）汇率的波动，如人民币对美元贬值或升值。

（4）市场竞争的压力，如回应竞争对手的降价动作。

（5）付款条件的改变，例如，从 L/C 付款改变为 T/T 30 天付款，或付款期限延长。

（6）产品生命周期的改变，例如，产品由导入期进入高速成长阶段，数量会大幅度增加。

（7）合约条件的增修，例如，买方要求增加保险额度或延长产品保修期限。

一般而言，供应商通常不会主动提出调降价格。当采购人员发现价格有调降的空间，或者供应商要求调涨价格时，采购人员要采取恰当的方法判定价格的调整是否有正当理由，从而改善采购议价谈判的技巧。

三、价格调整方法

（一）信息的收集、整理与分析

首先，在进行议价谈判前，信息的收集是第一步要做的，知己知彼，方能百战百胜。信息的收集不是单方面针对供应商的，对买方的采购部分也需要一并进行，具体包括以下几点：

1. 供应商提供的产品成本结构

产品的成本结构可以分为直接材料费用、直接人工费用或加工费、经常性开支、一般行政管理费用及利润五大项目。通常在按买方规格定制及复杂制造产品或工程发包的采购作业中需要用到成本结构，由于产品的复杂性高，供应商一般不太愿意透露其成本结构。即使提交出来，其正确性也常遭到采购人员的质疑。

不过，对供应商所提交的成本结构其实可以从另外一种角度来看，其正确性虽然很重要，可是如何运用成本结构来达到议价的目的更重要。因此，只要成本结构的内容不是很离谱，几个百分点的差异则不需斤斤计较。毕竟每家供应商对其成本的配置都有所不同，更何况采购人员也能通过其他渠道进行比较。

2. 采购量变化的历史记录

采购数量的多寡与采购的价格有直接关系，如果采购量逐渐减少，供应商在价格上的让步就比较困难；反之，如果采购量逐渐增加，买方则有较大的议价优势，采购人员必须善加利用。

3. 采购价格与供应商所使用原料价格的历史记录

原料价格的历史记录可以反映供应商调涨价格的要求是否合理。当原料价格上涨时，采购的价格便会跟着上涨。了解采购价格的变化可以观察出离上一次价格调整有多久，调整的理由是什么。观察采购的历史价格与主要原料的价格走势是否一致，也可以知道供应商的报价是否符合市场行情。如果发现偏离的现象，在价格调整时便应提出讨论。另外，采购人员也可以要求其他供应商或其竞争对手进行报价，从而进行价格的比对。

4. 拜访供应商的生产企业

针对供应商所提交的资料，采购时必须做好查证工作。产品所使用的塑料原料指定为进口的甲品牌，如果实际访查时发现供应商使用了较便宜的乙品牌原料，这时供应商就违反了诚信交易的原则。另外，供应商的业务人员有时可能会对生产线的波动率有所保留，主要是防止采购方在直接人工成本上大做文章。这一点在拜访供应商生产企业时都能观察出来。不过，拜访时最好不事先通知而进行突击检查。拜访时也应向生产线或其他单位人员多方询问求证，不可只听业务人员的一面之词。

（二）价格调整的计算

供应商成本构成因原材料价格、运输和包装价格、劳动力成本等变动，会引起产品总成本变动。分析供应商成本构成变动，及时调整采购价格不仅是降低采购成本的重要途径，也是确保供应商合理利润的必要措施。在分析供应商成本构成变动时，除采用计算具体某项成本变动的结果，确定是否需要调整价格外，更多的是通过供应商成本指数变化确定供应商成本变动幅度，作为调价的依据。

设供应商原有成本为 F_0，成本变动为 ΔF_0，F 为现有成本，则公式为：

$$F=F_0(1+\Delta F_0)$$

通过计算供应商成本指数变动而调整采购价格的具体步骤如下：

（1）根据供应商成本构成，计算成本权重。

（2）根据成本指数变动 ΔF_0，计算变动后的成本指数。

（3）如果原来成本指数为 100%，变动后的成本指数高于 100%，说明供应商成本增加了；若变动后的成本指数低于 100%，则说明供应商成本降低了。

【例 3-4】 用户 B 向供应商 A 订购密封件，供应商成本构成、成本指数变动及成本变动见表 3-7。

经计算，供应商成本增加了 2%。

表 3-7　供应商成本构成、成本指数变动及成本变动

原有成本			现有成本	
成本构成	成本（元）	成本指数（权重）F_0（%）	成本指数变动 ΔF_0（%）	成本指数（%）$F=F_0(1+\Delta F_0)$
工资	60	30	4	31.2
钢材	30	15	2	15.3
不锈钢	20	10	20	12
油脂	10	5	−5	4.75
橡胶	50	25	−5	23.75
折旧	10	5	0	5
管理费	10	10	0	10
合计	190	100	16	116

供应商成本构成变化主要是由人工成本、原材料、外购外协件价格变动引起的，由于不同供应商的经营管理水平不同，产品成本构成有较大差别，因此，在采购合同中应明确价格调整参照标准，对产品成本构成变动幅度的计算应以市场价格及其变动为标准。例如，人工工资参照当地平均工资水平及变动幅度，原材料参照市场价格或交易所价格及变动幅度。这样不仅体现出对不同供应商合作的公平原则，而且有利于迫使管理水平差的供应商改善管理，降低成本。

第四章 采购成本控制

第一节 影响采购成本的因素

一、采购成本的构成

采购成本不仅是指采购物料的价格，而且包括采购活动的成本费用（包括取得物料的费用、采购业务费用等），以及因采购而带来的库存持有成本及因采购不及时而带来的缺货成本。

（一）物料成本

物料成本是指由于购买材料而发生的货币支出成本。物料成本总额取决于采购数量、单价和运输成本，它的计算公式如下：

物料成本＝单价×数量＋运输费＋相关手续费＋税金

在物料成本中，最需要考虑的是物料的价格。可以说，物资采购控制的核心是采购价格的控制，降低采购成本的关键也是控制采购价格。

（二）订购成本

订购成本是指向供应商发出采购订单的成本费用。具体来说，订购成本是指企业为了实现一次采购而进行的各种活动的费用，如办公费、差旅费、运输费、电话费等。订购成本中有一部分与订购次数无关，如常设采购机构的基本开支等，称为订购的固定成本；另一部分与订购次数有关，如差旅费、运输费等，称为订购的变动成本。

（三）持有成本

持有成本是指为保持商品库存而发生的成本，它可以分为固定成本和变动成本。固定成本与存货数量多少无关，如仓库折旧、仓库员工的固定月工资等；变动成本与持有数量的多少有关，如物料资金的应计利息、物料的破损和变质损失、物料的保险费用等。

（四）缺货成本

缺货成本是指由物料供应中断而造成的损失，包括停工待料损失、延迟发货损失和丧失销售机会损失（还应包括商誉损失）。如果失去客户，还可能给企业带来间接或长期损失。

1. 保险存货及其成本

许多企业都会考虑保持一定数量的保险存货作为缓冲，以防在需求或提前期方面的不确定性。保险存货太多意味着库存多余，而保险存货不足则意味着可能会断料、缺货等。企业保持保险存货是为了在需求率不规则、需求预测不准确或供应商意外供货中断的情况下确保供应。缺料成本就是由供应中断而造成的损失，包括原材料供应中断造成的停工损失、产成品库存缺货造成的延迟发货损失和丧失销售机会的损失。

2. 延期交货及其成本

延期交货会导致生产无法正常进行，造成产能、工时损失，影响生产交期。若为确保生产，必须从其他渠道重新采购，就会产生额外费用。

3. 失销成本

尽管一些客户允许延期交货，但是仍有一些客户会转向其他企业。也就是说，每个企业都有竞争者，当一个企业缺货时，客户就会从其他企业订货，在这种情况下，缺货就会导致失销和直接利润损失。

4. 失去客户的成本

由于缺货失去客户，客户永远转向另一个供应商，企业也就失去了未来一系列收入，这种缺货造成的损失很难估计，需要用科学管理的技术及市场营销研究方法来分析和计算。除了利润损失，还有由于缺货造成的商誉损失。商誉在采购成本控制中常被忽略，但它对未来销售及客户经营活动非常重要。

二、影响采购成本的主要因素

影响采购成本的因素很多，可以归纳为企业内部因素、企业外部因素和意外因素三个方面。

（一）企业内部因素

1. 跨部门协作和沟通

采购业务涉及计划、设计、质保和销售等部门。由于需求预测不准，生产计划变化频繁，导致紧急采购多，采购成本高。由于设计部门未进行价值工程分析或未推进标准化，过多考虑设计完美，导致物料差异大，形成不了采购批量，采购成本高。由于质量部门对质量标准过于苛刻，导致采购成本增加等。

2. 采购批量和批次

根据市场供需原理，物料的采购单价与采购数量成反比，即采购数量越大，采购价格就越低。企业间联合采购，可合并同类物料的采购数量，通过统一采购使采购价格大幅度降低，使各企业的采购费用相应降低。因此，采购批量和采购批次是影响采购成本的主要因素。

3. 交货期、供货地点与付款期

供应商的交货期、供货地点、付款期等因素直接影响企业库存大小及采购成本高低。

4. 价格成本分析和谈判能力

采购价格分析、供应商成本构成分析是确定采购价格和取得同供应商谈判主动权的基础。企业在进行采购谈判时，必须分析所处市场的现行态势，有针对性地选取有效的谈判议价手法，分别采取不同的议价方式，以达到降低采购价格的目的。

（二）企业外部因素

1. 市场供需状况

影响采购成本最直接的因素就是市场供需状况。在资源紧缺、供不应求时，供应商就会涨价；反之，则降价。

2. 供应商生产技术、质量水平

一般供应商的生产技术先进、产品质量高，产品销售价格就高。因此，采购人员应根据需求部门对质量、技术功能和交货期的要求，合理选择供应商，以期得到良好的性价比。

3. 采购企业与供货商的合作关系

在全球经济一体化的大背景下，供求双方建立长期双赢的合作伙伴关系，通过双方共同努力，降低供应链成本，以达到降低采购成本的目的。

4. 供应商的销售策略

供应商报价与其销售策略直接相关，例如，供应商为开拓市场获得订单，一般在开始合作时价格比较低，在占领市场后会逐步提高价格。

5. 供应商成本

一般在新产品开发和投入阶段，采购数量少，供应商成本高，进入成长期后，随着采购量的增加，技术成熟，供应商成本降低，供应商价格就会降低。

（三）意外因素

自然灾害、战争等因素也会导致采购价格大幅上涨。

第二节　降低采购成本的途径

当今企业面临着日益激烈的竞争，产品生产周期逐渐缩短，消费者的产品需求多样化，在产品技术层次不断提升的情况下，企业开源节流已成为其应对变局的有效方法之一。尤其在采购占平均销售金额比重逐渐增加的趋势下，降低采购成本既是企业“第三利润源泉”，也是实现第一利润的坚实基础。而如何降低成本是企业首先要解决的问题。现代企业下的采购管理是面向市场按质、按量、按时、以低成本采购企业所需的各种物资。它采用科学有效的管理方法，合理安排购进物资及适量调整库存，从而最大化地降低采购成本。过去，许多企业往往偏重于市场营销带来的销售收入，忽视了通过加强采购管理以降低采购成本，因此，详细了解能够降低采购成本的途径，对企业采购工作非常重要。

一、做好需求分析

需求分析是指根据企业的需求历史、生产计划等进行统计分析，找出它们的需求规律，根据需求规律预测下一个时期的需求品种和需求量，从根本上弄清它们需求什么、需求多少，什么时候需要。企业供应部门以需求分析为依据，结合需求变化和订货提前期的大小，确定订货点、订货批量、最高库存水准等，建立起连续的订货启动、操作机制和库存控制机制，满足库存需求和库存成本控制，从而确保采购物资适合、适量、适时，并尽可能降低采购成本。需求分析的目的是要弄清楚企业需要采购什么、采购多少、什么时候采购。因此，企业要想提高物资供应的准确性，降低采购成本，首先要进行需求分析。

二、建立科学的采购管理体系，准确预测市场行情

根据市场行情，委派专人负责原材料的寻价、定价管理，坚持“寻价人不定价，定价人不采购”的原则，建立“寻价、定价、采购”三位一体的采购责任管理体系。

寻价不仅要货比三家，横向比较原材料用户的进价、质量，而且要对所购的物资从价格、质量、数量、进货渠道等方面进行严格管理分析，借助信息技术和信息网络资源广泛进行价格对比，从而确定价格目标。价格目标确定后，采购者要认真分析供求矛盾，制定采购方案。价格会经常随着季节、市场供需情况的变化而变化，因此，采购人员应注意价格变动的规律，把握好采购时机。在低价位上及时增加采购量，提高库存量，而在高价位上应及时减少采购量，降低库存量，可以为企业大大降低采购成本。

三、实施集中采购

集中采购是指企业或集团企业内部的集中化采购。实施集中采购的方法有利于发挥大企业规模生产的优势或企业联合的优势。第一，可以最大限度地压低采购价格，降低采购成本，做到“少花钱，多办事”。因为市场经济条件下的市场规律表明，在不超出价格弹性范围的情况下，购买商品的数量与价格成反比关系，即订购量越大，价格越便宜。第二，由于企业的需求量大，可以直接从厂家订货，减少了中间环节，降低了采购、运输价格。第三，集中采购可以避免分散采购中人力的浪费，达到提高效率、降低成本的目的。第四，集中采购可以避免库房、库区的重复建设，减少资金浪费。

四、实施招标采购

当企业所需的物资在市场中处于买方市场时，应在物资采购中引入竞争机制，按照公开、公平、公正、择优、诚信的原则，采用招标的方式采购。招标采购是确保企业降低采购成本最有效的办法，招标采购是物资采购的质量和价格的“预警器”。这是因为公开、公平、公正采购原则的实行，将质量、价格、服务和费用等置于采购行为的前面，使采购方有充足的时间对招标方进行选择，而最易被淘汰的就是那些质次价高的投标者。招标采购能事先预报出本次招标物资质量状况的变化和价格水平趋向，从而为企业的决策者预报出本企业在报告期内生产成本升降和获取利润空间的大小提供了依据。由于实施了竞争招标，采购者不仅为企业采购到质量好的所需物资，而且能通过供应商的相互比价，最终得到底线的价格，并能采取直接从厂家进货的采购渠道，减少中介公司加价方面的支出，从而有效地降低采购成本。

五、采用电子采购方式

电子采购既是电子商务的重要形式，也是采购发展的必然，它不仅是形式上和技术上的改变，更重要的是改变了传统采购业务的处理方式，优化了采购过程，提高了采购效率，降低了采购成本。通过电子目录，可以快速找到更多的供应商；根据供应商的历史采购电子数据，可以选择最佳的货物来源；通过电子采购流程，缩短采购周期，提高采购效率，减少采购的人工操作错误；通过供应商和供应链管理，可以减少采购的流通环节，实现“端对端”采购，降低采购费用；通过电子招标、电子询价等采购方式，形成更加有效的竞争，从而降低采购成本。

六、采取 ABC 分类法

（一）ABC 分类法的概念

ABC 分类法可追溯至 19 世纪意大利经济学家巴雷特的分析。巴雷特在 1879 年研究社会财富分配时，收集了许多国家的收入统计资料，得出收入与人口关系的规律为占人口比重不大（20%）的少数人的收入占总收入的大部分（80%），而大多数人（80%）的收入只占总收入的很小部分（20%），所以分布不平衡。由此他提出了“关键的少数和次要的多数”，用来表示这种财富分配不公平现象的统计图，这种统计图被称为巴雷特曲线，如图 4－1 所示。

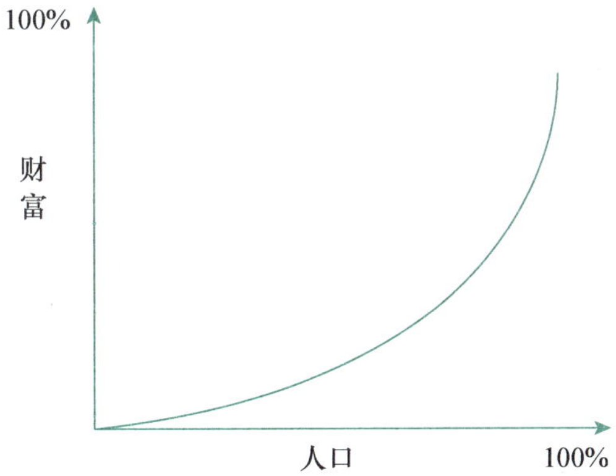

图 4－1　巴雷特曲线

ABC 分类法是将手头的库存按年度货币占用量分为 A、B、C 三类。ABC 分类法是巴雷特原理的一种库存应用。巴雷特提出“关键的少数和次要的多数”这一思想就是将管理资源集中于重要的“少数”，而不是不重要的“多数”。进行采购决策时，必须考虑不同物料的资金占用量大小。物料的年资金占用量是指每个品种库存物料的年度需求量与该物料单位成本的乘积。A 类物料是年度资金占用量最高的库存，这些品种只占库存总数的 15%，但资金却占用总数的 70%～80%；B 类物料是年度资金占用量中等的库存，这些品种占全部库存的 30%，资金占用总数的 15%～25%；C 类物料是年度资金占用量最低的库存，这些品种占库存总数的 55%，资金却占用总数的 5%。

【例 4-1】 生产超快 4 兆芯片的硅芯片有限公司每年有 10 种存货品种，其库存品种、年需求量、单位成本、年度货币占用量以及每种库存品种占全部库存品种的 ABC 分类，见表 4-1。

表 4-1 ABC 分类表

库存品种代码	存货数目的百分比	年度数量（件）	单位成本（元）	年度货币占用量（元）	年度货币百分比	级别
#10286	15%	1 000	90.00	90 000	38.8%	72% A
#11526		500	154.00	77 000	33.2%	
#12760	35%	1 550	17.00	26 350	11.3%	23.2% B
#10867		350	42.86	15 001	6.5%	
#10500		1 000	12.50	12 500	5.4%	
#12572	50%	600	14.17	8 502	3.6%	4.8% C
#14075		2 000	0.60	1 200	0.5%	
#1036		100	8.50	850	0.4%	
#1307		1 200	0.42	504	0.2%	
#10572		250	0.60	150	0.1%	

（二）ABC 分类法的方式

ABC 分类法的方式包括以下内容：

（1）与 A 类存货的供应商建立战略合作伙伴关系。

（2）对 A 类存货的现场控制应更严格，进行动态盘点。

（3）对 A 类存货实施实时采购。

（4）预测 A 类存货应比预测其他级存货更仔细。

（5）对 C 类存货适当加大进货批量，减少进货次数。

（6）对 B 类存货进行一般控制。

七、进行价值工程分析

（一）价值分析与价值工程的概念

价值分析与价值工程（VA/VE，VA 是 Value Analysis 的缩写，即价值分析；VE 是 Value Engineering 的缩写，即价值工程）简称为价值工程分析。

VA/VE 是指以分析产品或服务的机能为主，切实达成产品或服务所需求的机能与最低总成本的组合的活动。其目的是提升产品或服务的价值，同时降低成本，获得社会信赖，提供满足顾客需求的、价廉物美的产品或服务。

（二）VA/VE 方法要解决及回答与采购成本降低相关的问题

（1）它是否具有贡献价值？

（2）它的成本是否与其用途相符？

（3）基本的功能与次要的功能是否可以分离出来？

（4）一段时间后功能性需求是否会改变？

（5）需要其所有的特性吗？

（6）是否有更好的、可以满足其预期使用需求的物料？

（7）这种物料能否被淘汰？

（8）如果不是使用标准物料，是否可以改用标准物料？

（9）这种物料的性能是否超出所需要求？

（10）在存货中是否有相似的物料可以使用？

（11）物料的质量能减轻吗？

（12）是否有新技术或新设计能够改变物料的功能？

（13）精度要求是否过高？

（14）是否有不必要的加工过程？

（15）是否要求得过于完美？

（16）能用更低的成本制造这种物料吗？

（17）即使现在能生产这种物料，但是能以更低的价格采购到此物料吗？

（18）运输时这种物料能适当分类吗？

（19）是否能削减包装费用？

（20）能否建议供应商削减成本？

八、推进产品标准化

由于不同设计人员凭借过去的经验，习惯采用自己熟悉的材料或零部件，导致物料规格、型号特别多，形成不了采购批量，不利于降低采购成本。因此，推进产品设计标准化的意义如下：

（1）整合需求，形成批量，降低采购成本。

（2）物料通用性强，有利于降低库存。

（3）减少物料品种，有利于提高仓库储位利用率。

（4）提高物料的通用性，可以防止缺料。

九、进行准时制采购，实行零库存

准时制（Just in time，JIT）采购受日本丰田汽车公司准时化生产管理思想的启发，它的基本思想是在恰当的时间、恰当的地点，以适当的数量、恰当的质量提供恰当的物品。推行准时制是为了消除库存和浪费。采用准时制采购方式，可以大幅缩短采购周期，降低库存量。因此，准时制采购要求供应商必须实行小批量、多批次的供货方式。由于采用准时制采购，采购方库存很少甚至可实行零库存，因此，要求供应商供货必须做到零缺陷。准时制采购一般适用于金额大、笨重、体积大、产品寿命周期短、保质期短的物料采购，比较适合选择就近的供应商供货。

十、推行供应商管理库存

供应商管理库存（Vendor Managed Inventory，VMI）又称为寄售库存，即供应商根据客户的需求计划，为确保客户准时制供货，同时避免频繁运输增加物流成本，将物料暂时存放在客户仓库中，所有权归供应商，由供应商管理或客户代管。

（一）出库结算

出库结算是指在物料出库时实现所有权转移，形成买方应付款。出库结算方式一般适合体积小、需要整套供货的物料。

（二）线下结算

线下结算是指成品下线后，根据构成产品的物料清单，把实际消耗的数量作为所有权转移的依据。线下结算方式一般适合大件物料或准时制供货的物料。在制造行业，由于消耗的零部件品种特别多，生产现场空间十分有限，生产过程中对物料配送的及时性要求特别高，如何减少管理作业环节、提高物料管理效率是目前制造企业急需解决的问题。

汽车制造企业零部件多采用线下结算方式，例如，某汽车总装厂的供应商根据汽车总装厂的采购门户网站的需求信息，将座椅、轮胎等大件物料送至载货台，由自动分拣输送系统将其不间断地送往装配线，物料无交接环节，根据成品车线下数量确定座椅和轮胎消耗的数量。某汽车总装厂轮胎线下结算物流方式如图4－2所示。

另外，在空调制造企业也会采用物料线下结算方式，室外机结构件可根据成品线下数量确定物料消耗数量，如图4－3所示。

图 4-2 某汽车总装厂轮胎线下结算物流方式

图 4-3 空调制造企业物料线下结算方式

（三）标准件线下结算

某企业与标准件供应商合作，由标准件企业提供 VMI 管理和电子标签订货系统，并定时送货。如图 4-4 所示，在空容器中嵌入电子标签，电子标签内含有编码和货物名称、规格、数量及客户货架储位等。

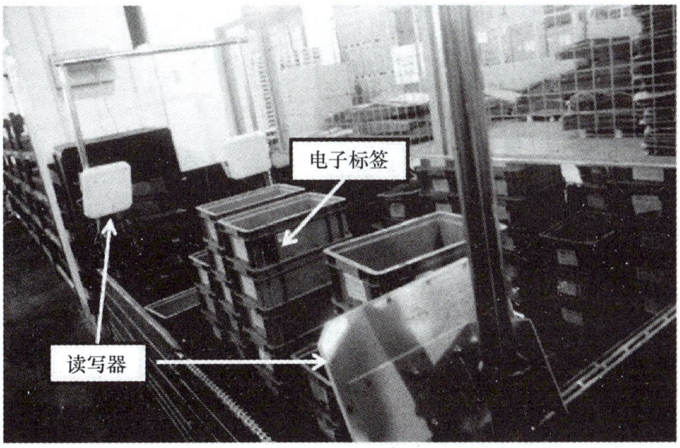

图 4-4 电子标签订货系统装置

将物料被消耗后的空容器置于配备读写器的集货容器中时，读写器就会识别电子标签的内容，并上传到客户服务器，客户每天在约定信息收集截止时间汇总需求后，将需求信息发给供应商，供应商将上个截止时间需求的备件送到客户处，并将货物置于指定的货架货位中完成补货，如图 4－5 所示。同时取回集货容器中的空容器。供应商与客户不进行物料交接，按约定付款期根据线下成品实际消耗的标准件数量结算货款。

图 4－5　补货货架

办公用品、劳防用品及辅料采购与库存管理外包：如某供应商为客户提供自动取货机，又称其为智能小仓库，定期为客户补货，帮助客户实现低值物料采购与库存外包，由于供应商存在明显的规模优势，其价格不高于原来客观的采购价格。智能小仓库的构造和原理与自动售货机相似，如图 4－6 所示，具体运作程序如下：

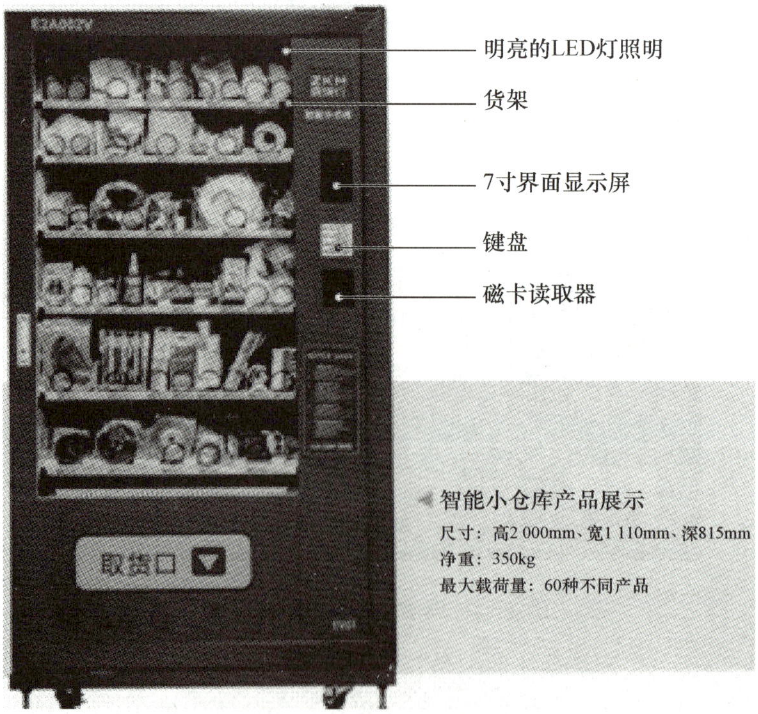

图 4－6　智能小仓库示例

（1）客户与供应商签订年度采购协议，确定预计采购数量、价格、付款期，由供应商提高智能小仓库及货物，货架货位上标有货位号及单价。

（2）领料人员根据消费额度授权，通过刷职能卡，获取货物，如图 4－7 所示。

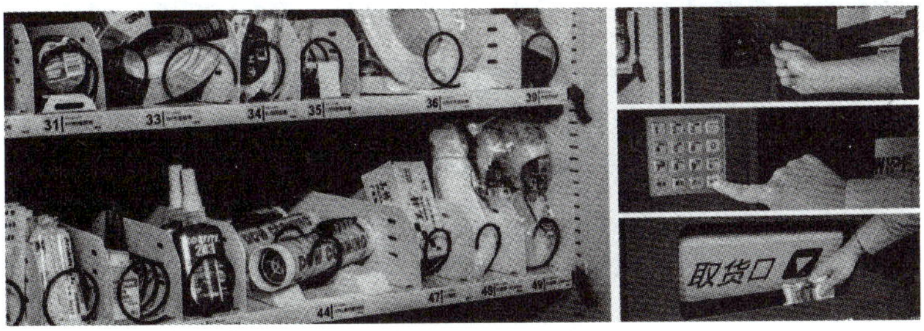

图 4－7　智能小仓库作业

（3）供应商根据客户需求量、货物体积及储位空间情况，确定订货点，当库存下降到订货点时，智能小仓库会自动通过互联网订货系统向供应商订货，供应商对智能小仓库进行补货。

十一、实行联合库存管理

联合库存管理（Jointly Managed Inventory，JMI）又称为共享库存，是解决供应链系统中各节点企业的相互独立库存运作模式导致的需求放大现象带来的库存积压或呆滞物料增加的有效途径，如企业为满足设备维修需要而建立大量的备品备件库存，有的企业备品备件库存占用的资金十分惊人，备品备件去库存，创新新型采购模式已成为企业间接物料采购要解决的重要课题。

事实上，不同企业之间设备维修对贵重的备品备件需求同时发生的概率很小，联合库存管理就是在不同企业间进行备品备件库存调剂，避免各自单独建库存，以减少库存资金占用。随着互联网电子商务迅速发展，为备品备件联合库存管理提供了理想的信息平台，目前已经有不少集团公司利用备品备件库存共享信息平台实现企业间备品备件库存调剂，找出了呆料的出路，盘活了库存资金，取得了良好的经济效益。

第五章 招标管理

第一节 招标概述

一、招投标的定义

招标投标是指招标人事先以招标公告或投标邀请书的方式，提出工程、货物或服务采购的条件和要求，邀请众多投标人参加投标，并按照法律规定的程序从中选择中标人的一种交易行为。

从采购交易过程来看，它必然包括招标和投标两个最基本的环节，前者是招标人提出招标项目，并以一定的方式邀请不特定或一定数量的法人或其他组织进行投标；后者是投标人响应招标人的要求参加投标竞争。没有招标就不会有供应商或承包商的投标；没有投标，采购人的招标就不会得到响应。在世界各国和有关国际组织的招标采购法律规则中，尽管大都只称招标（如国际竞争性招标、国内竞争性招标、选择性招标、限制性招标等），但都未对投标做出相应的规定和约束。

二、招投标的特点

（一）公开性

公开性有时也指透明性，招标公告通过各种媒介传递给世界各地，谁都可以看到招标公告并前来投标，并且整个采购程序都在公开情况下进行。公开发布投标邀请，公开开标，公布中标结果，投标商资格审查标准和中标人评选标准要事先公布。

（二）竞争性

招标是一种引发竞争的采购程序，充分体现竞争的平等、信誉、正当和合法等基本原则。招标作为一种规范的、有约束力的竞争，有一套严格的程序和实施方法。企业采购通过招标程序，可以最大限度吸引和扩大投标人的竞争，从而使招标方有可能以更低的价格采购到所需的物资或服务，有利于实现企业的经济效益目标。

（三）公平性

所有感兴趣的供应商、承包商和服务提供者都可以进行投标，并且地位一律平等，不允许对任何投标商进行歧视。

（四）广泛性

招标尤其是公开招标没有边界，所有供应商都可以向采购方投标，采购方也可以调查所有供应商。

（五）时间性强

招标有很强的时间性。“时间就是金钱”这句话在招标上有明确的体现，主要表现在以下几个方面：

（1）投标文件的截止时间有限制。

（2）开标时间有限制。

（3）投标书有效期从开标日算起有具体天数规定。

（4）招标人澄清或修改招标文件的时间有限制。

（5）投标人接到中标通知书之日起，在限定天数内必须与招标人签订中标合同。

三、招投标的分类

（一）公开招标

公开招标是采购方在报刊、互联网或其他媒介上公开发出招标公告，吸引不特定的供应商来参加投标竞争，从中择优选择供应商的招标方式。在招标中也必须公开其招标的有关规范，包括投标手续、报价方式、交期、运输、检验等。凡是符合资格规定的供应商均可参加公开竞标，并且以当众开标为原则，符合各项规定的报价最低的供应商优先赢得竞标。

（二）邀请招标

邀请招标也称有限竞争性招标或选择性招标，即由招标单位以投标邀请书的方式，邀请一定数目的供应商参加招标竞争的招标方式。在一般情况下，选择的投标人不得少于3个，具体数量视招标项目的规模而定。公开招标和邀请招标的区别见表5-1。

表 5-1 公开招标和邀请招标的区别

招标方式	特点	适用情况
公开招标	在大众媒体发布招标公告； 信息转播面广，投入费用高； 参与投标单位多，竞争性强； 招标程序复杂，时间长； 拥有绝对的选择余地； 容易获得最佳的招标效果。	数额较大的产品和项目； 国家法规规定必须招标的采购项目。
邀请招标	不使用公开的公告形式，而采用投标邀请书的方式； 接受邀请的单位才能参加投标； 投标人的数量有限； 竞争的范围有限； 拥有的选择余地相对较小。	数额小、产品特殊性强的产品。

（三）议标

议标也称谈判招标或限制性招标，即通过谈判来确定中标者。它的主要方式有以下几种：

1. 直接邀请议标方式

选择中标单位不是通过公开或邀请招标，而由招标人或其代理人直接邀请某一企业进行单独协商，达成协议后签订采购合同。如果和一家协商不成，可以邀请另一家，直到协议达成为止。

2. 比价议标方式

“比价”是兼有邀请招标和协商特点的一种招标方式，一般用于规模不大、内容简单的工程和货物采购。通常的做法是由招标人按采购的有关要求送交选定的几家企业，要求它们在约定时间提出报价，对其经过分析比较，选择报价合理的企业，就工期、造价、质量、付款条件等细节进行协商，从而达成协议，签订合同。

3. 方案竞赛议标方式

它是选择工程规划设计任务的常用方式。通常组织公开招标，也可邀请经预先选择的规划设计机构参加竞赛。一般做法是由招标人提出规划设计的基本要求和投资控制数额，并提供可行性研究报告或设计任务书、场地平面图、有关场地条件和环境情况的说明以及规划。

设计管理部门根据有关规定等基础资料，参加竞争的单位据此提出自己的规划或设计的初步方案等，阐述方案的优点和长处，并提出该项规划或设计任务的主要人员配置、完成任务的时间和进度安排、总投资预算等一并报送招标人，然后由招标人邀请有关专家组成的评选委员会选出优胜单位，招标人与优胜者签订合同。

四、招标投标的适用范围

（一）必须招标的项目

（1）《中华人民共和国招标投标法》（以下简称《招标投标法》）的规定，在中华人民共和国境内进行大型基础设施、公用事业等关系社会公共利益和公众安全的项目，全部或者部分使用国有资金投资或者国家融资的项目，使用国际组织或者外国政府贷款、援助资金的项目，包括项目的勘察、设计、施工、监理以及与工程建设有关的重要设备、材料等的采购，必须进行招标。

（2）《必须招标的工程项目规定》规定的上述各类工程建设项目，包括项目的勘察、设计、施工、监理以及与工程建设有关的重要设备、材料等的采购，达到下列标准之一的，必须进行招标：

1）施工单项合同估算价在400万元人民币以上的；

2）重要设备、材料等货物的采购，单项合同估算价在200万元人民币以上的；

3）勘察、设计、监理等服务的采购，单项合同估算价在100万元人民币以上的。

同一项目中可以合并进行的勘察、设计、施工、监理以及与工程建设有关的重要设备、材料等的采购，合同估算价合计达到前款规定标准的，必须招标。

（二）可以不进行招标的项目

（1）《招标投标法》规定："涉及国家安全、国家秘密、抢险救灾或者属于利用扶贫资金实行以工代赈、需要使用农民工等特殊情况，不适宜招标的项目，按照国家有关规定可以不进行招标。"

（2）根据《工程建设项目施工招标投标办法》的规定，依法必须进行施工招标的工程建设项目有下列情形之一的，可以不进行施工招标：

1）涉及国家安全、国家秘密、抢险救灾或者属于利用扶贫资金实行以工代赈需要使用农民工等特殊情况，不适宜进行招标；

2）施工主要技术采用不可替代的专利或者专有技术；

3）已通过招标方式选定的特许经营项目投资人依法能够自行建设；

4）采购人依法能够自行建设；

5）在建工程追加的附属小型工程或者主体加层工程，原中标人仍具备承包能力，并且其他人承担将影响施工或者功能配套要求；

6）国家规定的其他情形。

五、招投标的基本程序

一般来说，招标投标需经过招标、投标、开标、评标与中标等程序。

（一）招标

1. 发布招标公告

招标公告应当通过报刊、互联网或者其他媒介发布。招标公告应当载明下列事项：

（1）招标人的名称和地址。

（2）招标项目的性质、数量。

（3）招标项目的实施地点和时间。

（4）获取招标文件的办法、地点和时间。

（5）需要公告的其他事项。

2. 资格审查

招标人或招标代理机构，可以对有兴趣投标的法人或者其他组织进行资格预审，但应当通过报刊、互联网或者其他媒介发布资格预审公告。资格预审公告除载明招标公告中的基本信息外，还应当载明下列事项：

（1）获取资格预审文件的办法、地点和时间。

（2）对资格预审文件收取的费用。

（3）提交资格预审申请书的地点和截止日期。

（4）资格预审的日程安排。

（5）需要通告的其他事项。

上述预审应当主要审查有兴趣投标的法人或者其他组织，是否有承揽招标项目的能力。有兴趣投标的法人或者其他组织应当向招标人或者招标代理机构提交证明其具有承揽招标项目能力的证明文件。

采用邀请招标程序的，招标人一般应当向三家以上有兴趣投标的或者通过资格预审的法人或者其他组织发出投标邀请书。

采用议标程序的，招标人一般应当向两家以上有兴趣投标的法人或者其他组织发出投标邀请书。

3. 编制招标文件

招标人有能力的，可以自行编制招标文件，也可以委托专门的招标代理机构根据招标项目的要求编制招标文件。招标文件要求内容详细，标准精确。

（二）投标

投标人应当按照招标文件的规定编制投标文件。投标文件应当载明下列事项：

（1）投标函。

（2）投标人资格、资信证明文件。

（3）投标项目方案及说明。

（4）投标价格。

（5）投标保证金或者其他形式担保。

（6）招标文件要求具备的其他内容。

投标文件应在规定的截止日期前密封送达投标地点。招标人或者招标代理机构对提交投标文件截止日期后收到的投标文件，应不予开启并退还。招标人或者招标代理机构应当对收到的投标文件签收备案。投标人有权要求招标人或者招标代理机构提供签收证明。

投标人可以补充或者修改已提交的投标文件，但是应当在提交投标文件截止日期之前，书面通知招标人或者招标代理机构。

（三）开标

开标应当在招标文件确定的提交投标文件截止时间的同一时间公开进行，开标地点应当为招标文件中预先确定的地点。

开标由招标人或招标代理机构主持，邀请评标委员会成员、所有投标人代表和有关单位代表参加。

开标时，由投标人或者其推选的代表检查投标文件的密封情况，也可以由招标人委托的公证机构检查并公证；经确认无误后，由工作人员当众拆封，宣读投标人名称、投标价格和投标文件的其他主要内容。需要注意的是，招标人在招标文件要求提交投标文件的截止时间前收到的所有投标文件，在开标时都应当众拆封、宣读。另外，开标过程应当记录，并存档备查。

投标人可以对唱标人进行必要的解释，但所做的解释不得超过投标文件记载的范围或改变投标文件的实质性内容。

（四）评标、中标

评标应当按照招标文件的规定进行。

招标人或者招标投标中介机构负责组建评标委员会。评标委员会由招标人的代表及其聘请的技术、经济、法律等方面的专家组成，总人数一般为 5 人以上单数，其中受聘的专家不得少于 2/3。与投标人有利害关系的人员不得进入评标委员会。

评标委员会负责评标。评标委员会对所有投标文件进行审查，对与招标文件规定有实质性不符的投标文件，应当判定为无效。

评标委员会可以要求投标人对投标文件中含义不明确的地方进行必要的澄清，但澄清不得超过投标文件记载的范围或改变投标文件的实质性内容。

评标委员会应当按照招标文件的规定对投标文件进行评审和比较，并向招标人推荐1～3名中标候选人。

招标人应当从评标委员会推荐的中标候选人中确定中标人。中选的投标者应当符合下列条件之一：

（1）能够最大限度满足招标文件中规定的各项综合评价标准。

（2）能够满足招标文件的实质性要求，并且经评审的投标价格最低，但是投标价格低于成本的除外。

除采用议标程序外，招标人或者招标代理机构不得在定标前与投标人就投标价格、投标方式等事项进行协商谈判。

招标人或者招标代理机构应当将中标结果书面通知所有投标人。招标人与中标人应当按照招标文件的规定和中标结果签订书面合同。

第二节 招标文件

一、招标人和投标人的条件

（一）招标人的条件

招标人是依照法律规定提出招标项目、进行招标的法人或者其他组织。

招标项目按照国家有关规定需要履行项目审批手续的，应当先履行审批手续，取得批准。

按照国家有关规定需要履行项目审批、核准手续的依法必须进行招标的项目，其招标范围、招标方式、招标组织形式应当报项目审批、核准部门审批、核准。项目审批、核准部门应当及时将审批、核准确定的招标范围、招标方式、招标组织形式通报有关行政监督部门。国有资金占控股或者主导地位的依法必须进行招标的项目，应当公开招标。

招标人还应当有进行招标项目的相应资金或者资金来源已经落实，并应当在招标文件中如实载明。

（二）招标代理机构

招标代理机构是依法设立、专门从事招标代理业务并提供相关服务的法人或其他组织。按照《招标投标法》的规定，招标代理机构应当具备下列基本条件：

（1）有从事招标代理业务的营业场所和相应资金。

（2）有能够编制招标文件和组织评标的相应专业力量。

如果招标人具有编制招标文件和组织评标能力的，可以自行办理招标事宜。当招标人希望由专门机构为其组织招投标活动时，可以选择专业招标代理机构，委托其办理招标事宜。但任何单位和个人不得以任何方式强制招标人委托招标代理机构或为招标人指定招标代理机构。另外，招标代理机构应当在招标人委托的范围内办理招标事宜，并遵守相关法律关于招标人的规定。

从事工程建设项目招标代理业务的招标代理机构，其资格由国务院或者省、自治区、直辖市人民政府的建设行政主管部门认定。具体办法由国务院建设行政主管部门会同国务院有关部门制定。从事其他招标代理业务的招标代理机构，其资格认定的主管部门则由国务院规定。

（三）投标人的条件

根据法律规定，投标人是指响应招标、参加投标竞争的法人或者其他组织。一般情况下，不允许以个人名义参加投标，但是，当招标的项目为科研项目时，有时可以允许个人参加投标，但投标的个人要符合相关法律关于投标人的规定。

投标人应当具备承担招标项目的能力；国家有关规定对投标人资格条件或者招标文件对投标人资格条件有特殊规定的，投标人应当具备规定的资格条件。

当两个以上法人或者其他组织组成一个联合体并以一个投标人的身份共同投标时，联合体各方均应当具备承担招标项目的相应能力；国家有关规定或者招标文件对投标人资格条件有特殊规定的，联合体各方均应当具备规定的相应资格条件。另外，联合体各方必须签订共同投标协议，明确约定各方拟承担的工作和责任，并将共同投标协议连同投标文件一并提交招标人。联合体中标的，联合体各方应当共同与招标人签订合同，就中标项目向招标人承担连带责任。

二、招标公告

凡采用公开招标方式的，招标单位应该在招标前发布招标公告，以保证有承包能力的单位都能广泛获得平等的投标竞争机会。招标公告包括招标通知和招标广告。招标通知的主要内容包括：

（1）招标人的名称和地址。

（2）招标项目的性质、数量。

（3）招标项目的实施地点和时间。

（4）获取招标文件的办法、地点和时间。

（5）对投标人资质的要求。

（6）需要公告的其他事项。

招标广告的内容和招标通知相同时，可发出招标通知。但无论采取何种形式，这种公告都必须及时发布出去。按照国际惯例，从开始招标到提出报价，间隔不应少于45天，对大型项目来说则不少于90天，以便投标人有充足的时间在报价前进行现场调查，做必要的报价计算。因此，招标通知和招标广告一般应在开始招标前两周发出，也就是在报价截止前60天到105天以前发出。

三、招标文件的编制

（一）招标文件的概念

招标文件是指招标人向投标人提供的为进行投标工作所必需的文件，旨在向投标人提供编写投标文件所需的必要资料，并向其通报招标、投标将依据的规则和程序等内容的书面文件。

有资格审查的，招标文件发给通过资格预审的供应商；没有资格预审的，则发给任何对该次招标有兴趣的供应商。

（二）招标文件的编制

招标人可以委托招标代理机构根据招标项目的要求编制招标文件。招标人或者招标代理机构在招标文件中，可以规定投标人在提交符合招标文件要求的投标文件的同时，提交备选投标文件，但应做说明，并规定相应评审和比较办法。

招标文件规定的技术规格应当采用国际国内公认、法定的标准。招标文件中规定的各项技术规格，不得要求标明某一特定的专利、商标、名称、设计、型号、原产地或生产厂家，不得排斥有兴趣投标的法人或者其他组织，不得对潜在投标人实行歧视待遇。

国家对招标项目的技术、标准有规定的，招标人应当按照其规定在招标文件中提出相应要求。招标项目需要划分标段、确定工期的，招标人应当合理划分标段、确定工期，并在招标文件中载明。

招标人或者招标代理机构应当按照招标公告投标邀请书规定的时间、地点发出招标文件。招标文件发出后不予退还。除不可抗力原因外，招标人或者招标代理机构在发布招标公告、发出投标邀请书后不得终止招标。

招标人或者招标代理机构需要对已发出的招标文件进行澄清或者非实质性修改的，一般应当在提交投标文件截止日期 15 天前以书面形式通知所有招标文件的购买者，该澄清或修改的内容为招标文件的组成部分。

招标公告发布或投标邀请书发出之日至提交投标文件截止之日，一般不得少于 20 天。

（三）招标文件的内容

（1）投标人须知。

（2）招标项目的性质、数量。

（3）技术规格。

（4）招标价格的要求及计算公式。

（5）评标标准和方法。

（6）交货、竣工和提供服务的时间。

（7）投标人应当提供的有关资格和资信证明文件。

（8）投标保证金数额或其他担保方式。

（9）投标文件的编制要求。

（10）提供投标文件的方式、地点、截止时间。

（11）开标、评标的日程安排。

（12）拟签订合同的主要条款。

（13）需要记载的其他事项。

第三节　投标文件

一、投标文件的种类

（一）商务文件

商务文件是用以证明投标人履行合法手续及招标人了解投标人商业资信、合法性的文件，一般包括投标保函、投标人的授权委托书、联合投标人的共同投标协议、投标人的资质证明等。

（二）技术文件

如果是建设项目，则包括全部施工组织设计内容，用以评估投标人的技术实力和经验。技术复杂的项目对技术文件的编写内容及格式均有详细要求，投标人应认真按照规定填写。

（三）价格文件

价格文件是投标文件的核心，全部价格文件必须完全按照招标文件的规定格式编制，不允许随意改动，如有漏填，则视其为已经包含在其他价格报价中。

二、投标文件的编制与递交

（一）投标文件的编制

投标人应当按照招标文件的要求编制投标文件。投标文件应当对招标文件提出的实质性要求和条件做出响应。招标项目属于建设施工的，投标文件的内容应当包括拟派出的项目负责人与主要技术人员的简历、业绩和拟用于完成招标项目的机械设备等。另外，投标文件的编写还应符合下列要求：

1. 语言约定

国际招标时，外国投标者的投标文件应该以英文书写，国内投标者的投标文件应该以中文书写。

2. 投标文件组成

投标人准备的投标文件主要应有：（1）投标文件内容一览表；（2）投标保函；（3）投标报价单；（4）规格、性能及技术参数偏差表；（5）投标人推荐的选件清单；（6）投标人资格证明文件；（7）投标保证金；（8）投标文件资料清单；（9）投标货物符合招标文件规定的证明文件；（10）招标文件要求载明的其他内容。

3. 投标报价要求

投标报价要求投标人在投标报价单上写明拟提供货物的单价与总价，如单价与总价不符，以单价为准。

4. 投标人资格证明

投标人需提供资料证明其具有投标资格及履行合同的能力，包括投标人法人代表的简历、投标人项目负责人和主要技术人员的简历和业绩、投标人的业绩、投标人的营业执照、组织代码和资质证明书等。投标人资格证明是投标文件的必要组成部分。

5. 投标保证金

投标人需提交投标总价 2%的投标保证金，投标保证金用于保护本次招标免遭投标人的行为引起的风险。投标人也可以免交投标保证金，但必须有资质良好的担保公司予以担保。

中标方的投标保证金，在中标人签订中标合同并交纳履约保证金和中标服务费后，予以退还。

若投标人在投标有效期内撤回投标，或不能按要求的时间、地点与采购方签订合同，不能提供履约保证金，不能提供中标服务费承诺的，采购方均可没收其投标保证金。

6. 投标文件的有效期

从开标之日起，有效期为 90 天。在特殊条件下，投标机构可于投标有效期满之前，要求投标人同意延长有效期（以书面形式），投标人可以拒绝上述要求而不会被没收投标保证金，但若同意延期，则既不能要求也不允许修改投标文件，其投标保证金的有效期也应相应延长。上述有关退还和没收保证金的规定，在投标延长期内继续有效执行。

7. 投标文件的签署及规定

投标文件由一份正本四份副本组成，应标明“正本”“副本”字样，若有差异，以正本为准，投标文件要打印，且要有法人代表或经正式授权的投标人代表签字。

除投标人确认标书的错误要进行必要修改，这种修改要由投标人在修改处签字确认外，投标文件不允许加行、涂抹、删节、改写。投标人以电话、电报、电传方式的投标概不接受。

（二）投标文件的密封和标记

投标方应将投标文件正本或副本分别用信封密封，并标明招标编号、投标项目名称及正本或副本。为方便开标唱标，投标方应将正本的投标书、开标一览表和投标保证金保函单独密封，并在信封上标明“开标一览表”字样，然后再装入正本投标文件密封袋中。第一密封信封上注明“于______年______月______日之前（指投标邀请中规定的开标日期及时间）不准启封”的字样。如投标文件由专人送交，投标方应将投标文件按规定进行密封后，按投标邀请注明的地址送至招标方。如果投标文件通过邮寄递交，投标方应将投标文件用内、外两层信封密封。如果未按上述规定进行密封和标记，招标方对投标文件的误投或提前拆封不负责。

（三）投标文件提交的时间和方式

投标人应当在招标文件要求提交投标文件的截止时间前，将投标文件送至招标文件所载明的投标地点。但招标人应当给予投标人编制投标文件所需要的合理时间，一般情况下，自招标文件开始发出之日起至投标人提交投标文件截止之日，最短不得少于 20 日。

（四）投标文件的补充、修改和撤回

投标人在招标文件要求提交投标文件的截止时间前，可以补充、修改或者撤回已提交的投标文件，并书面通知招标人。补充、修改的内容为投标文件的组成部分。

第四节 开标

开标，就是投标人提交投标文件后，招标人在预先规定的时间将各投标人的投标文件正式启封揭晓，这是定标成交阶段的第一个环节。开标、评标是选择中标人、保证招标成功的重要环节，有许多必须遵守的规则。

根据投标人是否参加，开标方式可以分为秘密开标和公开开标。公开开标是目前招标投标中的主要开标方式。

一、开标时间与组织

我国《招标投标法》规定，开标应当在招标文件确定的提交投标文件截止时间的同一时间公开进行，并邀请所有投标人参加，开标地点应当为招标文件中预先确定的地点。这就是说，提交投标文件截止之时（如某年某月某日几时几分），即开标之时（也是某年某月某日几时几分）。这样做主要是为了防止投标截止时间之后与开标之前仍有一段时间间隔。如有间隔，也许会给不端行为造成可乘之机（如在指定开标时间之前泄露投标文件中的内容），即使承包者等到开标之前最后一刻才提交投标文件，也同样存在这种风险。

如遇有特殊情况，例如购买招标文件的单位太少，招标人可以推迟开标，但须事先（在招标文件要求提交投标文件截止时间至少十五日前）书面通知各投标人。

开标由招标人主持。在招标人委托招标代理机构代理招标时，开标也可由该代理机构主持。主持人按照规定的程序负责开标。可以邀请上级主管部门和有关单位及监督部门或公证机关派人员参加。开标人员至少由主持人、监标人、开标人、唱标人、记录人组成，上述人员对开标负责。

二、开标程序

（一）一般程序

按照惯例，公开开标一般按以下程序进行：

（1）主持人在招标文件确定的时间停止接收投标文件，开始开标。

（2）宣布开标人员名单。

（3）确认投标人法定代表人或授权代表人是否在场。

（4）宣布投标文件开启顺序。

（5）依开标顺序，先检查投标文件密封是否完好，再启封投标文件。

（6）宣布投标要素，并作记录，同时由投标人代表签字确认。

（7）对上述工作进行记录，存档备查。

（二）当众检查投标文件的密封情况

开标时，由投标人或者其推选的代表检查投标文件的密封情况，也可以由招标人委托的公证机关检查并公证。

一般情况下，投标文件是以书面形式、加具签字并装入密封信袋内提交的。所以，无论是邮寄还是直接送到开标地点，所有的投标文件都应该是密封的。这是为了防止投标文件在未密封状况下失密，从而导致相互串标，更改投标报价等违法行为的发生。只有密封的投标文件，才被认为是形式上合格的投标（即是否实质上符合招标文件的要求），才能被当众拆封，并公布有关的报价内容。对于招标人设立密封的投标箱接受投标文件的情况，还应提前检查投标箱的密封情况。

（三）唱标

经检查密封情况完好的投标文件，由工作人员当众逐一启封，当场高声宣读各投标人的名称、投标价格和投标文件的其他主要内容，是为唱标。这主要是为了保证投标人及其他参加人了解所有投标人的投标情况，提高开标程序的透明度。

开标会议上一般不允许提问或作任何解释，但允许记录或录音。投标人或其代表应在会议签到簿上签名以证明其在场。

在提交投标文件截止时间前收到的所有投标文件（已经有效撤回的除外），并在其密封情况被确认无误后，均应向在场者公开宣布。开标后，不得要求也不允许对投标文件进行实质性修改。

唱标完毕，开标会议即结束。

（四）会议过程记录

招标人对开标的整个过程需要做好记录，形成开标记录或纪要，并存档备查。开标记录一般应记载以下事项，并由主持人和其他工作人员签字确认：开标日期、时间、地点，开标会议主持者，出席开标会议的全体工作人员名单，招标项目的名称、招标号、标号或标段号，到场的投标人代表和各有关部门代表名单，截标前收到的标书，收到日期和时间及报价一览表，对截标后收到的投标文件（如果有的话）的处理，其他必要的事项等。

（五）无效的投标

在一般情况下，在开标时，招标人对有下列情况之一的投标文件，可以拒绝或按无效标处理：

（1）投标文件密封不符合招标文件要求的。

（2）逾期送达的。

（3）投标人法定代表人或授权代表人未参加开标会议的。

（4）未按招标文件规定加盖单位公章和法定代表人（或其授权人）的签字（或印鉴）的。

（5）招标文件规定不得标明投标人名称，但投标文件上标明投标人名称或有任何可能透露投标人名称标记的，被认定为无效的投标，应不予宣读。被拒绝或按规定提交合格撤回通知的投标文件不予开封，并原封退回。

有些情况可能还会导致招标人在开标时宣布此次投标无效。如为了保证招标投标活动的竞争性，我国《招标投标法》规定一个标段少于 3 个投标人，该次招标无效，应重新组织招标。在国际工程招标中，众多投标人花费不少时间和金钱投标后被宣布全部投标均作废的事例并不鲜见。

第五节 评　标

投标文件一经开拆，即转送评标委员会进行评价以选择最有利的投标，这一步骤就是评标。评标对所有投标人一视同仁。评标工作由开标前确定的评标委员会负责评标内容的繁简，可在开标后立即进行，也可在随后进行，一般应对各投标文件的商务部分和技术部分进行综合评价，为择优确定中标人提供依据。公开招标的评标原则是公开和公平合理，但评审投标文件及决定授标都是保密进行的。在评标期间，评标委员会可以要求投标人回答或澄清其投标文件中某些含糊不清的问题，但无权要求或接受投标人调整实质性内容。评标是审查、确定中标人的必经程序，是一项关键性工作，又是十分细致的工作，它直接关系到招标人能否得到最有利的投标，是保证招标成功的重要环节。

一、组建评标委员会

评标是依据招标文件的规定和要求，对投标文件所进行的审查、评审和比较。评标由招标人依法组建的评标委员会负责。评标委员会成员名单一般在开标前确定。

《招标投标法》规定：“依法必须进行招标的项目，其评标委员会由招标人的代表和有关技术、经济等方面的专家组成，成员人数为五人以上单数，其中技术、经济等方面的专家不得少于成员总数的三分之二。”

为了保证评标公正性，防止招标人左右评标结果，评标不能由招标人或其代理机构独自承担，而应组成一个由招标人或其代理机构的必要代表、有关专家和人员参加的委员会，负责依据招标文件规定的评标标准和方法，对所有投标文件进行评审，向招标人推荐中标候选人或者依据授权直接确定中标人。评标是一项复杂的活动，在专家成员中，技术专家主要负责对投标中的技术部分进行评审；经济专家主要负责对投标中的报价等经济部分进行评审；而法律专家则主要负责对投标中的商务和法律事务进行评审。

评标委员会由招标人负责组织。为了防止招标人在选定评标专家时的主观随意性，我国法规规定招标人应从省级以上人民政府有关部门提供的专家名册或者招标代理机构的专家库中，确定评标委员会的专家成员（不含招标人代表）。专家可以采取随机抽取或者直接确定的方式确定。对于一般项目，可以采取随机抽取的方式；而技术特别复杂、专业性要求特别高或者国家有特殊要求的招标项目，采取随机抽取方式确定的专家难以胜任的，可以由招标人直接确定。

评标工作的重要性决定了必须对参加评标委员会的专家的资格进行一定的限制，并非所有的专业技术人员都可进入评标委员会。法律规定的专家资格条件是从事相关领域工作满 8 年，并具有高级职称或者具有同等专业水平。法律同时规定，评标委员会的成员与投标人有利害关系的应当回避，不得进入评标委员会；已经进入的，应予以更换。评标委员会设负责人（如主任委员）的，评标委员会负责人由评标委员会成员推举产生或者由招标人确定。评标委员会负责人与评标委员会的其他成员有同等的表决权。

评标委员会成员的名单在中标结果确定前属于保密的内容，不得泄露。

二、评标的标准

（1）投标文件符合招标文件要求，方案设计先进、合理、针对性强和适用性强。

（2）整体报价合理，不过高或过低。

(3) 所适用设备及产品必须符合用户的要求，产品具有较高的可靠性、先进性、可扩展性，同时具有较强的兼容性。

(4) 供应商具有良好的信誉，产品优良，服务到位，并具有可开发性和不断改进的能力。

三、评标的方法

在招标投标实践中，有多种评标方法，它们适用于不同性质和特点的招标项目的评标。《评标委员会和评标方法暂行规定》指出，对于依法必须招标项目的评标活动，评标方法包括经评审的最低投标价法、综合评估法，或者法律、行政法规允许的其他评标方法，不宜采用经评审的最低投标价法的招标项目，一般应当采取综合评估法进行评审。

评标方法有繁有简，究竟采用何种方法还要根据工程的复杂程度、投标竞争的激烈程度等因素来决定。尽管各类招标的标的不同，评审的内容和方法也有很大差异，但采用量化投标文件，进而进行各投标文件之间的比较是较为科学的评标办法。

常见的评标方法主要有专家评议法、价格评标法、经评审的最低投标价法、综合评估法和二阶段评标法。

（一）专家评议法

专家评议法也称定性评议法或综合评议法，评标委员会根据预先确定的评审内容，如报价、工期、技术方案和质量等方面，对各投标文件共同分项进行定性的分析、比较，进行评议后，选择投标文件在各指标都较优良者为候选中标人，也可以用表决的方式确定候选中标人。这种方法实际上是定性的优选法，由于没有对各投标文件的量化（除报价是定量指标外）比较，标准难以确切掌握，往往需要评标委员会协商，评标的随意性较大、科学性较差。其优点是评标委员会成员之间可以直接对话与交流，交换意见和讨论比较深入，评标过程简单，在较短时间内即可完成，但当成员之间评标相差悬殊时，定标较困难。专家评议法一般适用于小型项目或无法量化投标条件的情况。

（二）价格评标法

评标委员会按预定的审查内容对各投标文件进行评审后，所有满足要求与条件的投标文件均被认定为具备授标资格，此时仅将价格的合理性作为唯一尺度定标。根据所依据的价格标准，可以分成最低投标价法和接近标底法两种方法。

1. 最低投标价法

最低投标价法也称合理最低投标价法，即能够满足招标文件的各项要求，投标价格最低的投标可作为中选投标的评审方法。一般适用于简单商品、半成品、原材料，以及性能、质量相同或容易进行比较的货物招标采购。这些货物技术规格简单，技术性能和质量标准及等级通常可采用国际（国家）标准规范。

对于这类产品的招标采购，招标文件应要求投标人根据规定的交货条件提出标价。通常情况是，如果所采购的货物从国外进口，则一般规定以买主国家指定港口的到岸价格报价。如果所采购货物来自国内，则一般要求以出厂价报价。如果所提供的货物投标人早已从国外进口，目前已在国内的，则投标价应为仓库交货价或展室价。

2. 接近标底法

接近标底法是将标底价作为衡量标准，选报价最接近评标标底者为候选中标人的评审方法。这种方法比较简单，但要以标底详尽、正确为前提。评标标底可采用：

（1）招标人组织编制标底 A。

（2）将全部或部分投标人报价的平均值作为标底 B。

（3）将标底 A 和标底 B 的加权平均值作为标底。

（4）将标底 A 值作为确定有效标的标准，将进入有效标内投标人的报价平均值作为标底。

（5）施工招标未设标底的，按不低于成本价的有效标进行评审。

（三）经评审的最低投标价法

这是一种以价格加其他因素评标的方法。以这种方法评标，一般做法是将报价以外的商务部分量化，并以货币折算成价格，与报价一起计算形成评标价，然后以此价格按高低排出次序。能够满足招标文件的实质性要求，应将“评标价”最低的投标作为中选投标。

评标价是按照招标文件的规定，对投标价进行修正、调整后计算出的标价。在评标过程中，用评标价进行标价比较。

采用经评审的最低投标价法，中标人的投标应当符合招标文件规定的技术要求和标准，但评标委员会无须对投标文件的技术部分进行价格折算。

经评审的最低投标价法一般适用于具有通用技术、性能标准或者招标人对其技术、性能没有特殊要求的招标项目。

根据经评审的最低投标价法完成详细评审后，评标委员会要拟定一份标价比较表，连同书面评标报告提交招标人。标价比较表一般要载明投标人的投标报价、对商务偏差的价格调整和说明以及经评审的最终投标价。

（四）综合评估法

在采购机械、成套设备、车辆以及其他重要固定资产如工程等时，如果仅仅比较各投标人的报价或报价加商务部分，则对竞争性投标之间的差别不能做出恰如其分的评价。因此，在这些情况下，必须以价格加其他因素综合评标，即采用综合评估法评标。以综合评估法评标，一般做法是将各个评审因素在同一基础或者同一标准上进行量化，量化指标可以采用折算为货币的方法、打分的方法或者其他方法，使各投标文件具有可比性。对技术部分和商务部分的量化结果进行加权，计算出每一投标的综合评估价或者综合评估分，以此确定候选中标人。最大限度地满足招标文件中规定的各项综合评价标准的投标，应当推荐为中标候选人。综合评估法最常用的是最低评标价法和综合评分法。

1. 最低评标价法

这是另一种以价格加其他因素评标的方法，也可以认为是扩大的经评审的最低投标价法。以这种方法评标，一般做法是以投标报价为基数，将报价以外的其他因素（既包括商务因素，也包括技术因素）量化，并以货币折算成价格，将其加减到投标价上去，形成评标价，将评标价最低的投标作为中选投标。

表 5－2 归纳了报价以外的其他主要折算因素的内容。

表 5－2　不同招标范围常考虑的各种因素

主要因素	折算报价内容
运输费用	应在每一标价上加上将货物从抵达港或生产地运到现场的运费和保险费、其他可能由招标单位支付的额外费用，如运输超大件设备需要对道路加宽、桥梁加固所需支出的费用等。
价格调整	如果按可以调整的价格招标，则投标的评定和比较必须考虑价格调整因素。按招标文件规定的价格调整方式，调整各投标人的报价。
交货或完工期	对交货或完工期在所允许的幅度范围内的各投标文件，按一定标准（如投标价的某一百分比），将交货或完工期的差别及其对招标人利益的不同影响作为评价因素之一，计入评标价中。
付款条件	如果投标人所提的支付条件与招标文件规定的支付条件偏离不大，则可以根据偏离条件使招标人增加的费用（利息等）按一定贴现率算出其净现值，加在报价上。
零部件以及售后服务	如果要求投标人在投标价之外单报这些费用，则应将其加到报价上。如果招标文件中没有做出“包括”或“不包括”规定，评标时应计算可能的总价格将其加到投标价上去。
设备的技术性能和质量	可将标书中提供的技术参数与招标文件中规定的基准参数的差距，折算为价格，计算在评标价中。
技术建议	可能带来的实际经济效益，按预定的比例折算后，在投标价内减去该值。
优惠条件	可能给招标人带来的好处，以开标日为准，按一定的换算办法贴现折算后，作为评审价格因素。
其他可折算为价格的要素	按对招标人有利或不利的原则，在投标价上增加或减去。如对实施过程中必然发生，而投标文件又属明显漏项部分，给予相应的补项增加到报价上去。

2. 综合评分法

综合评分法也称打分法，是指评标委员会按预先确定的评分标准，对各投标文件需评审的要素（报价和其他非价格因素）进行量化、评审记分，以标书综合分的高低确定中标单位的评标方法。由于项目招标需要评定比较的要素较多，且各项内容的计量单位又不一致，如工期是天、报价是元等，因此综合评分法可以较全面地反映投标人的素质。

评审要素确定后，首先将需要评审的内容划分为几大类，并根据招标项目的性质、特点，以及各要素对招标人总投资的影响程度来具体分配分值权重（即得分）。然后再将各类要素细化成评定小项并确定评分的标准。这种方法往往将各评审因素的指标分解成 100 分，因此也称百分法。推荐中标候选人时，若某投标文件的总分不低，但某一项得分低于该项预定及格分时，也应充分考虑授标给该投标单位后，实施过程中可能遇到的风险。

（五）二阶段评标法

二阶段评标法适用于两个阶段招标的项目，一般先要求投标人投技术标，进行技术方案评标。评标后淘汰其中技术不合格者，技术标评标通过者，才允许投商务标。有时也可以采取在投标时承包者将技术标与商务标分两袋密封包装，评标时先评技术标，技术标通过者，则打开其商务标进行综合评定；技术标未通过者，将商务标原封不动地退还给投标人。

虽然评标分两个阶段进行，但二者又是不可分割的整体。如何在技术水平与价格之间权衡，通过评标选择出满意的承包者，主要体现在依据项目特点合理地划分各评价要素的权重。在一般情况下，对于设计、监理等类招标，其评标标准主要侧重于能力和技术内容，报价只是次要因素，因此技术评审的权重所占的比例较大，一般为 70%～90%，财务评审的权重所占的比例较小，一般为 10%～30%。

为了确保对技术部分的评审客观、公正、全面，评标委员会一般采用打分法评标，用量化指标考察每个投标人的各项素质，以累计得分评价其综合能力。

对于报价只是次要因素且无标底的项目招标，财务部分的评审一般不打分，只考察是否合理。当认为财务部分基本合格后，以其报价金额参与计分。通常做法是将技术部分评审合格标书中的最低报价为基数，将各合格投标的实际报价与其相对值换算成报价折算分，即：

$$报价折算分=\frac{合格标文件的最低报价}{各家自身报价}\times 100\%$$

【例 5-1】 某企业大型建设工程招标，标底造价为 5 000 万元，标底工期 36 个月，招标文件规定的评标方法见表 5-3。通过初评，选定了 4 个投标人为候选中标人。经过综合评价指标计算，选定 B 公司中标。计算过程见表 5-4。

表 5-3　综合评价指标

序号	因素	量化指标	权重系数 f
1	工程报价	造价降低率 $A_1=\frac{标底价-投标价}{标底}\times 100\%$	$f_1=50$
2	施工工期	工期缩短率 $A_2=\frac{招标工期-投标工期}{招标工期}\times 100\%$	$f_2=40$
3	企业信誉	优良工程率（近 3 年）$A_3=\frac{承包工程验收优良数目}{承接工程项目数}\times 100\%$	$f_3=5$
4	施工经验	承包类似工程的经验率（近 3 年）$A_4=\frac{承包类似工程数目}{承接工程项目数}\times 100\%$	$f_4=5$
总得分 $W=f_1A_1+f_2A_2+f_3A_3+f_4A_4$			$f=100$

表 5-4　评标计算过程表

投标人	报价（万元）	A_1（%）	投标工期（月）	A_2（%）	A_3（%）	类似工程数	A_4（%）	总分 W	名次
A	4 800	4	35	2.8	40	6	30	6.62	2
B	4 900	2	30	16.7	55	10	50	12.93	1
C	5 010	−0.2	34	5.6	30	4	20	4.64	3
D	4 750	5	38	−5.6	32	4	20	2.86	4

【例 5-2】 某工程公开招标，有 A、B、C、D、E、F 六家投标单位参加投标，经资格预审该六家投标单位均满足招标要求。该工程采用两阶段评标法评标，以综合得分最高者为中标人。评标委员会由 7 名委员组成，评标的具体规定如下：

第一阶段评技术标。技术标共计 40 分，其中施工方案 15 分，总工期 8 分，工程质量 6 分，项目班子 6 分，企业信誉 5 分。

技术标各项内容的得分为各评委评分去除一个最高分和一个最低分后的算术平均数。技术标合计得分不满 28 分者，不再评其商务标。

第二阶段评商务标。商务标共计 60 分。以标底（13 790 万元）的 50%与投标单位报价算术平均数的 50%之和为评标标底，但进入第二阶段评标的最高（或最低）报价高于（或低于）次高（或次低）报价的 15%者，在计算投标单位报价算术平均数时不予考虑，且其商务标得分为 15 分。

以评标标底为满分（60 分），报价比评标标底每下降 1%，扣 1 分，最多扣 10 分；报价比评标标底价每增加 1%，扣 2 分，扣分不保底。

各评委对六家投标技术评分的汇总表见表 5-5。由于投标单位 C 的技术标仅得 27.2 分，小于 28 分的最低限，按规定不再评其商务标，实际上已作废标处理。

表 5-5 技术标得分汇总表

单位	施工方案	总工期	工程质量	项目班子	企业信誉	合计	排名
A	11.9	6.5	5.5	4.5	4.5	32.9	3
B	14.1	6.0	5.0	5.0	4.5	34.6	2
C	11.2	5.0	4.5	3.5	3.0	27.2	6
D	13.7	7.0	5.5	5.0	4.5	35.7	1
E	12.0	7.5	5.0	4.0	4.0	32.5	4
F	10.4	8.0	4.5	4.0	3.5	30.4	5

各投标单位报价及商务标得分表见表 5-6。

表 5-6 各投标单位报价及商务标得分表

投标单位	报价（万元）	报价与评标标底价的比例（%）	扣分	得分
A	13 656	(13 656÷13 660)×100=99.97	(100−99.97)×1=0.03	59.97
B	11 108			15.00
D	13 098	(13 098÷13 660)×100=95.89	(100−95.89)×1=4.11	55.89
E	13 241	(13 241÷13 660)×100=96.93	(100−96.93)×1=3.07	56.93
F	14 125	(14 125÷13 660)×100=103.40	(103.40−100)×2=6.80	53.20

因为，$(13\,098-11\,108)\div 13\,098=15.19\%>15\%$

$$(14\,125-13\,656)\div 13\,656=3.43\%<15\%$$

所以，投标单位 B 的报价（11 108 万元）在计算基准价时不予考虑。

$$\begin{aligned}\text{评标标底价}&=13\,790\times 50\%+(13\,656+13\,098+13\,241+14\,125)\div 4\times 50\%\\&=13\,660(\text{万元})\end{aligned}$$

各投标单位综合得分表见表 5-7。

表 5-7　各投标单位综合得分表

投标单位	技术标得分	商务标得分	综合得分	排名
A	32.9	59.97	92.87	1
B	34.6	15.00	49.60	5
D	35.7	55.89	91.59	2
E	32.5	56.93	89.43	3
F	30.4	53.20	83.60	4

因为投标单位 A 的综合得分最高，故选其为中标人。

第六章 采购谈判

第一节 采购谈判概述

一、采购谈判的概念和特点

（一）采购谈判的概念

谈判是通过面对面或电子方式进行正式沟通的过程，由两个或多个人就一个或多个问题寻求协议。谈判过程包括管理时间、信息以及相互依赖的个人和组织之间的力量，每一方都对另一方有需求，进而认识到满足这种要求往往需要妥协或让步。

采购谈判是谈判的一种，是指企业为采购货物作为买方，与卖方厂商对购销业务有关事项，如商品的品种、规格、技术标准、质量保证、包装要求、售后服务、价格、交货日期与地点、运输方式、付款条件等进行反复磋商，以达成协议，建立双方都满意的购销关系。

（二）采购谈判的特点

（1）计划性强，技术要求高。物料采购不同于消费品采购，采购周期、数量及技术必须完全符合生产要求。

（2）采购物料替代性差。一般采购物料的质量和功能由技术部门指定，采购人员选择余地小。

（3）在满足质量、功能的前提下，对价格部件比较敏感。通过比质、比价和谈判，力求降低采购成本。

（4）强调降低采购成本。在采购价格谈判时，应将供应商的交货周期、包装方式、最小供货批量及付款期作为谈判重点。

(5) 注重合作关系。采购谈判除了要完成购买行为，还要通过谈判建立长期的双赢合作伙伴关系，以确保资源的稳定性。

(6) 谈判技巧对谈判结果影响显著。采购谈判既是一门科学，又是一门艺术。掌握谈判的基本知识和一些常用方式技巧，能使谈判者有效驾驭谈判的全过程，为己方赢得最大的利益。可见，采购谈判技巧是实现采购行为的关键环节。

二、采购谈判的目的与条件

(一) 采购谈判的目的

采购谈判的宗旨，就是以较小的代价获得理想的资源，同供应商建立良好的合作关系。采购谈判的目的主要包括以下几点：

(1) 获得质量好、价格低的产品。

(2) 获得供应商良好的服务。

(3) 建立良好的合作关系。

(4) 明确交易中的权利和义务。

(5) 规避合作风险。

(二) 采购谈判适用的条件

谈判是很好地解决买卖双方采购需求交易的一个环节，但并非所有的采购需求都需要买卖双方进行详尽的谈判。对于许多产品，竞标就能满足买方的采购需求，那些价值低、容易得到或已经建立了标准的产品就属于这类产品。谈判常适用于价格等重要的问题以及仅通过竞标不能满足采购需求的问题。当然，买方仍然可以使用竞标方式来选择潜在的供应商。通过竞标确定可能的供应商以后，买方就可以通过谈判来讨论影响采购协议的其他问题。一般需要采用谈判的情况包括：

(1) 当合同金额较大时，违约会造成极其严重的问题，这就需要就专门的安全措施进行谈判。

(2) 结构复杂、技术要求严格的成套机器设备的采购，在设计、安装、试验、成本价格等方面需要通过谈判，进行详细的商讨和比较。

(3) 多家供应商互相竞争时，通过采购谈判，使愿意成交的个别供应商在价格方面做出较大让步。

(4) 采购的商品供应商不多，但企业可以自制或向国外采购，或可用其他替代商品，通过谈判，可帮助其做出选择。

(5) 需用的商品经公开招标，但开标结果在规格、价格、交货日期、付款条件等方面无一供应商能满足要求时，可通过谈判再做决定。但在公开招标时，应预先声明开标结果达不到招标要求时，须经谈判决定结果。

(6) 需用的商品在原采购合同期满、市场行情有变化且采购金额较大时，应通过谈判提高采购质量。

三、采购谈判的类型、内容和作用

(一) 采购谈判的类型

在企业采购管理中，采购谈判是一项长期的工作。参照和归纳外资企业的实际操作，按谈判所处的时期不同，采购谈判一般可分为两类。

1. 采购框架协议谈判

采购框架协议谈判是指采购方与供应商就合作原则包括需求预测与订货、交货与付款、技术与质量、保密与知识产权、产品责任与违约责任、售货服务与技术支持等进行的谈判，这种谈判一般是在同新供应商建立合作关系时进行的。它是进行具体交易合同谈判的基础。

2. 采购业务谈判

采购业务谈判是指企业在合格供应商持续交货过程中所进行的定期洽谈。谈判内容包括具体采购商品的品种、规格、技术和质量要求、数量、价格、交货期、运输方式和包装方式等。如一年一次或半年一次，提出变更某些交易条款，如要求该供应商降低销售价格、缩短交货周期或提高质量等级等，并最终达成协议。

(二) 采购谈判的内容

不管是采购框架协议谈判还是采购业务谈判，按所洽谈事物的性质，采购谈判的基本内容一般可分为五大项，见表 6-1。

表 6-1　采购谈判基本内容

采购谈判项目	具体内容
质量	产品的名称规格或图纸、产品所用材料的规格或标准、模具的寿命和产能、包装材料的要求、供应商出厂检验的标准和质量报告内容、采购方进货检验的标准、每批交货允许的次品率、目标次品率、拒收的条件和程序等。
价格	产品单价货币种类、允许的汇率浮动幅度或汇率换算比例、折扣比例、价格条款、运费、保险费、进口关税等。
数量	采购数量，包括总数量、每次交货数量、交货频次等。
交货	交货周期、供应商的安全库存量、订单周期、最小订单量、标准包装量、允许的订单数量的变动幅度、运输方式、交货地点等。
付款	付款条件、付款方式、付款期限等。

（三）采购谈判的作用

采购谈判在帮助企业达到持续改进、提升顾客服务质量和增强竞争力等方面发挥着非常关键的作用。

1. 采购谈判使产品质量标准、检测方法和检测手段达成一致

采购谈判使产品质量标准、检测方法和检测手段得到双方的认同，从而保证企业将获得质量稳定且可靠的材料供生产经营所需，同时为企业生产出合格的产品打下了坚实基础。质量条款中每批交货允许的次品率和目标次品率等指标的设立将极大地促使供应商改进其材料质量，这为本企业产品质量的持续提高提供了有利条件。

2. 采购谈判使交货方式、交货期限达成一致

要使供应商明确采购方物料需求的特点、仓库条件、缺货可能导致的严重后果，了解供应商整个物流业务流程，并要求供应商提供确保供货的物流解决方案，从而保证了企业将获得持续稳定的材料供应，使企业规避了可能因材料短缺而导致停产的风险。设置在物流条款中的供应商的安全库存量、允许的订单数量的变动幅度等内容充分保证了企业进行生产安排的灵活性，以及最大限度降低库存的可能性。

3. 采购谈判使采购价格及调价原则达成一致

采购谈判使采购价格及调价原则达成一致，包括因能源和原材料价格上涨或下跌、采购数量增加或减少等因素都可能要求调整价格。应明确价格调整的幅度和时间。

四、买卖双方的优劣势分析

采购谈判只有知己知彼，才能百战百胜。采购方只有了解自身的优劣势和供应商的优劣势，才能采用有针对性的谈判方式和技巧取得谈判主动权。

（一）采购方的优劣势分析

采购方的优劣势分析见表 6－2。

表 6－2　采购方的优劣势分析

采购方		对谈判的影响
采购方优势	技术水平高，企业声誉好，产品品牌知名度高，市场占有率高	供应商与企业声誉好、产品品牌知名度高和市场占有率大的采购方合作，可以提升供应商品牌知名度，有利于其获得更多其他客户的订单，同时供应商能够从采购方获得先进的生产技术和管理经验。这是采购方重要的谈判筹码之一。
	企业发展前景好	采购方具有广阔的发展前景，有利于增强供应商合作信心。
	采购数量大	采购数量大，有利于降低供应商生产经营成本，增加利润。采购方一般将采购数量作为价格和服务谈判的重要筹码。

续表

采购方		对谈判的影响
	支付方式灵活	灵活的支付方式，成为供应商缩短供货周期、提高服务水平的激励因素。
	多个采购渠道	多个采购渠道是打破垄断的前提，采购方应通过加大供应商开发力度，使供应商之间始终处于竞争状态，有利于采购方处于谈判的主动地位。
采购方劣势	需求预测不准、采购计划多变，紧急采购多	需求预测不准、采购计划多变，导致紧急采购多，不仅增加了采购成本，而且对采购谈判带来极其不利的影响。
	多头采购，不能形成批量	采购方未实现统一采购，采购分散，批量小，采购谈判处于被动地位。
	使用单位擅自接触供应商或同供应商达成某种默契，透露采购机密	若采购方内部请购部门擅自接触供应商或同供应商达成某种默契、透露采购机密，不仅会导致采购谈判处于不利地位，而且会使采购价格居高不下。
	产品标准化不够，物料专用性强、替代性差	采购物料品种、规格太多，批量小，谈判议价能力不强。
	付款期长	因采购方资金周转或经营不善，付款期长，给采购谈判带来不利影响。

（二）供应商的优劣势分析

供应商的优劣势分析见表 6－3。

表 6－3　供应商的优劣势分析

供应商		对谈判的影响
供应商优势	技术垄断	供应商技术垄断会导致采购方不得不付出高昂的代价获得所需的物料，谈判处于不利地位。
	客户指定供应商	这会导致采购方选择余地小，议价时处于被动地位。
	价格低，运输距离短	供应商会在数量、付款期等方面提出要求，采购方处于被动地位。
供应商劣势	产品替代性强	可使采购方有更多的选择，处于谈判的主动地位。
	市场价格竞争激烈	采购方在价格、交货期和付款期等项目谈判中处于有利地位。
	原材料降价	原材料降价是采购方要求供应商降价的好时机。
	产品技术含量不高	采购方可以将开发和培养供应商作为谈判筹码，取得谈判主动权。

五、成功谈判的要素

（一）要具备必胜的信念，敢于面对困难和挑战

只有具备必胜的信念，才能使谈判者的才能得到充分发挥，成为谈判活动的主宰。谈判者必须具备必胜的信念，不仅是指求胜心理，而且有更广泛的内涵和更深的层次。

信念决定了谈判者在谈判活动中所坚持的谈判原则、方针，运用的谈判方式与方法。只有满怀取胜信心，才能有勇有谋、百折不挠，实现既定目标；才能虚怀若谷，赢得对方信任，达成合作。

（二）谈判者要有耐心，要很好地控制自己的情绪

耐心是在心理上战胜谈判对手的一种战术与谋略，也是成功谈判的心理基础。在谈判中，耐心表现为不急于取得谈判结果，能够很好地控制情绪，掌握谈判的主动权。耐心可以使人们更多地倾听对方，了解、掌握更多的信息，所以保持耐心是十分重要的。

（三）谈判者要有诚意

诚意是双方合作的基础和动力，受诚意支配的谈判心理是保证实现谈判目标的必要条件。诚意是谈判的心理准备，只有双方致力于合作，才会全心全意考虑合作的可能性和必要性，才会合乎情理地提出自己的要求，认真考虑对方的要求，在有诚意的前提下，双方求大同、存小异，互相理解，互相让步，以达成最佳的合作。

（四）善于树立第一印象

在许多情况下，人们对某人的看法、见解往往来自第一印象。如果第一印象良好，很可能就会形成对对方的肯定态度，否则，很可能就此形成否定态度。正是由于第一印象的决定作用，比较优秀的谈判者都十分注意双方的初次接触，力求给对方留下深刻的印象，赢得对方的信任与好感，增加谈判的筹码。第一印象的形成主要取决于人的外表、着装、举止和言谈。在通常情况下，仪表端正，着装得体，举止大方稳重，较容易获得人们的好感。但心理学家研究发现，如果一个人很善于沟通，感染别人，那么他给人的第一印象也会比较好。

（五）营造和睦的谈判氛围

和睦的谈判氛围是谈判双方良好沟通的基础，能够加快谈判目标的达成。拥有和睦的谈判氛围，谈判的双方就有了“共同语言”，并能够促进双方相互理解。营造和睦谈判氛围最有效的手段有两种：第一种是尽量使自己的声调和语调与对方相协调，第二种是采用与对方相协调的身体姿势。

（六）表述准确、有效

无论在什么谈判中，正式谈判的第一项内容都是陈述自己的条件，说明希望达到什么样的目的以及如何实现这个目标。作为建立良好谈判的基础之一，表述正确、完整、有效是非常重要的。说话语调保持平稳，吐字清晰，可以保持较慢的语速，但一定要自始至终保持一样的声调，这样会显得权威和自信，同时，在说话时不可埋头，

要用温和的目光看着对方。

（七）采用稳健的谈判方式

稳健的谈判方式要求谈判者坚持自己的权利，同时尽可能顾及他人的权利。因此，在谈判中，要考虑他人的要求和意见，开诚布公地陈述自己的要求和意见（并不是指直接将自己的底牌亮给对方）。进攻意味着将双方的关系对立起来，而稳健的方式却是为了找到共同的解决方法而一起努力工作，从而营造“双赢”的谈判氛围。

（八）拒绝方式要正确

谈判者在处理对方提出的棘手问题时，需要诚心诚意、开诚布公地说“不”，但是在说“不”的时候，需要讲究方式和方法。一般来说，成功的谈判者在说“不”的时候，一般将拒绝的原因放在前面，而后才提出拒绝。错误的拒绝方式如下：“我不同意，因为这个价格超过了我们的进货价格。”正确的拒绝方式如下：“你的这项价格要求超过了我们进货的价格，所以我们不能接受。”

（九）正确使用臆测

臆测是指某一客观条件下人的主观猜想、揣测。在谈判中，臆测的作用是重要的，它帮助企业预测未来可能发生的事情，但不要被头脑中想当然的思想所左右，克服的最好办法就是谈判的双方都要发现事实、分析论证、寻找真实情况。经过双方确定的事实是解决问题的基本要素，只要有充裕的时间分析和发现事实，就能既找出双方的分歧，同时又能发现有价值的事实。谈判时所坚持的或不可改变的一切不是不可动摇的，而是可以商议的。

第二节　采购谈判流程管理

一、采购谈判的准备

采购谈判准备是成功谈判的基础，准备工作做得如何在很大程度上决定谈判的进程及其结果。有经验的谈判者都十分重视谈判前的准备工作。一些规模较大的重要谈判，往往提前几个月甚至更长时间就开始着手进行精心准备。

总体来说，前期的准备工作主要从采购谈判资料的搜集、谈判方案的制定、谈判队伍的组选等方面展开。

（一）采购谈判资料的搜集

要分析自己和对手的优劣势，就要收集信息。如果买方和卖方原先有过采购合同的谈判，这个过程就不那么困难了。在这种情况下，买方可能已经对许多重要问题有了答案，例如双方发生了什么，参与谈判的是原先那些人还是其他人，对供应商来说重要的问题是什么，意见不同的领域有哪些，谈判规则里有没有想要改进的地方。

1. 采购需求分析

采购需求分析就是要在采购谈判之前弄清企业需要什么、需要多少、到货时间，最好能列出企业物料需求分析清单。

2. 了解企业在市场竞争中的地位和发展规划

企业在市场竞争中的地位和发展规划是采购谈判中不可缺少的谈判筹码。

3. 正确理解上级的谈判授权

正确理解上级领导的谈判授权，利用授权同供应商展开谈判，必要时采用权力限制方式，取得谈判主动权。

4. 资源市场调查

在做出采购需求分析之后，就要对资源市场进行调查分析，获得市场上有关物资的供给、需求等信息资料，为采购谈判的下一步决策提供依据。

采购方在调查原材料市场供求情况时要了解的信息，包括该类原材料各种型号在过去几年的供求及价格波动情况，该类原材料的需求程度及潜在的供应渠道，其他购买者对此类新、老原材料的评价及对价格走势的预期等。采购方通过对所需原材料在市场上的总体供应状况的调查分析，可以了解目前该原材料在市场上的供应情况，根据市场供求关系，制定不同的采购谈判方案和方式，在谈判桌上灵活地掌握价格谈判的主动权。例如，当该原材料在市场上供大于求时，买方采购谈判筹码就多，议价能力就强。

（二）对方情报搜集

1. 资信情况

调查供应商的资信情况，包括以下两个方面：

（1）要调查供应商是否具有签订合同的合法资格，在对对方的合法资格进行调查时，可以要求对方提供有关的证明文件，如成立的注册证明、法人资格等，也可以通过其他途径进行了解和验证。

（2）要调查供应商的资产、信用和履约能力。对对方的资产、信用和履约能力进行调查，资料的来源可以是公共会计组织对该企业的年度审计报告，也可以是银行、资信征询机构出具的证明文件或其他渠道提供的资料。

2. 对方的谈判作风和特点

谈判作风实质是谈判者在多次谈判中表现出来的一贯风格。了解谈判对手的谈判作风，可以为谈判发展趋势和对方可能采取的方式的预测，以及己方谈判方式的制定，提供重要的依据。

（三）资料的整理与分析

在通过各种渠道搜集以上有关信息资料后，还必须对它们进行整理和分析。这里主要做好以下两个方面的工作：

1. 鉴别资料的真实性和可靠性，即去伪存真

在实际工作中，由于各种各样的原因和限制因素，在搜集的资料中往往存在某些资料比较片面、不完全的情况，有的甚至是虚假的、伪造的，因而必须对这些初步搜集的资料作进一步整理和筛选。

2. 鉴别资料的相关性和有用性，即去粗取精

在资料具备真实性和可靠性的基础上，结合谈判项目的具体内容与实际情况，分析各种因素与该谈判项目的关系，根据它们对谈判的相关性、重要性和影响程度进行比较分析，并依此制定具体的切实可行的谈判方案与对策。

二、采购谈判方案的制定

（一）采购谈判目标的确定

1. 采购谈判目标的种类

谈判目标指谈判要达到的目的。要达到谈判目标，就要策划为达到这些目标，需要在哪些谈判项目上做出让步或妥协。谈判方案是指在谈判开始前对谈判目标、谈判议程、谈判对策等预先所做的安排。谈判目标分为三个层次：

（1）理想目标。

谈判者通过谈判所要达到的上限目标。

（2）现实目标。

谈判者期待通过谈判所要达到的下限目标。

（3）满意目标。

介于理想目标和现实目标之间的目标。

2. 对目标的可行性研究

谈判目标的确定是主观上的认识，与现实目标有一定距离，如何缩短这个距离，

促使目标实现，就要对企业内部实力与外部环境进行比较分析，寻找可行途径，以达到目标要求。这就需要掌握以下几个方面的信息：

（1）市场信息。

市场可供资源量、产品质量、市场价格、产品流通渠道、供销网点分布等。

（2）环境信息。

影响企业采购活动的外部因素，如国家经济政策的制定、价格体系的改革、进出口方针的制定、价格体系的改革等。

（3）企业内部需求信息。

企业所需原材料、零配件需用量计划，企业计划任务的变更，资金状况等。

（4）谈判对手的信息。

供应商生产能力、技术水平、信誉等。通过对各种信息的综合分析和讨论，最后确定恰当的目标，容易取得谈判成功。

（二）确定谈判计划

确定谈判计划，就是从宏观上把握谈判的整体进程，以实现谈判目标。

1. 以获得原材料、零部件或原材料为目标

以能满足本企业对原材料、零部件或原材料的规格、质量、数量和交货期等需求为谈判目标，在资源供不应求的情况下，一般只能通过价格或付款方式上的让步实现目的。

2. 以获得较低的价格水平和良好的经济效益为谈判目标

利用采购批量、付款条件等优势达到谈判的目的。

3. 以获得良好的服务为谈判目标

利用对供应商长期合作的承诺和良好的价格、付款条件换取供应商的送货、安装、质量保证、技术服务等，达到谈判目标。

（三）预估在谈判中可能遇到的一些问题

整理和计划在谈判中需要提出和解决的问题，按问题的逻辑顺序，确定谈判日程，并在正式开始谈判前征求对方意见，取得其同意。

（四）谈判内容复杂的人员安排

如果谈判内容较复杂，需要其他工程技术、财务、法律等专业人员参加时，应请有关部门选派得力人员，组成谈判小组；小组人员应充分了解谈判内容、目标和方式，密切配合，步调一致地谈判。

（五）采购谈判议程的安排

谈判议程是谈判的议事日程，它主要是说明谈判时间的安排和双方就哪些内容进

行磋商。

1. 采购谈判主题的确定

要进行一次谈判，首先要确定谈判的主题，凡是与本次谈判相关的、需要双方展开讨论的问题，都可以作为谈判的议题。可以把它们一一罗列出来，然后根据实际情况，确定应重点解决哪些问题。对于采购谈判来讲，最重要的也就是采购原材料的质量、数量、价格水平、运输等方面，所以，应把这些问题作为谈判议题重点加以讨论。

2. 采购谈判时间的安排

谈判时间的安排，就是指确定谈判在何时举行，为期多久。若是一系列谈判需要分阶段进行，还应对各个阶段的谈判时间做出安排。一般来说，选择谈判时间时，要考虑以下几个因素：

（1）准备的充分程度，要注意为谈判人员留出充分的准备时间，以防仓促上阵。

（2）要考虑对方的情况，不要把谈判安排在对对方明显不利的时间。

（3）谈判人员的身体和情绪状况，要避免在身体不适、情绪不佳时进行谈判。

3. 谈判备选方案的制定

通常情况下，在谈判过程中难免会出现意外的情况，令谈判人员始料不及，影响谈判进程。为了预防这种情况的发生，在接到一个谈判任务时，应对整个谈判过程中双方可能做出的一切行动做出正确的估计，并依此设计出几个可行的备选方案。制定谈判备选方案时，可以注明在出现何种情况下使用此备选方案，以及备选方案的详细内容、操作说明等。当然，任何一种估计都可能是错误的，这就要求不仅在分析、讨论问题时，以事实为依据，按照正确的逻辑思维来进行，而且在谈判过程中要注意观察谈判对手、审视谈判形势，分析谈判，对原定方案不断进行修正，并结合具体情况灵活运用。

4. 采购谈判队伍的角色安排

采购谈判能否取得预期的效果，取决于谈判人员能否审时度势，正确、合理地运用谈判方式。采购谈判队伍的角色安排就是指在对谈判对手情况以及谈判环境诸因素进行充分分析研究的基础上，根据谈判的内容、难易程度选择谈判人员，组织高效精干的谈判小组成员，在谈判中扮演各自角色。

就像足球队需要守门员一样，谈判小组需要一些典型角色确保谈判顺利结束。这些角色包括谈判首席代表、白脸、红脸、强硬派、清道夫。配合每一个谈判特定的场合还需要配备其他角色。理想的谈判小组应该有 3～5 人，而且所有关键角色都要有，见表 6－4。一般来说，一个人担当一个角色，但常常是一个谈判者身兼几个相互补充的角色，这些角色能够反映谈判者自身的性格特点。

表 6-4 谈判角色分配

角色名称	角色特点	角色在谈判中的作用
首席代表	任何谈判小组都需要首席代表，由最具专业水平的人担当，而不一定是小组中职位最高的人。	做好谈判准备工作，精心安排谈判事宜，指挥谈判，需要时召集他人裁决与专业知识有关的事。
白脸	由被对方大多数人认同的人担当。对方非常希望仅与白脸打交道。	对对方的观点表示同情和理解，看起来要做出让步，给对方安全的假象，使他们放松警惕。
红脸	白脸的反面就是红脸，这个角色使对手感到如果没有他或她，会比较容易达成一致。	需要时中止谈判，削弱对方提出的任何观点和论据，胁迫对方并尽力暴露对方的弱点。
强硬派	这个人在每件事上都采取强硬态度，使问题复杂化，并要求其他组员服从。	用延时战术阻挠谈判进程，允许他人撤回已提出的未确定的报价，观察并记录谈判的进程，使谈判小组的讨论集中在谈判目标上。
清道夫	这个人对谈判过程进行记录、整理，将所有观点集中起来，作为整体提出来。	设法使谈判走出僵局，防止讨论偏离主题太远，指出对方论据中自相矛盾的地方。

（六）采购谈判的其他准备工作

1. 谈判地点的选择

一般而言，谈判地点的选择无外乎三种情况：己方所在地、对方所在地、双方之外的第三地。最后一种情况往往是双方参加产品展销会的地点。三种地点选择各有利弊。

（1）在己方所在地进行谈判。

其主要优点是以逸待劳，无须熟悉环境或适应环境这一过程；随机应变，可以根据谈判形势的发展随时调整谈判计划、人员目标等；营造氛围，可以利用地利之便，通过热心接待对方，关心其谈判期间生活等问题，显示己方的谈判诚意，营造融洽的谈判氛围，促使谈判成功。其主要缺点是要承担烦琐的接待工作；谈判可能常常受己方领导的制约，不能使谈判小组独立进行工作。

（2）在对方所在地进行谈判。

其主要优点是不必承担接待工作，可以全心全意地投入谈判；可以方便地实地考察对方的生产经营状况，取得第一手的资料；遇到敏感性的问题时，可以推说资料不全而委婉地拒绝答复。其主要缺点是要有一个熟悉和适应对方环境的过程；在谈判中遇到困难时，难于调整自己，容易产生不稳定的情绪，进而影响谈判结果。

（3）在双方之外的第三地进行谈判。

这对双方来说都会觉得较为公平合理，有利于缓和双方的关系。但由于双方都远离自己的所在地，因此，在谈判准备上会有所欠缺，谈判中难免会产生争论，影响谈判成功率。

2．谈判现场的座位安排与布置

在己方所在地进行谈判时，己方要承担谈判现场的安排与布置工作。座位排次应根据不同角色合理安排，但双方"红脸"和"强硬派"不要面对面坐，要将座位错开，以免发生冲突，如图 6－1 所示。

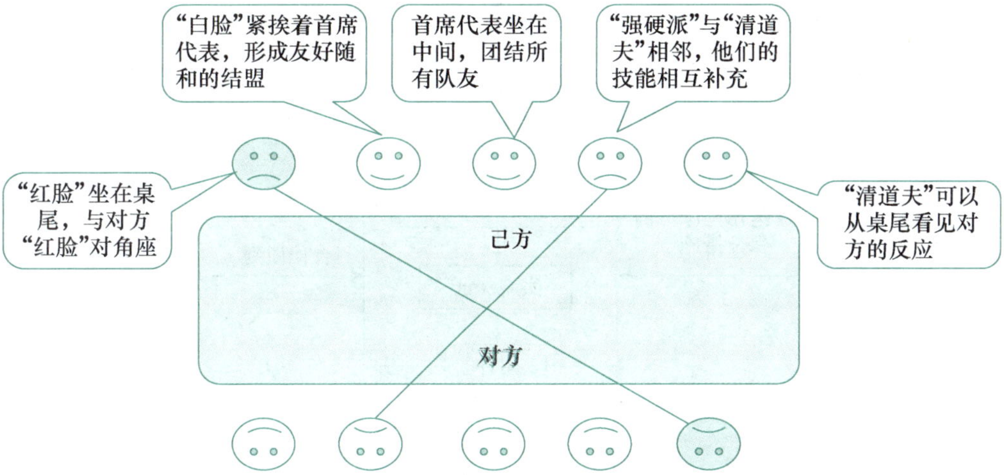

图 6－1　谈判现场座位布局图

3．模拟谈判

为了提高谈判工作的效率，使谈判方案、计划等各项准备工作更加周密，更有针对性，谈判准备工作基本完成以后，应对此项工作进行检查。在实践中行之有效的方法就是进行模拟谈判。谈判双方可以由己方谈判人员与己方非谈判人员组成，也可以将己方谈判小组内部成员分为两方进行。有效模拟谈判可以预先暴露己方谈判方案、计划的不足之处及薄弱环节，检验己方谈判人员的总体素质，提高己方谈判人员的应变能力，达到减少失误、实现谈判目标的目的。

三、采购谈判的流程

采购谈判是由一系列谈判环节组成的。它一般要经历询盘、发盘、还盘和接受四个程序（环节）。其中，询盘不是正式谈判的开始，而是联系谈判的环节。正式谈判是从发盘开始的，中间经历的还盘是双方的讨价还价阶段，持续时间较长，如果一项交易达成，而且接受就意味着结束。当然，达成交易的谈判可以不经过还盘环节，只经过发盘和接受两个环节。谈判流程如图 6-2 所示。

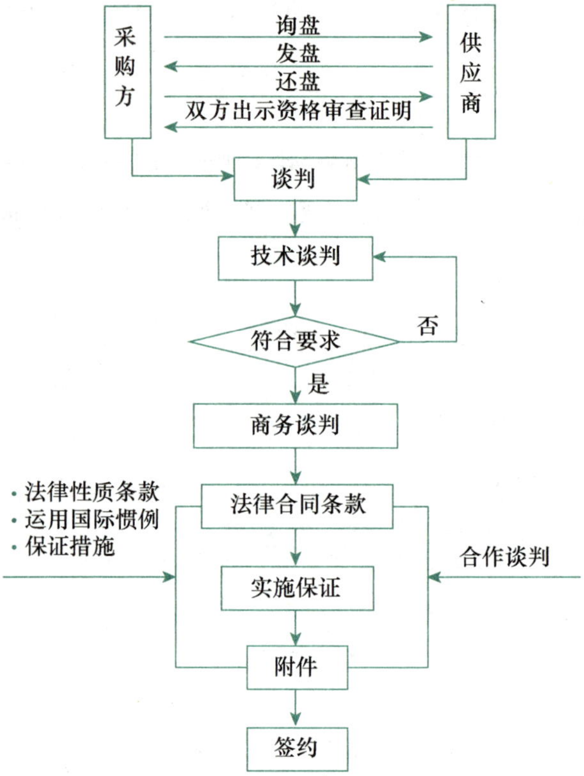

图 6-2　谈判流程

（一）询盘

询盘是交易一方为出售或购买某项商品而向交易的另一方询问该商品交易的各项条件。在国内贸易中，询盘一般没有特定的询盘对象，往往利用报纸、广播、电视等公开询盘。在国际贸易中，由于距离远、信息传递不方便，一般有特定的询盘对象。

询盘的目的主要是寻找买方或卖方，而不是同买方或卖方洽商交易条件，有时只是对市场的试探。在急需买卖时，也可将自己的交易条件稍加评述，使其尽快找到买方或卖方。但询盘只询问，是正式进入谈判过程的先导。询盘可以是口头的，也可以是书面的。它既没有约束性，也没有固定格式。

（二）发盘

发盘是交易一方为出售或购买某种商品，而向交易的另一方提出买卖该商品的各种交易条件，并表示愿意按这些交易条件订立合同。发盘可以由买方也可以由卖方发出，但多数由卖方发出。按发盘人对其发盘在受盘人接受后，是否承担订立合同的法律责任来分，发盘可以分为实盘和虚盘。

1. 实盘

实盘是对发盘人有约束力的发盘。即表示有肯定的订立合同的意图，只要受盘人在有效期内无条件地接受，合同即告成立，交易即达成。如果在发盘的有限期内，受盘人尚未表示接受，发盘人不能撤回或修改实盘内容。实盘一般应具备以下四项条件：

(1) 各项交易条件要极其清楚、明确，不能存在含糊不清和模棱两可的词句。

(2) 各项交易条件完备，商品品名、计划单位、品质、价格、数量、交货期、支付方式和包装等主要条件要列齐全。

(3) 无保留条件，即发盘人保证按提出的各项交易条款签订合同、达成协议。

(4) 规定有限期，即告知对方发盘的终止日期。这个有效期主要是约束发盘人的，对受盘人无约束力。受盘人可在有效期内接受，也可不接受，甚至在不接受时，也无通知发盘人的义务。同时有效期也是对发盘人的一个保障，发盘人只在有效期内负责，如果超过有效期，发盘人将不受所发盘的约束。

在实盘有效期内，如出现下列情况之一，按照国际惯例即告失效，发盘人可以不再受这一实盘的约束：

第一，过时。即在有效期内未被接受。

第二，拒绝。即受盘人表示“不感兴趣”“不能接受”等，则发盘效力消失。如受盘人拒绝后，重新接受，即使是在有效期内，发盘人也可以不承担原发盘的责任，只有在经发盘人确认后，交易才能成立。假如受盘人对发盘内容进行还盘，原发盘也立即失效。

第三，政府法令的干预。如果发盘人在发出实盘后，政府宣布发盘中的商品为禁止进口或出口的商品，该实盘即无效，对原发盘人的约束力也即告解除。

2. 虚盘

虚盘是指对发盘人和受盘人都没有约束力的发盘。对于虚盘，发盘人可随时撤回或修改内容。收盘人如果对虚盘表示接受，还需要发盘人的最后确认，才能成为对双方都有约束力的合同。虚盘一般有以下三个特点：

(1) 在发盘中有保留条件。如“以原材料价格没有变动为准”“以我方明确确认为准”，或标注说明“仅供参考”等。它对发盘人不具有约束力，受盘人若要接受这一发盘，必须得到发盘人的确认。

(2) 发盘的内容模糊，不作肯定表示。如“价格为参考价”“商品价格视数量多少给予优惠价”等。

（3）缺少主要交易条件。有些发盘虽然内容明确、肯定，但没有列出必须具备的交易条件，如价格、数量、交货期等也属于虚盘性质。

发盘人可以发实盘，也可以发虚盘。对两者如何选择，由自己的经营意图和谈判方式来决定。虚盘通常适用于我方货源尚未组织落实，或者对客户不十分了解，而对方询盘又很急的情况下。如果对某一时间内的国外商情和市场情况不明，也可以故意发出虚盘，以进行探测。使用虚盘时，一般采用“以我方最后确认为准”的形式。

（三）还盘

还盘是发盘后的又一个谈判环节。还盘是指受盘人在接到发盘后，对发盘内容不同意或不完全同意，反过来向发盘人提出需要变更内容或建议的表示。按照这一规定，在原受盘人做出还盘时，实际上就是要求原发盘人答复是否同意原受盘人提出的交易条件，这样原受盘人就成为新的发盘人；其还盘成为新发盘，而原发盘人成为受盘人，原发盘人的发盘随之失效。需要注意，既然还盘成为新发盘，那么，前面对实盘所做的法律含义和实盘的法律责任同样适合于还盘。这一点对已经改变了地位的原发盘人来说，具有非常重要的意义。原发盘人此时一方面要明确自己的实盘已经失效，可不受约束。另一方面要分析对方的还盘是实盘还是虚盘。如果接受对方的实盘，当然要求对方履约。另外，还要注意对方有时发来的表示，貌似还盘，其实不是还盘。这就不能表明自己的实盘失效。例如，对方提出某种希望、请求时，但在法律上不构成还盘。发盘人即使同意这些“希望”“请求”仍不表明实盘失效。因此，发盘人一定要能判断出对方的表示是否真正构成还盘，以避免由于判断错误而发生纠纷或处于被动地位。发盘人如果对受盘人发生的还盘提出新的意见，并再发给受盘人，叫作再还盘。在国际贸易中，一笔交易的达成往往要经历多次还盘和再还盘的过程。

（四）接受

接受在法律上属于承诺。它是指交易一方无条件同意对方的发盘或还盘的内容所做出的意思表示。或者说，它是指受盘人按照发盘人所指定的交易条件，发出同意发盘内容的一种有效表示。一项有效的发盘一旦被受盘人接受，交易即告成立。有效接受应具备以下几个条件：

第一，接受必须由合法的受盘人表示，一项发盘可以向特定的人提出，也可以向不特定的人提出。实盘通常都会有特定的送达受盘人，这时只有被指定的或其合法的代理人才是合法的受盘人。其表示的接受才构成有效的接受。任何第三者都无权对该发盘表示有约束力的接受。对于第三者的接受，除了其表示经受盘人或其合法代理人追认，并经发盘人确认有效外，其余双方均不受约束。对于没有指定特定受盘人的公开发盘，任何人均可对发盘中的交易条件表示接受，建立有效的合同关系。

第二，接受必须是无条件接受，指受盘人完全同意发盘中所提出的各项交易条件，不作任何增减、修改或限制，也无任何保留意见。

第三，接受必须在发盘的有效期内表示。对于明确了有效期的发盘，受盘人只有在此期间内表示接受才有效。若实盘未规定有效期，应视为在合理时间内表示接受才有效。逾期接受一般是无效的，但在下列情况下，仍视为有效：

（1）发盘人同意逾期接受，逾期接受仍然有效。但发盘人必须以口头或书面形式通知受盘人。

（2）受盘人在有效期的最后一天表示接受，这一天又是发盘人所在地的假日或非营业日，受盘人的接受不能及时送达给发盘人，这时受盘人的接受在顺延的时间内仍有效。

（3）受盘人在有效期内表示的接受，本应正常地送达发盘人，但因意外情况等造成延误，造成逾期接受，应视为有效接受。除非发盘人及时通知其发盘失效。

第四，接受必须表示出来并传达给发盘人。接受一般由受盘人发出声明或做出其种行为表示出来，保持沉默或不做出任何行动，不能构成接受。

接受应送达发盘人，其接受的生效时间，各国规定不一。其应遵循的原则如下：

（1）到达原则。该原则是指如果接受在传递过程中遗失或破损致使内容不清，接受则不发生效力；如接受及时送达，即使发盘人未及时拆阅，不了解其内容，接受也于送达时生效。

（2）投邮原则。该原则主张接受一经投邮，不论接受在传递中是否顺利到达目的地，都认为接受生效。

（3）了解原则。该原则是指接受不仅要送达发盘人，而且接受的内容要在发盘人真正了解之时方能生效。

（五）签订合同

买卖双方通过交易谈判，一方的实盘被另一方有效地接受后，交易即达成。但在商品交易过程中，一般都可通过书面合同来确认。由于合同经双方签字后就成为约束双方的法律性文件，双方都必须遵守和执行合同规定的各项条款，任何一方违背合同规定，都要承担法律责任。因此，合同签订是采购谈判的一个重要环节。如果这一环节发生事故或差错，就会给以后的合同履行留下引起纠纷的隐患，甚至会给交易带来重大损失。只有对这一工作持认真、严肃的态度，才能使整个采购谈判达到预期目的。对这一环节工作的基本要求是合同内容必须与双方谈妥的事项及其要求完全一致，特别是要明确和肯定主要的交易条件。拟定合同时所涉及的概念不应有歧义，前后叙述不能自相矛盾或出现疏漏差错等。

第三节 采购谈判常用技巧

一、报价

谈判中的“报价”不仅是指产品在价格方面的要价，而且泛指谈判一方向对方提出的所有要求。任何一笔交易，谈判双方的报价是整个谈判过程中最重要的环节。谈判双方通过报价表明自己的立场和利益要求。但是，任何一方在阐述自己要求的时候，都不会一下子就把自己的底价透露给对方，而总是要打个“埋伏”，给自己留下讨论协商、讨价还价的空间，或者以优于底价的条件成交，超过既定目标完成谈判；或者以不低于底价的条件成交，完成谈判的既定目标，所以报价是有技巧性的。

（一）报价要果断

报价应该坚定、明确、完整，且不加任何解释和说明。开盘价的报价要坚定、果断，不留任何余地，并且毫不犹豫。这样做能给对方留下认真而诚实的印象。要记住，欲言又止、吞吞吐吐的行为必然会给对方留下不良印象，甚至会使对方产生不信任感。开盘报价明确、清晰而完整，可以使对方准确了解我方的期望。

（二）“低开”方式

“低开”方式也称为“开端”法，是指采购方先提出一个低于己方实际要求的谈判要点，以让利来吸引对方，试图击败参与竞争的同类对手，然后再与被引诱上钩的卖方进行真正的谈判，迫使其让步，达到自己的目的。

（三）影子报价或影子要约

影子报价或影子要约是一方说谎或有意误导对方。例如，买方可以告诉卖方说，他收到了另一个供应商的报价，每单位低于 10 美元。如果卖方不对该价格做出相应变动，说明他不想和买方做生意了。卖方也可以使用这种方法。卖方可以通知买方 A，说买方 B 准备以更高的价格采购这些物料。显然这是一种不道德的、冒险的方式，但如果对方担心丢掉这笔生意，就会做出相应的让步；反之，对方如果对这种威胁性的报价没有反应，就意味着这一方法失效。

（四）探知临界价格

在谈判中采购方想知道供应商的最低出让价，供应商想知道采购方的最高接受价，以便判断一个双方都能接受的临界价格，就要运用一些技巧从对方口中探听出来。下面一些技巧能有效地帮助采购方准确探知临界价格：

（1）以假设试探。假设要购买更多或额外的东西，价格是否能降低一些。

（2）派别人试探。先让另一个人出低价来试探供应商的反应，然后采购方才出现。

（3）规模购买试探。对于只卖少量物料的供应商，采购方可以提议成批购买，供应商会认为太荒谬而说出许多不该说的话，使采购方知道供应商真正愿意接受的价格。

（4）低级购买试探。采购方先提出购买品质较差的物料，再设法以低价购买品质较好的物料。

（5）可怜试探。采购方表示对供应商的产品很感兴趣，但资金有限买不起，看供应商能否出最低价。

（6）威胁试探。采购方告诉供应商，要卖就是这个价，否则就算了。

（7）让步试探。采购方提议以让步来换取对方的让步，然后再以此为起点继续商谈。

（8）合买试探。采购方先问供应商两种物料多少钱，再问其中一种多少钱，然后以这个差价为基础确定另一种物料的价格。

（五）灵活把握先报价方式

先报价的利弊见表 6－5。

表 6－5 先报价的利弊比较表

先报价的利弊	
利	弊
● 在了解行情的情况下，先报价可以降低对方的期望值，缩短谈判进程。 ● 先报价将为以后的讨价和谈判结果设定一个界碑，这个界碑把对手的期望限制在一个特定的范围内，并对谈判全过程中的所有磋商持续发挥作用，有利于己方实现谈判目标。	● 在不了解对方实际成本的情况下，先报价暴露了自己的理想目标，便于对方计算审定，若价格解释缺乏说服力，便为对方提供了突破口。 ● 先报价，给自己限定了理想目标价格的界限，又给对方提供了有关信息，有利于对方调整期望值。当报价方缺乏市场行情和对方意图资料时，可能会使对方获得本来不曾想也不敢想或估计很难得到的种种好处。
买卖双方先报价的有利时机	
采购方	供应商
● 在全面掌握交易商品的价格信息和货源数量、分布及市场行情变化趋势的情况下。 ● 在货源充足的买方市场、卖方急于脱手的情况下。 ● 在资源紧缺、供不应求、卖方价格合理的情况下。 ● 在采购方采购量迅速增加的情况下。 ● 在新的竞争对手出现的情况下。	● 价格资料准确、充分、全面，可变动性小。交易商品属于卖方市场，商品供不应求，价格适中，成交可能性大。存货不多，市场价格看涨。 ● 在心理准备充分、定价时间早等情况下。 ● 在对方谈判实力弱、卖方时间紧等情况下。

根据习惯，一般由采购方先提出需求及交易条件，供应商先报价。

二、讨价

讨价是在一方报价之后，另一方认为其报价离自己的期望目标太远，而要求报价一方重新报价或改善报价的行为。讨价可以是实质性的，也可以是方式性的。为了继续谈判，本着尊重、说理、动之以情、晓之以理的原则，说服对方，表明自己的合理要求，改变对方的期望值，要求对方重新报价或改善报价，为己方还价做准备。

（一）讨价形式及内容

讨价形式及内容见表 6-6。

表 6-6　讨价形式及内容

讨价形式	讨价内容
全面讨价	全面讨价是指买方根据交易条件全面入手，要求卖方发盘人说明报价的理由、成本构成的细项，根据实际情况要求卖方重新发盘的行为。这种讨价形式不仅可以使用一次，还可以根据情况多次使用，目的是压缩报价中的水分。
针对性讨价	针对性讨价是指买方有针对性地从交易条款中选择某些条款，要求卖方发盘人对交易中某一个或几个项目进行调整，重新发盘的行为。
总体讨价	总体讨价是指买方从总体出发综合分析交易条件，运用化整为零的成本构成分析方法，找出报价不合理之处，要求对方考虑重新发盘的行为。

讨价的这三种形式可以不断重复使用。讨价次数的多少，应根据心中保留价格与对方价格调整的幅度及调整的可能性而定。每一次讨价都要对卖方提出报价理由和成本构成数据，要分析卖方成本构成，找到迫使对方降价的突破口，使对方让步。

（二）讨价技巧

谈判双方在报价时往往是卖方喊价高、买方递价低。这是因为谈判心理或方式要求留有讨价还价的余地。对于对方的重新报价或改善报价，应保持平和信赖的态度，不要被“盲目杀价”“漫天要价”吓倒，应仔细倾听，诱导发言，试探虚实，发现纰漏，认真分析，正确理解报价。这些都取决于受盘人的素质与经验。

1. 仔细倾听

仔细倾听对方的报价，是尊重对方的一种表示。它能鼓励对方多发言，能从健谈的发盘人那里得到有用资料，捕捉还价的理由；也能从内向的发盘人那里引出其心中的秘密，掌握对方的期望值。要倾听谈判对方的副手或经验不足的新手的发言。倾听会使这些人觉得“地位上升”而兴奋度增高，甚至还会满足其虚荣心，使他们畅所欲言，从而使己方获取更多、更重要的信息。

2. 投石问路

投石问路是指讨价一方在倾听对方说话时，顺着对方话题发问，提出多种假设条件，要求对方回答，并捕捉对方回答中对己方有利的信息，以便抓住机会，搜集还价的材料。投石问路既能表达合作的诚意，进一步鼓励、引导对方打开话匣子，营造平和、信赖的氛围，又有利于还价，掌握对方的意图。

三、还价

（一）还价方式

还价步骤确定后，根据步骤先后顺序还价时，可采用的还价方式有以下五种：

1. 按比价还价

按比价还价是指搜集相同或基本相同的同类商品的价格，以此价为参照，给予还价。这样既便于操作，又容易被接受。

2. 按分析成本构成还价

按分析成本构成还价是指运用成本构成资料，进行计算分析，并考虑一定的利润，构成商品价格，以此价格作为还价的依据。这样做可以准确估计对方的利润额，判断其虚报部分。还价应准确、坚决、有力。

3. 分项还价

可以先提出品质、数量、付款方式、交货期等条件问题，然后提出价格，顺理成章。

4. 分组还价

根据价格分析，划分价格差距档次，分别还价。

5. 总体还价

不分细项，按交易总额还价。

总之，还价应该根据先易后难、易难结合原则进行，容易取得一致的在先，分歧大、难于一时取得一致的在后。

（二）还价技巧

1. 化零为整

采购人员还价时可以将价格集中，化零为整，这样可以使供应商从心理上加重商品价格的昂贵感，给供应商造成很大压力。另外，由于将零碎的采购集中化，在大的采购批量面前，迫使供应商调整价格。

2. 化整为零

采购方对涉及供应商承包和分包的采购项目采用分项还价法，压缩分项报价中的水分，从而达到降低总价的目的。

3. 过关斩将

过关斩将即采购人员应善用上级主管的议价能力。通常供应商不会自动降价，必须由采购人员据理力争。但是，供应商的降价意愿与幅度会与议价者层次有关，当采购方提高议价者的层次，卖方有受到敬重的感觉，可能会同意提高降价的幅度。若采购金额巨大，采购人员甚至可进而请求更高层的主管面谈，或直接由本方的高层主管与对方的高层主管对话，此举效果通常不错。因为高层主管不但议价技巧与谈判能力高超，而且社会关系广，地位高，甚至与卖方的经营者有相互投资或事业合作的关系，因此，通常只要招呼一声，就可以获得令人料想不到的议价效果。

4. 压迫降价

压迫降价是在采购方占优势的情况下，以胁迫方式要求供应商降低价格，并不征询供应商的意见。这通常是在供应商处于产品销路欠佳或竞争十分激烈，以致发生亏损和利润微薄的情况下，为改善其获得能力而使出的“撒手锏”。压迫降价在以下情况下更有效：

（1）新供应商原料开发成功时。

（2）有代用品开发成功时。

（3）采购量增加、行情变化价格看跌时。

（4）汇率变动有利于采购方时。

（5）采购方有超量库存或存货时。

（6）规格要求变更、采用廉价材质时。

（7）新品种引进、增加交易机会时。

5. 敲山震虎

在价格谈判中，巧妙地暗示对方存在的危机，可以迫使对方降价——通过暗示对方不利的因素，从而使对方在价格问题上处于被动地位，有利于使自己提出的价格获得认同，这就是这种还价的技巧所在。但必须点到为止，而且要给人一种“雪中送炭”的感觉，让供应商觉得你并非在幸灾乐祸、趁火打劫，而是真心诚意地想合作、想给予帮助。

（三）杀价技巧

（1）先苦后甜，即一开始就赶尽杀绝，不仅压低价格，而且提出包括质量标准、送货服务、违约罚款等苛刻条件，视对方反应在其他方面做出适当让步，使供应商乐意接受价格条件。

（2）欲擒故纵，价钱杀不下来，索性不买了，掉头就走，借此迫使对方让步。人被叫回来，买卖就成交了。

（3）疲劳轰炸，死缠不放，即故意拖延时间，抓住对方弱点发起攻势，但在谈判结束时做出一定让步，促其成交。

（4）吹毛求疵，经过一段时间谈判，在达成价格、交货期、付款期等共识后，挑出对方的瑕疵，迫使对方降价。

（5）经过长时间同供应商谈质量、价格、交货期等项目达成意向后，以支付能力不足为由要求对方降价。

四、讨价还价的技巧

（一）声东击西

采购方为使对方在价格上让步，先避谈价格，以合作前景或双赢为谈判重点，使对方看好未来能够带来的可观利益。经感情铺垫后要求对方在价格上做出妥协，以达到谈判目的。

（二）差额均摊

由于买卖双方议价的结果存在差距，若双方各不相让，则交易告吹，采购人员无法取得必需的商品，供应商则丧失了获取利润的机会，双方都是输家。因此，为了促成双方的交易，最好的方式就是采取中庸之道，即双方议价的差额各承担一半，结果双方都是赢家。

（三）循环逻辑

当对方以涨价要挟，就同对方谈质量；当对方要求缩短付款期，就同对方谈交货期；当对方要求增加数量，就同对方谈价格。

（四）直捣黄龙

某些单一来源的总代理商对采购人员的议价要求置之不理，一副“姜太公钓鱼，愿者上钩”的姿态使采购人员有被侮辱的感觉。此时，如果能摆脱总代理商，寻求原制造商的报价将是良策。

（五）哀兵姿态

在劣势的情况下，采购人员应以“哀兵”姿态争取供应商的同情与支持。由于采购人员没有能力与供应商议价，有时会以预算不足为借口，请求供应商同意在其有限的费用下，勉为其难地将货品卖给他，而达到减价的目的。一方面采购人员必须施展“动之以情”的议价功夫，另一方面口头承诺将来“感恩图报”，换取供应商“来日方长”的打算。此时，若供应商并非血本无归，只是削减原本过高的利润，则双方可能成交。若采购人员的预算与供应商的底价相差太大，供应商将因无利可图，而不会为采购人员的诉求所动。

（六）釜底抽薪

为了避免供应商处于优势地位而获取暴利，采购人员只好接受供应商获得合理利润的价格，以结束谈判。因此，通常采购人员要求供应商提供所有成本资料，对于进口物料，则请总代理商提供一切进口单据，借以核查真实的成本，然后加上合理的利润作为价格谈判的基础。

（七）沉着应对

由于外部环境快速变化，如国际局势动荡、原料匮乏（如稀有金属钴、铬等取得困难）等，往往使供应商有机可乘、占有优势，形成卖方市场而提高售价。此时采购部门责任更为重大，若能运用议价协商的技巧，则能针对卖方所提高的售价，予以协议商谈，达到降价的目的。现就议价协商说明如下：

即使面临通货膨胀、物价上涨，直接议价仍能达到降低价格的目的，可以采用下列四种技巧进行协商：

（1）面临售价的提高，采购人员仍以原价订购。

当供应商提高售价时，往往不愿意花太多时间在重复议价的交涉上，因此若为其原有客户，则可以利用此点，要求以原来价格购买。

（2）采购人员直接说明预设底价。

在议价过程中，采购人员可直接表明预设的底价，如此可促使供应商提出较接近该底价的价格，进而要求对方降价。

（3）不干拉倒。

此技巧是一种较激进的议价方式，但在特定情况下仍不失为一个好的议价技巧，此法适用于采购人员不想再讨价还价以及议价结果已达到采购人员可以接受的价格上限的情况。

（4）要求说明提高售价的原因。

供应商提高售价，常常归因于原料上涨、工资提高、利润太薄等。采购人员在议价协商时，应对不合理加价提出质疑，如此可把握要求供应商降价的机会。

五、让步

让步指谈判一方向对方妥协、退让己方的理想目标，降低己方的利益要求，向双方期望目标靠拢的谈判过程。谈判既是磋商的过程，也是妥协的过程。通过磋商可以了解彼此追求的利益和分歧。只有通过双方适时妥协，才能达到各取所需的目的，实现双赢。

（一）让步要达到的目的

（1）让步要让对方付出代价。

（2）让步要有合理的理由，获得回报。

（3）让步要有利于促进成交。

（4）让步要有利于建立良好的合作关系。

（二）让步的原则及收获

让步的原则及收获见表 6－7。

表 6－7 让步的原则及收获

原则	收获
知己知彼	了解对方期望，了解己方需求，了解谈判筹码。
互惠	获得回报是让步的前提。每一次让步必须换回一定的利益，不要做出无谓的让步，有失应该也有得。
适度	锁定让步幅度，是为防止对方得寸进尺，让步幅度太大，次数过多，会增强对方的自信心，导致对方的高期望值。
有备	明确获得回报的内容，有计划、有步骤地进行，达到以小换大的目的。
力争	每次让步都应力争对方相应的让步或优惠。
心动	以小幅度让步换取对方最大的心理满足，让对方觉得他已经赢了，感到成功。
坚持	应学会忍耐，要顶得住压力，紧急需求不要暴露在情绪上，以不变应万变。
撤销	做出让步后，使对方获得利益，对方仍不妥协，则突然撤销，以迫使对方三思，使己方重新获得谈判主动权。

第七章

采购合同管理与风险防范

第一节　采购合同的概念及内容

一、采购合同的含义

采购合同是指出卖人转移标的物的所有权于买受人，买受人支付价款的合同。采购合同属于买卖合同的一种，是社会经济生活中普遍存在的合同之一，它是明确平等主体的自然人、法人、其他组织之间，设立、变更、终止在采购物品过程中的权利义务关系的协议，是确立物品采购关系的法律形式。

二、采购合同的法律特征

（一）采购合同为诺成合同

采购合同的当事人只要就合同的主要条款达成协议，供应商无须将标的物现实地转移到采购方手中或者是采购方现实地将金钱交付给供应商，合同即告成立。

（二）采购合同为双务有偿合同

采购合同成立以后，当事人均应履行一定的义务，供应商将标的物所有权转移给采购方，采购方向供应商支付相应的价款，双方的权利和义务是相对的，任何一方在享受权利的时候都要向对方付出相应的代价。因此，采购合同是双务有偿的合同。

（三）采购合同一般为非要式合同

采购合同根据采购主体，分为政府采购合同和非政府采购合同。非政府采购合同是指私人采购合同。对于私人采购合同，我国立法原则上要求为非要式合同，只要采购合同主体就合同的主要条款达成协议，合同即告成立，至于当事人之间将该协议的内容用何种形式表现出来，法律在此不问，除非当事人之间有特别约定或者法律有特别规定。虽然立法对私人采购合同内容的表现形式未加以干涉，但在实践中，为了使采购合同当事人因该合同发生争议时能够提供有力证据，顺利解决纠纷，双方当事人在签订合同时最好采用书面形式，以免给企业经营造成不利影响。政府采购合同是一种特殊的合同，它除了要适用《中华人民共和国民法典》有关合同的基本原则和规定外，还应适用《中华人民共和国政府采购法》的特别规定和相关行政法规的某些原则和规定。《中华人民共和国政府采购法》规定，采购合同内容的表现形式应该以书面形式拟定，那么政府采购合同就是要式采购合同。

三、采购合同的内容

采购合同的内容是明确采购合同当事人之间权利和义务的根据，对于采购方和供应商来说，合同条款的订立是极其重要的一环，对双方当事人权益的保障就是通过合同条款来实现的。由于每个不同的合同，合同的条款内容也不尽一致。一般来说，采购合同主要包括以下条款：

（一）合同当事人自然情况

合同当事人自然情况主要是采购合同双方当事人的姓名和住所，也包括当事人的其他联系方式。

（二）合同标的

该条款是一切合同的必备条款，是合同成立的必备条件，如果没有该条款，其他条款便失去了意义，合同也不可能成立。在采购合同条款中，采购合同当事人应视不同的采购合同写明合同的标的，如货物、劳务或工作成果等。

（三）品种、规格和数量

采购合同中，当事人应就该条款做出明确规定，该条款的内容直接关系到合同双方当事人的权利和义务。品种应在合同中具体明确写明，避免使用综合性的品名。标的物规格也应详细写明，如标的物颜色、式样、尺码等。数量多少应该按照国家统一的计量单位标出。

（四）质量和包装

标的物的质量往往涉及人身和财产的安全问题，国家对许多产品规定了质量标准，不许低于国家强制标准或者行业强制标准。国家对产品的质量规定了强制标准或行业标准的，当事人的约定就应符合该规定；约定不明确的，按国家标准或行业标准执行；没有国家标准或行业标准的，按通用标准或符合合同标的的特定标准执行。双方当事人也应就包装材料、包装规格、包装标志和包装物处理等事项做出约定。

（五）验收

采购合同中，验收主要是指采购方在约定地点受领标的物时按照约定标准和办法对标的物及时验收，在验收过程中，发现标的物质量和数量等与合同不符时要及时通知供应商，如因采购方自身原因没有对标的物及时验收或者怠于验收，标的物视为符合合同约定。

（六）价款和报酬

该条款主要体现在有偿合同中，当合同的标的是物或非物质财富时，取得标的物一方应以支付货币为价款；当合同标的为行为时，获得行为服务一方支付的货币为报酬。该条款当事人在合同中可以自由约定，但是如果属于政府定价的，必须执行政府定价，政府没有指导价的，当事人必须在政府指导价规定的幅度范围内确定价格。

（七）违约责任

违约责任指当事人没有执行或者没有完全执行合同约定义务时应承担的法律后果。签约一方不执行合同必然影响另一方经济活动的进行。违约责任的承担方式包括支付违约金、继续执行和损害赔偿等多种方式，其中损害赔偿是违约责任中使用最广泛的一种救济方式，可以和其他的救济方式并用。

（八）运输和保险

当事人应在合同中对标的物的运输方式、运输费用和保险等有关事项做出约定，为有利于合同的执行，执行保险义务的一方应及时给标的物投保，否则标的物因没有及时按约定投保造成损失时，由负有义务的一方承担责任。

（九）争议解决

采购合同在履行的过程中会面临很多实际问题，因而可能产生采购合同的争议。采购合同的争议主要是指采购合同的双方主体，没有履行合同或者履行采购合同不符合采购合同的约定，引起合同双方主体的纠纷。合同争议的解决途径包括和解、调解、仲裁和诉讼等。

以上条款是采购合同的基本内容，并不是所有采购合同的必备条款，缺少任何一项条款并不会导致合同无效，每个采购合同不同，当事人应根据实际情况约定合同的具体内容。

第二节 采购合同的订立与争议处理

一般采购合同的订立与其他合同一样，是当事人意思表示一致的结果。具体而言，它是通过一方提出要约，另一方对要约表示承诺才成立的，采购合同的订立除了通过此种方式，还有招投标等其他方式，这里主要阐述通过要约和承诺这一方式订立采购合同。

一、要约

要约是一方当事人向另一方当事人提出订立合同的条件，希望对方能完全接受此条件的意思表示。发出要约的一方称为要约人，受领要约的一方称为受要约人。

（一）要约的条件

（1）要约的内容必须具体明确。具体是指要约的内容必须具有足以使合同成立的主要条款。如果没有包含合同的主要条款，受要约人难以做出承诺，即使做出了承诺，也会因为双方的这种合意不具备合同的主要条款而使合同不能成立。明确是指要约的内容必须明确，而不能含糊不清，否则无法承诺。

（2）要约必须具有订立合同的意图，表明一经受要约人承诺，要约人即受该意思表示的拘束。

（二）要约的效力

要约生效的时间适用《民法典》第一百三十七条的规定，即："以对话方式作出的意思表示，相对人知道其内容时生效。以非对话方式作出的意思表示，到达相对人时生效。以非对话方式作出的采用数据电文形式的意思表示，相对人指定特定系统接收数据电文的，该数据电文进入该特定系统时生效；未指定特定系统的，相对人知道或者应当知道该数据电文进入其系统时生效。当事人对采用数据电文形式的意思表示的生效时间另有约定的，按照其约定。"

（三）要约的撤回

《民法典》第四百七十五条规定：要约可以撤回。要约的撤回民法典第一百四十一条的规定，即："行为人可以撤回意思表示。撤回意思表示的通知应当在意思表示到达相对人前或者与意思表示同时到达相对人。"

（四）要约的撤销

《民法典》第四百七十六条规定要约可以撤销，但是有下列情形之一的除外：

（1）要约人以确定承诺期限或者其他形式明示要约不可撤销；

（2）受要约人有理由认为要约是不可撤销的，并已经为履行合同做了合理准备工作。

《民法典》第四百七十七条规定："撤销要约的意思表示以对话方式作出的，该意思表示的内容应当在受要约人作出承诺之前为受要约人所知道；撤销要约的意思表示以非对话方式作出的，应当在受要约人作出承诺之前到达受要约人。"

（五）要约的失效

《民法典》第四百七十八条规定有下列情形之一的，要约失效：

（1）要约被拒绝；

（2）要约被依法撤销；

（3）承诺期限届满，受要约人未作出承诺；

（4）受要约人对要约的内容作出实质性变更。

相关链接

《民法典》第四百七十三条规定："要约邀请是希望他人向自己发出要约的表示。拍卖公告、招标公告、招股说明书、债券募集办法、基金招募说明书、商业广告和宣传、寄送的价目表等为要约邀请。商业广告和宣传的内容符合要约条件的，构成要约。"

二、承诺

承诺是指受要约人同意要约的意思表示。承诺应当以通知的方式作出，但根据交易习惯或者要约表明可以通过行为作出承诺的除外。

（一）承诺的条件

《民法典》第四百八十一条规定：承诺应当在要约确定的期限内到达要约人。要约没有确定承诺期限的，承诺应当依照下列规定到达：

（1）要约以对话方式作出的，应当即时作出承诺；

（2）要约以非对话方式作出的，承诺应当在合理期限内到达。

（二）承诺的期限

《民法典》第四百八十二条规定："要约以信件或者电报作出的，承诺期限自信件载明的日期或者电报交发之日开始计算。信件未载明日期的，自投寄该信件的邮戳日期开始计算。要约以电话、传真、电子邮件等快速通讯方式作出的，承诺期限自要约到达受要约人时开始计算。"

（三）承诺的效力

承诺生效时合同成立，但是法律另有规定或者当事人另有约定的除外。承诺可以撤回。承诺的撤回适用《民法典》第一百四十一条的规定，即"行为人可以撤回意思表示。撤回意思表示的通知应当在意思表示到达相对人前或者与意思表示同时到达相对人。"

此外，《民法典》第四百八十六规定：受要约人超过承诺期限发出承诺，或者在承诺期限内发出承诺，按照通常情形不能及时到达要约人的，为新要约；但是，要约人及时通知受要约人该承诺有效的除外。

《民法典》第四百八十七条规定：受要约人在承诺期限内发出承诺，按照通常情形能够及时到达要约人，但是因其他原因致使承诺到达要约人时超过承诺期限的，除要约人及时通知受要约人因承诺超过期限不接受该承诺外，该承诺有效。

承诺的内容应当与要约的内容一致。受要约人对要约的内容作出实质性变更的，为新要约。有关合同标的、数量、质量、价款或者报酬、履行期限、履行地点和方式、违约责任和解决争议方法等的变更，是对要约内容的实质性变更。承诺对要约的内容作出非实质性变更的，除要约人及时表示反对或者要约表明承诺不得对要约的内容作出任何变更外，该承诺有效，合同的内容以承诺的内容为准。

承诺生效的地点为合同成立的地点。采用数据电文形式订立合同的，收件人的主营业地为合同成立的地点；没有主营业地的，其住所地为合同成立的地点。当事人另有约定的，按照其约定。

三、采购合同的争议和解决措施

（一）和解

和解是由争议各方根据合同约定的违约责任和各方实际情况，自行协商而不需通过司法程序解决纠纷的方式。和解是纠纷常见的解决方式。但由于和解协议缺乏法律约束力，有些人可能会出尔反尔，使和解结果成为一纸空文，延误了纠纷的有效解决。

（二）调解

调解是由争议各方选择信任的第三方居中，就合同争议进行调解处理。调解通常是以各方互谅互让为原则进行的。此方法解决纠纷的可能性较和解大一些，但由于调解协议与和解协议一样不具有强制性效力，也使纠纷的解决难尽人意。

（三）仲裁

仲裁是指争议各方根据合同中的仲裁条款或者纠纷发生以后达成的仲裁协议，将争议提交法定的仲裁机构，由仲裁机构依据仲裁规则居间进行居中调解，依法做出裁定的方式。当事人不愿和解、调解或者和解、调解不成的，可根据仲裁协议向仲裁机构申请仲裁，并可根据生效的仲裁协议申请强制执行。

（四）诉讼

诉讼是解决合同争议的最后方式，是指人民法院根据争议双方的请求、事实和法律，依法做出裁判，借此解决争议的方式。当事人没有订立仲裁协议或者仲裁协议无效的，可以向人民法院起诉。

相关链接

诉讼与仲裁的区别

1. 启动的前提不同

要启动仲裁程序，首先，双方必须达成将纠纷提交仲裁的一致意思表示，通过专门的仲裁协议和合同中的仲裁条款体现出来。达成一致意思表示的时间可以是在纠纷发生前、纠纷中，也可以在纠纷发生之后。其次，双方还必须一致选定具体的仲裁机构。只有满足上述条件仲裁机构才予受理。对诉讼而言，只要一方认为自己的合法权益受到侵害，就可以向人民法院提起诉讼，而无须征得对方同意。由此，诉讼条件要宽泛得多。

2. 受案范围不同

仲裁机构一般只受理民商、经济类案件（婚姻、收养、监护、抚养、继承纠纷不在此列），不受理刑事、行政案件。而对上述案件，当事人均可诉讼。

3. 管辖的规定不同

仲裁机构之间不存在上下级之间的隶属关系，仲裁不实行级别管辖和地域管辖。在一般情况下，当事人可以在全国范围内任意选择裁决水平高、信誉好的仲裁机构，而不论纠纷发生在何地、争议标的有多大。人民法院分为四级，上级法院对下级法院具有监督、指导的职能，诉讼实行级别管辖和地域管辖。根据当事人之间发生的争议的具体情况确定由哪一级法院及由哪个地区的法院管辖。无管辖权的法院不得随意受理案件，当事人也不得随意选择。

4. 选择裁判员的权利不同

在仲裁中，当事人约定由三名仲裁员组成仲裁庭的，应当各自选定或者各自委托仲裁委员会主任指定一名仲裁员，第三名仲裁员由当事人共同选定或者共同委托仲裁委员会主任指定。而诉讼中，当事人无权选择审判员。但是在法定的情况下，可以要求审判员回避，或者要求将审判由简易程序（只有一位审判员）转入普通程序（三位审判员组成合议庭）。

5. 开庭的公开程度不同

仲裁一般不公开进行，但当事人可协议公开，涉及国家秘密的除外。人民法院审理，一般应当公开进行，但涉及国家秘密、个人隐私或法律另有规定的，不公开审理。离婚案件、涉及商业秘密的案件，当事人申请不公开审理的，可以不公开审理。

6. 终局的程序不同

仲裁实行一裁终局制，仲裁庭开庭后做出的裁决是最终的裁决，立即生效。但劳动争议仲裁是个例外，当事人不服仲裁裁决的，还可以向法院提起诉讼。诉讼则实行两审终审制，一个案件经过两级人民法院审理，即告终结，发生法律上的效力。当然也存在特例，如选民资格案件、宣告失踪和宣告死亡案件、认定公民无民事行为能力和限定民事行为能力案件、认定财产无主案件实行一审终审。

7. 强制权力不同

仲裁机构对干扰仲裁活动的当事人无权采取强制措施。

人民法院可以对干扰诉讼活动的当事人采取拘传、训诫、责令退出法庭、罚款、拘留的强制措施。当事人拒不履行仲裁机构做出的裁决时，仲裁机构无权强制执行，只能由一方当事人持裁决书申请人民法院执行。人民法院做出的生效判决，当事人拒不履行义务时，人民法院可以自行决定或者依当事人的申请，采取强制执行的措施。

参考资料

×××公司合同管理办法

第一章　总　　则

第一条　为加强公司及其下属各分公司合同管理，防范经营风险，保护企业合法权益，根据《中华人民共和国民法典》、公司章程等相关管理规定及有关法律法规，并结合公司实际情况，制定本管理办法。

第二条　本管理办法适用于公司对外签订的各类合同及具有合同性质的意向书、备忘录、框架协议等规定具有法律效力的文件，包括但不限于采购合同、建设工程合同、广告宣传相关合同、聘用协议、服务协议、商标使用许可协议、租赁租用合同、房屋装修合同、保密协议、技术开发协议、委托合同、赠与合同等。

第三条　公司签订合同所进行的资信调查、意向接触、商务谈判，以及合同签订、履行、变更、解除及争议解决等活动，按照本管理办法的规定执行。

第四条　公司的各类合同属于商业秘密，任何人不得擅自披露。自合同准备到签署、履行过程中必须遵守公司有关信息披露的规定和公司的保密规定，在合同中应附加保密条款或另行签订保密协议，有关条款或协议应遵循分公司合同范本的样式。

第五条 公司签订合同应当遵循自愿合法、协商一致、等价有偿、诚实信用的原则。

第六条 分公司负责建立、健全各项合同管理制度，并对合同签订及履行情况进行管理和监督。

第七条 本管理办法适用于公司本部及下属的分公司。

第二章 合同管理、承办部门及职责

第八条 本管理办法涉及的职能部门分三类：合同管理部门、合同协助管理部门和合同承办部门。合同管理部门指分公司的发展策略部以及市公司的综合部；合同协助管理部门是区、市公司财务部，分公司综合部；合同承办部门是主办合同谈判、草拟、修改、送审、履行等事项的部门。

第九条 合同管理部门在合同归口管理工作中承担以下职责：

（一）宣传、贯彻《中华人民共和国民法典》及与合同有关的法律、法规和规章。

（二）草拟公司的合同管理制度，归口管理公司对外签订的合同。

（三）参与公司重大合同项目的可行性研究、谈判和合同文本的修改工作。

（四）依据本管理办法对公司签订合同的合法性、有效性进行审查，并提出审查意见。

（五）办理公司法定代表人的授权委托。

（六）依照公司相关管理规定，分公司综合部负责本公司承办合同的盖章、归档工作。

（七）提供与合同有关的法律咨询，跟踪合同的履行情况。

（八）协助处理合同纠纷，归口管理争议解决。

（九）外聘律师及其他法律服务部门的管理。

（十）其他相关的合同管理职责。

第十条 合同协助管理部门应分别承担以下职责：

（一）分公司财务部

1. 协助审查合同项目年度财务计划中的资金来源。
2. 对合同约定的付款方式的合理性及经济风险进行分析、审查。
3. 按照财务制度的要求审查合同相关条款。
4. 会签审查同意的合同预先进行资金筹措及安排。
5. 其他合同协助管理职责。

（二）分公司综合部

1. 依照公司相关管理规定，负责分公司各部门承办合同的盖章、归档工作。

2. 其他合同协助管理职责。

第十一条　合同承办部门的职责：

（一）负责合同项目建议及可行性研究，按照公司有关规定进行送审报批。

（二）调查对方当事人的法人资格、经营范围、资信情况、履约能力以及法定代表人或委托代理人的资格，拟定备选方案，并报公司领导批准；按照公司有关规定应当进行招投标的，应按照招投标的有关规定确定对方当事人。

（三）负责合同谈判及其他相关事宜。

（四）负责拟订合同文本，公司编制有合同范本的，根据公司编制的合同范本草拟合同文本，在不具备范本的条件下根据有关情况拟定合同文本或修改对方当事人提供的合同草拟稿。

（五）负责将合同送审稿按照本管理办法的规定报审，并根据合同相关审查部门的意见，修改合同草拟稿。

（六）负责合同的具体履行，解决合同履行中出现的问题；遇有合同纠纷，应及时报告公司领导，并通知合同管理部门。

（七）负责合同的台账管理、资料整理和文本送归档。

（八）其他相关的合同管理职责。

第三章　合同管理

第一节　合同准备

第十二条　公司各种合同的订立必须按照公司的相关管理规定获得批准。

第十三条　公司合同的订立，应采用书面的形式。书面形式是指合同书、协议书、信件等可以表现所载内容的形式。

第十四条　合同准备阶段，合同承办人员必须审查对方当事人的法人资格、经营范围、资信情况、履约能力以及法定代表人或委托代理人的资格，发现疑点的不得签约。

第二节　合同草拟

第十五条　合同承办部门应就合同双方谈判达成的共识以书面形式草拟合同文本。（注：关键往来文书中，未明确内容应标明“有待在合同中确认”，以避免纠纷。）

第十六条　分公司编制有相应合同范本的，合同文本应尽可能遵循分公司编制的合同范本格式。在不具备范本的情况下，合同的内容由签订各方约定并具体确定，但应当包含如下内容和条款：

（一）合同名称、合同各方的全称、法定住所地及联系人，订约的目的和依据。

（二）合同标的、数量、质量、范围或要求。

（三）合同的价款、报酬或使用费，其付款方式和要求。

（四）合同的履行计划、进展、期限、地点和方式。

（五）违约责任和争议解决条款。

（六）按照国家及公司有关规定应当保密的合同，在合同中应当明确保密责任和规定保密条款。

（七）合同适用的法律，以及依照国家法律、法规的规定必须具备的条款，以及合同双方当事人要求必须规定的条款。

（八）合同签署人姓名、职务及其签署日期。

第十七条 与技术有关的合同，除以上条款之外，还应具备：

（一）技术成果的归属和收益的分成办法。

（二）有关情报和资料的保密责任和义务。

（三）验收标准和方法。

（四）有关的名词和属于的解释或定义。

第十八条 与境外国家和地区的法人、自然人及其他组织订立的合同，在我国境内签订或履行的，应当使用中文；其他不在我国境内签订或履行的合同，可中文、外文并用或使用外文。使用外文的，应当有中文译文。

前述规定以外的合同，必须使用中文文本。

第十九条 合同承办部门不得在合同正式签订前，与对方当事人仅通过口头协议等形式提前履行合同。

第三节 合同审查

第二十条 合同初步拟定之后，合同承办部门负责填写合同审批表，由部门负责人签署意见后，连同合同文本及其他相关资料一并交由合同协助管理部门、合同管理部门及公司领导审查。

第二十一条 审查通过的合同文本由合同管理部门进行页签。经页签后的文本作为合同文本的正式样式。

第二十二条 合同管理部门和合同协助管理部门对合同进行审查、会签时，视具体情况可要求合同承办部门提供下列文件资料，合同承办部门应予配合。

（一）有关法律文件：对方当事人身份证明，包括法人营业执照、经营许可证等其他资质、资格证明。

（二）有关决策文件：批准合同事项的签报、会议纪要、领导批示等。

（三）作为合同组成部分的其他文件，包括双方往来信函、电报、电传、图表等。

合同承办部门不能提供上述文件资料的，应就不能提供资料的原因、报送审批时的相关情况等作书面具体说明。

第四节　合同授权

第二十三条　根据合同的价款和种类，合同签订的分级授权范围如下：

（一）分公司各部门承办的合同，凡金额在人民币叁佰万元以下（含叁佰万元）的，由合同协助管理部门和合同管理部门审查、会签之后，由本部门的主管公司领导负责签订。

（二）分公司各部门承办的合同，凡金额在人民币叁佰万元以上、叁仟万元以下（含叁仟万元）的，由合同协助管理部门和合同管理部门审查、会签之后，由公司法定代表人负责签订。

（三）分公司各部门承办的合同，凡金额在人民币叁仟万元以上（不含叁仟万元）的，由合同协助管理部门和合同管理部门审查、会签之后，经公司董事会书面批准后，由公司法定代表人负责签订。

（四）分公司签订的合同，合同金额在人民币壹佰万元以下（含壹佰万元）的；合同金额在人民币伍拾万元以下（含伍拾万元）的，市公司合同协助管理部门和合同管理部门审查、会签之后，由市公司总经理负责签订。市公司每月月底将合同金额超过人民币贰拾万元（不含贰拾万元）以上的合同复印件汇总报分公司发展策略部备案。

（五）市公司及其下属县（市）公司签订的合同，凡合同金额超过本条第（四）项规定范围的，经市公司总经理核准后由市公司合同承办部门上报分公司主管部门，由分公司相关部门审查、会签完毕，并经分公司法定代表人专项授权后由市公司总经理负责签订。

（六）分公司逐年核定下发县（市）公司合同授权金额标准。县（市）公司在正常的经营活动中可在授权金额范围内直接对外签订用户入网协议，用户服务协议、房屋租赁协议、营销代理协议和土地使用协议，除此之外，县（市）公司不得对外签订其他合同。

（七）不涉及金额的保密协议，与技术有关的开发、转让、委托合同等，由公司合同协助管理部门和合同管理部门审查、会签后，报公司主管领导书面批准后，方可签订；虽不涉及金额但会对公司的生产经营造成重大影响的合同，如合作协议、商标使用许可合同、特许经营合同等，必须按合同审查、会签流程由分公司进行签订。

第二十四条 公司法定代表人可向分公司副总经理或市公司总经理按年度在本管理办法第二十三条规定的金额分级授权范围内一次性授权委托。

获得授权委托的市公司总经理如因出差、休假、培训、医疗等事由，离开其分公司所在地五个工作日以上（含五日），无法亲自签署合同的，可事先向公司法定代表人提交书面申请，进行转授权委托给该市公司的副总经理。

第五节 合同签署及保存

第二十五条 分公司对外签订合同必须以分公司名义进行，市、县（市）公司对外签订合同应以其名义进行，由法定代表人签订或授权委托的代理人在其授权范围内代为签订。

第二十六条 经公司领导审批同意的合同，依据本管理办法的规定，经公司法定代表人或授权委托的代理人签字（章）并加盖公章后生效。

第二十七条 法定代表人授权委托他人代为签订合同的，应签发授权委托书。授权委托书应载明受委托人、授权范围、有效期限等基本内容。

任何人员严禁超越授权范围、授权期限或未经授权签订合同。

受委托人遇有不能履行授权委托或履行授权委托遇到障碍等情形时，应及时向合同管理部门提出更换被委托人并交回上述授权委托书。

第二十八条 授权委托书须一式两份。其中一份由合同管理部门留存，另一份由受委托人留存。

对方当事人需要授权委托书的，由受委托人负责提供，应为复印件。

第二十九条 公司对外签订合同必须加盖公司印章［按第二十三条规定的分级授权委托范围分别加盖分公司合同专用章、市公司合同专用章和县（市）公司公章］。

第三十条 一般签署的合同原件至少为一式二份，如多方签订合同，多一方就应多签署一份合同原件。合同签署完毕后，合同承办部门应将合同原件、合同审批表、页签合同文本送公司综合部存档，合同承办部门、财务部门保存合同复印件。

第三十一条 合同生效需要履行相关政府部门报批、备案手续或需要公证、鉴证的，应经公司领导批准并出具授权许可，由合同承办部门负责办理上述相关手续。

第三十二条 公司实行合同编号管理制度，分公司各部和分公司应设立兼职合同管理员，负责合同的编号管理、统计报表等工作，合同承办部门对合同的保管宜作专人保管，并需作日常登记。

第三十三条　为便于检索和管理，公司实行合同基本要素摘录制度，同时要求合同承办部门在合同正式签署完毕后的五个工作日内向合同管理部门提供最终合同的电子版本（含电子扫描版本）进行存档。

第三十四条　合同的存档保管期限按国家有关档案保管的期限执行。

第六节　合同履行

第三十五条　合同承办部门应严格按照国家法律法规、公司有关规定及合同规定，全面实际履行合同，及时监督或实地调查对方的履行情况，并负责妥善保管合同实际履行过程所涉及的各种文件资料、单据。

合同承办部门发现对方当事人有不履行合同的情形，应及时提出异议，并依据合同规定进行妥善解决。

合同承办部门发生变更时，原合同承办部门依照本管理办法应当履行的职责，由变更后的合同承办部门承担。

第三十六条　合同的付款，需由合同承办部门填写公司内部请示表格，并附相关票据及合同相关内容复印件，由财务部会签后，依照本管理办法第二十三条规定的分级授权委托金额范围报相应的公司主管领导审批后，方可付款。如最终付款价格与原签订之合同有异，合同承办部门必须书面向公司主管领导和财务部解释原因。

第三十七条　合同承办部门在合同履行过程中发现法定或合同约定的变更、解除条件发生时，应按照原合同的审批程序和形式要求报公司主管领导批准同意，并与合同相对方协商变更或解除该合同。

合同的增补、转让和中止由合同承办部门参照上述规定办理。

第三十八条　合同履行过程中发生争议，合同承办部门应及时向公司领导汇报，并通知合同管理部门。

合同管理部门可应合同承办部门的要求提供解决合同争议的法律服务。遇有重大且需谈判解决的合同争议，合同承办部门应至少提前5个工作日通知合同管理部门，并同时提供以下相关资料：

1. 合同编号。
2. 有关票证、单据。
3. 财务凭证及账目。
4. 产品质量标准、鉴定报告等。
5. 有关违约的证据材料。

6. 其他与合同纠纷有关的资料。

第三十九条 合同争议以协商解决为原则。合同双方就解决争议达成一致的，应订立书面协议。

不能协商解决的，可按照国家有关法律规定或合同规定的争议解决条款解决。

第四十条 解决合同争议，需要申请仲裁或提起诉讼的，由合同承办部门提出申请事由，合同管理部门负责拟定仲裁或诉讼方案，报送公司主管领导批准。

根据公司领导批示意见，合同管理部门归口聘请律师参与合同争议的解决。

第四十一条 合同管理部门、合同承办部门为处理合同争议进行的必要调查和证据收集，其他相关部门和人员应当积极协助配合。

第四十二条 处理合同争议时，遇有证据可能丢失或以后难以取得的情况，合同承办部门及其他部门有义务采取相应保全措施；遇有对方当事人或利害关系人有隐匿、转移财产、销毁证据等情形的，合同承办部门及其他部门应及时通知合同管理部门，经公司主管领导批准，由合同管理部门向有关机关提出证据或财产保全措施的申请。

第四十三条 合同承办部门负责跟踪已正式生效的，解决合同争议的相关法律文书的履行或执行情况，并通知合同管理部门。该款所述法律文书包括解决合同纠纷协议书、调解书、仲裁裁决书和法院判决书等。

遇有对方当事人在上述生效的法律文书规定的履行期限内仍未履行或执行的，合同承办部门应及时将相关情况通知合同管理部门。

第四章　廉政合同

第四十四条 为了保护合同当事人的合法权益，维护社会经济秩序，促进企业党风廉政建设，保证企业资金的安全、有效使用以及投资效益，根据中共中央、国务院有关法律法规、廉政规定，凡合同金额超过一定金额的合同（简称“主合同”），在签订时应同时签订廉政合同（简称“从合同”）。

第四十五条 廉政合同的归口管理部门为分公司党群工作部和市公司综合部，设置兼职廉政合同管理员，负责廉政合同的审查、页签、归档工作。

第四十六条 应当同时签订廉政合同的主合同范围为：

（一）分公司的合同，合同金额超过人民币壹佰万元及以上的。

（二）市公司及其下属县（市）公司签订的合同，合同金额超过人民币伍拾万元及以上的。

（三）虽不涉及金额但会对公司的生产经营造成重大影响的合同，如合作协议、商标使用许可合同、特许经营合同。

属本管理办法第二十三条第（六）项规定的县（市）公司可直接签订的合同无须附加签订廉政合同。

第四十七条　廉政合同的范本由分公司党群工作部拟定。廉政合同由合同承办部门送廉政合同管理部门和分公司纪检组长审查（审查流程按本文附件进行，注：附件略）确认后方可签署。

第四十八条　廉政合同经廉政合同管理部门页签后由主合同签字人签署并加盖公司合同专用章。

第四十九条　廉政合同的履行、争议解决及送归档等按本管理办法对主合同的规定执行。

第五章　合同的责任

第五十条　仲裁裁决或法院判决确定公司在合同争议中有过错的，应当查明原因，分清责任，分别按人事管理、纪检监察等有关规定进行处理。

第五十一条　合同签订及履行过程中的相关人员有下列行为之一的，按其情节轻重，应承担公司内部的行政责任和/或经济责任，给予相应的行政处罚和/或经济处罚；涉嫌犯罪的，应移交国家司法机关依法追究刑事责任：

（一）合同承办人员和审查人员违反公司保密规定，泄漏公司重要机密，致使公司遭受损失的。

（二）合同承办人员在签订、履行合同过程中，因失职和/或故意签订合同、违约、引起合同纠纷，致使公司遭受损失的。

（三）违反规定程序或超出权限签署合同的，即使没有造成直接经济损失或后果，为严肃内部控制制度的执行效果，也将给予必要的批评或处罚。

（四）合同审查人员因疏忽审查，对明显不当的合同条款没有提出法律意见，致使公司遭受损失的。

（五）合同相关人员因违反规定索要或收取不正当利益的。

（六）利用公司失去的生意机会，并从中获取私人利益的。

（七）丢失合同及函件、图表、电报、传真、单据等造成经济损失的。

（八）合同纠纷发生后，不及时向公司领导汇报、不追究对方责任，导致公司遭受损失的。

（九）其他违法、损害公司利益的行为。

第五十二条　公司与“关联方”签订合同的，应遵守国家和公司关于关联交易的管理规定。合同承办人员应在签订合同前向公司领导报告，并通知合同管理部门，公司领导批准同意后方可签订。

任何部门和人员不得擅自披露关联交易。

擅自与关联方签订合同、擅自披露关联交易或故意隐瞒关联交易的，公司将对责任单位及责任人员予以处罚。

第五十三条 分公司逐年对各市、县（市）公司的合同管理情况进行评估，并对结果进行通报和酌情奖励。

第三节 采购风险防范

一、采购合同欺诈行为及采购合同风险防范

（一）采购合同欺诈行为

采购合同欺诈是指一方为获得不正当的利益，采用欺诈、弄虚作假等非法手段骗取另一方信任签订合同的行为。常见的采购合同欺诈行为有以下几种：

1. 俏货引诱

利用紧缺畅销商品，诱使对方签订购销合同，骗取预付款或定金。

2. 鱼食诱饵

先履行几份小额合同，制造履约能力强、信誉好的假象，骗取信任后签订大额合同，骗取大量货物或大额货款，然后销声匿迹。

3. 移花接木

让对方看别人货物，一旦签约骗取对方货款或定金后，便再无踪影。

4. 假冒身份

私刻公章，伪造企业，然后与人签订合同，骗取货款或货物；通过关系或采取挂靠等方式，骗得集体企业、国有企业的营业执照，借此行骗；假冒具有一定知名度、信誉度企业的名称，骗取信任后签订合同；骗取单位的空白介绍信、盖有合同章的空白合同，骗签合同。

5. 设置圈套

事先精心设计并诱人签订根本无法履行的加工承揽合同。被骗方落入圈套后，合

同不但无法履行，而且事先支付给骗方的定金和原料无法追回。

6. 设托骗卖

即“买方”是“卖方”的“托儿”。

7. 传真诈骗

骗签合同后，骗方利用汇款时间差，先通过银行向供方汇去少量货款，待取得盖有银行公章的汇款单后，改为大额汇款，再用传真机发往供方，诱使供方发货，待提货后溜之大吉。

（二）采购合同风险防范

（1）签订合同前认真审查对方的主体资格、资信情况、履约能力。签订合同前做到“三要”：

①要对方提供法定代表人身份证明、营业执照；委托代理人签订合同的，要求对方出具法定代表人授权委托书、代理人的身份证明等，杜绝凭关系或熟人的介绍草率签订合同的情况。

②要通过各种方式对对方的资信情况进行调查。

③要了解与掌握对方的履约能力。

（2）签订合同时严格审查合同条款。应严格审查合同内容，使权利、义务对等，条款规范，约定明确，以利于履行。合同主要条款不能含糊不清或易产生歧义，以防止对方利用条款设置骗局，留下隐患。这项工作应由法律顾问或律师把关。

（3）建立健全必要的合同管理制度。根据具体情况，从合同签订到履行完毕，企业应制定一套切实可行的、完善而严密的合同管理制度。

（4）聘请法律顾问，降低经营风险。不法分子利用合同诈骗屡屡得手，提高了企业经营风险。事实上，合同由对方提出的，看似公平的条款，实际上很有可能是对方对某些法律问题的规避；合同由己方提出的，在权利和义务上对己方有利的条款，实际上很有可能存在重大的法律隐患。因此，企业除了提高人员素质和经营管理水平外，聘请有合同法律知识和业务技能的律师做法律顾问，是规避合同风险的有力措施。

二、招标风险及其防范

（一）招标的舞弊行为

招标的目的是使采购活动公平、公开和公正，让供应商充分竞争，以达到降低采购的目的。但是，如果招标工作不规范，就会导致招标失去意义，甚至滋生腐败。常见的招标舞弊行为包括：

（1）违法透露有关招标投标的情况或泄露标底。

（2）搞虚假招标。

（3）与投标人就投标价格、投标方案等实质性内容进行谈判。

（4）以不合理的条件限制或者排斥潜在的投标人。

（5）因评标结果违反评标原则而受到投标商质疑。

（6）擅自修改已审定的招标文件等。

（二）招标风险防范措施

（1）理顺主管部门之间的关系，明确具体职责，明确采购机关、招标管理机构、监察部门、审计部门等部门的职能，采购机构确定招标方案，编制招标文件，发布招标公告，对投标人进行资格预审。

（2）择优选择中介机构编制标底。

（3）依法组建评标委员会，委托专业招标机构招标。

（4）根据项目特点，确定主要材料、设备的采购方式。

（5）采用多种形式竞争确定定价模式。

（6）确保质量，防范采购风险。避免由于招标方法不科学、运作程序不严谨、监管措施不得力而造成偷工减料、以次充好、暗箱操作等严重后果。

三、采购行为风险及其防范

（一）采购舞弊行为

采购中回扣问题最令人头疼，回扣是指供应商非法支付给采购方员工的贿赂金。供应商向采购方员工支付回扣，以期取得采购方员工的欺诈性合作，借以提高利润，而这是以采购方的损失为代价的。

供应商支付回扣给采购方员工进行串通欺诈时，通常意在获取以下两个利益：

（1）非法争取业务。一些企业运用回扣先于竞争对手获得有关采购方计划和战略方案信息及采购方估价小组所使用的未公开的投标估价准则，偷看竞争对手的密封投标，向竞争对手提供误导性信息并从中破坏，使其不具备资格；或笼络采购方企业内有影响的要员否决其他竞争对手；或使标的设计要求只有支付回扣的供应商才能达到，以此达到欺诈的目的。

（2）非法提高利润率。提高利润率是供应商支付回扣的目的所在。供应商通过支付回扣给采购方有关的员工，使其同意不正当的订单变动、价格上涨，买通采购方的检验和质量控制部门，使其低于标准的材料和不符合规格要求的产品得以使用，并设法避开其他采购方职能部门对质量和价格的抱怨。

（二）采购舞弊行为审计线索

1. 采购人员的奢侈生活方式

采购人员奢侈的生活方式往往是其受贿以及发生供应商欺诈的一个信号。员工的奢侈生活方式和其收入不符合，特别是那些有权选择决定供应商或掌握大量对供应商有帮助的信息的员工，他们奢侈的生活方式往往隐含受贿和供应商欺诈活动。

2. 对供应商欺诈没有良好的防范制度

这种企业内部未同有关员工签订廉政协议，也未向供应商明确表明不能容忍任何欺诈和行贿行为的态度。因此，企业应同有关员工签订廉政协议，同时，在与供应商签订采购合同时附加有关廉政条款，并明确供应商若发生任何欺诈和行贿行为必须承担的经济和法律责任。

3. 不正当的单一渠道供应商

如果达到一名好的供应商所具备的一切条件，而被选为企业单一渠道的供应商实属正常。但是对单一渠道供应商应有一定的防范制约制度，如安排定期的检查，以确认货物的质量是否达到规定的要求。一旦供应商产品的供应出现了问题，如不适当的价格上涨或质量达不到要求，采购方才能及时采取应变措施，而不过分依赖单一的供应商。缺乏以上这些控制制度，而采用单一渠道的供应商可能是欺诈行为发生的先兆。

4. 其他供应商的抱怨和申诉

对竞争者而言，被其他企业夺去业务自然不高兴，他们会抱怨或申诉，这种抱怨或申诉可能说明供应商正在进行欺诈活动。如果不诚实的供应商成功买通了采购方的某位员工，并利用他逼走其他供应商，被逼走的供应商会通过抱怨的方式提醒采购方有关人士注意到受贿行为及欺诈的发生。

5. 供应商与采购方员工之间的亲密关系

采购方员工与供应商成为好朋友，其中并无任何不合理的因素。只是在某些情况下，他们有意无意地为供应商进行欺诈提供帮助，这种帮助并不以接受回扣或其他报酬为目的，而可能是出于友谊和其他原因。如某些员工可能对企业经营者或所有者怀有怨恨，准备跳槽而故意帮助供应商，期望从供应商那里获得一份工作的许诺。供应商与采购方员工之间的亲密关系还包括另一种情况，即掌握着对供应商进行评估和选择权的员工与某一特定供应商的员工有亲密的关系，有可能会成为供应商欺诈的助手。

6. 经常发生的但未得到解决的对供应商产品的投诉

供应商欺诈的审计线索还包括经常发生的未得到解决的对供应商产品的投诉。生产加工人员可能对供应商提供的材料或设备的质量不满意，财务人员也可能觉得供应商价格过高，而采购部门仍然将订单给同一供应商，排除采购人员偷懒的情况，就是供应商正在进行欺诈。

（三）采购行为风险防范

1.“三分一统”

“三分”是市场采购权、价格控制权、质量验收权，三权分立，各自负责，互不越位；“一统”是合同的执行特别是结算付款一律统一管理。物料管理人员、检验人员和财务人员都不准与客户见面，实行封闭式管理。

财务部依据合同规定的质量标准，对照检验单和数量测量结果，认真核算后付款。这样形成了一个以财务管理为中心、最终以降低成本为目的的制约机制。

2.“三统一分”

所有外购材料统一采购验收，统一审核结算，统一转账付款，费用分开控制。只有统一采购，统一管理，才能既保证需要，又避免漏洞；既保证质量，又降低价格；既维护企业信誉，又不上当受骗。

3.“三公开两必须”

“三公开”是品种、数量和质量指标公开，参与供货的客户和价格竞争程序公开，采购完成后的结果公开；“两必须”是必须货比三家后采购，必须按程序、按法规要求签订采购合同。

4.“五到位一到底”

“五到位”是采购的每一笔物资都必须五方签字，即采购人、验收人、证明人、批准人、财务审查人都在凭证上签字，才算手续齐全，才能报销入账；“一到底”就是负责到底，谁采购谁负责到底，包括价格、质量、使用效果都记录在案，经得起检查，什么时候发现问题什么时候处罚。

5. 全过程监督

全过程的监督是指采购前、采购过程中和采购完成后都有监督。从采购计划制订开始到采购物资的使用结束，这其中有 9 个环节（计划、审批、询价、招标、签合同、验收、核算、付款、领用），每一个环节都有监督，但重点是对制订计划、签订合同、质量验收和结账付款四个环节的监督。对计划的监督主要是保证计划的合理性和准确性；对合同的监督主要是其合法性和公平程度；对质量的监督是保证验收过程不降低标准，不弄虚作假；对付款的监督是确保资金安全，按程序、按合同履行。把监督贯穿采购活动的全过程，是确保采购管理规范和保护企业利益的第二道防线。全方位的监督是指行政监察、财务审计、制度考核三管齐下。

6. 建立责任追究制度

责任追究的关键是重奖重罚并及时兑现。只要发现不按程序、不按标准执行的苗头，就当即下考核单，或限期整改或严厉处罚，随时兑现。科学、规范的采购机制，不仅可以降低企业的物资采购价格、提高物资采购质量，而且可以保护采购人员和避免外部矛盾。

参考资料

采购配套合同

需方：×××公司

供方：

供需双方本着平等、自愿、互利、共同发展的合作原则，依据《中华人民共和国民法典》等相关法律、法规的规定，经友好协商，达成以下协议，以资双方共同信守。

第一条　合同标的

1. 产品简码、名称、规格型号、单价等见下表。

序号	产品简码	产品名称	规格型号	单位	单价

表格不够可另附清单（具体内容也可按×××公司出具的×××公司价格通知书执行）。

2. 交货时间、交货地点、数量、品种等根据需方产品采购订单执行。

3. 以上价格均含增值税、材料、运输、保险、售后服务、包装等费用（增值税、材料等要求以×××公司价格通知单为准）。

第二条　技术、质量条款

1. 技术条款：供方提供产品须符合双方确认的图纸、技术标准，以及双方签订的技术协议书。

2. 质量条款：供方提供的产品在符合以上技术条款的基础上，同时须符合质量保证协议书。

第三条 包装条款

1. 产品包装箱应注明零件号（需方ERP代码）、零件名称、数量（装箱数×箱数）、批号、供方名称（代码）、日期、需方名称等有关需方要求的内容。

2. 供方未书面向需方要求回收的空包装物或包装箱，需方可自行处理或选择其他处理方式。

3. 包装必须适合长途运输，包装箱和包装物应完好无损，需方有权拒收供方已损坏的包装箱和有磕碰、有锈蚀等质量及其他瑕疵的配套零部件。

第四条 交货条款

1. 运输方式：汽车运输、火车运输。

2. 交货周期、地点：供方应按需方的交货时间节点要求送达需方指定的地点。

3. 保险事宜：货物运达需方指定地点并经验收合格前，由供方负担并办理，风险由供方承担。

4. 交货附件：供方按产品采购订单向需方提供零部件时，包装物内应同时提供供货（装箱）清单、产品合格证、产品出厂检验报告等；如供方从其他二级供货商采购产品配套件或元器件，还要求提供其清单及合格证明，进口零部件还需提供产品原产地证明和商检证明。

5. 周转库存储备：为保证需方生产需要，供方应保持一定零部件库存保险储备量，确保需方生产。需方达到批量生产后，供方应在需方中转库内储备安全库存，该库存所有权属供方。

6. 供方送货人员必须遵守需方的公司管理规定。

第五条 验收条款

1. 供方产品到达需方指定地点，需方仓库保管人员签字接收，不能作为验收签字。

2. 验收标准：首先要按照图纸、技术标准、技术协议书、质量保证协议书进行验收；其他没有明确的由双方协商或按国家、行业标准验收。（具体见图纸、技术标准、技术协议书、质量保证协议书）

3. 配套产品的交货数量，指经需方入库前通过验收的数量。

4. 在装配过程中以及在售后使用过程中发现产品存在质量缺陷，需方应立即通知供方，供方应及时进行处理，不得以已经通过需方入库检验而推卸责任。

第六条

1. 付款方式：电汇、汇票；供方货到验收合格入库之后开17%增值税发票后第60日付款。

2. 供方应及时向需方提供实际银行账户。其银行账户如有变更，应立即通知需方，未经双方事先一致书面同意，需方不得将应收款项转让给任何第三方或让任何第三方托收应收款项。因发票邮寄或填写错误，造成逾期付款，后果由供方承担。

3. 由于供方原因提前供货，需方仍按原定交货日期付款。

4. 供、需双方本着不断共同开发市场，提高产品竞争优势的目的，在批产条件下约定在第一年价格的基础上连续三年降低供方产品价格5%。

第七条　不可抗力

1. 不可抗力是指任何一方均不能预见的、确实阻碍其履行义务的、不可避免的事件，就合同而言，不可抗力事件包括地震、流行病、严重火灾、水灾、台风、海上事故等重大自然灾害及事件。但是，对于那些可以预见的自然灾害，供方应事先采取适当措施，减少损失。

2. 任何一方因不可抗力影响，未能履行合同规定的义务，不可抗力事件存续期间不承担责任，在此期间双方都应尽最大努力将不可抗力，特别是由此而引起的延误及不能履行所造成的后果减轻到最低程度。因不可抗力所引起的问题应通过双方协商加以解决。

3. 遭受不可抗力的一方，在可能的情形下应立即（不应迟于获悉不可抗力后两天）用书面方式通知另一方。一方遭受不可抗力，该方有义务及时通知合同另一方并提供有关部门出具的证明，不可抗力影响存续期间不履行其合同义务，可不承担责任。

第八条　产品责任

1. 因供方产品质量瑕疵或缺陷，造成第三方（包括需方产品的最终用户）人身、财产损失，由供方偿付需方因此造成的一切损失。对产品缺陷，供方应进行整改，否则需方可单方解除合同。供方不因需方对其产品检验合格而免除其所应承担的产品责任。

2. 需方有权退回所有超过产品采购订单产品，供方需承担由此而造成的一切损失。

3. 需方发现供方产品与产品采购订单要求数量不足时，需方应及时以书面方式通知供方。供方有权来需方核查，如情况属实，供方应在需方通知的限定时间内予以补足，其费用及损失由供方承担。

4. 需方发现供方产品与产品采购订单要求品种不符时，需方应及时以书面方式通知供方。如情况属实，供方应在需方通知的限定时间内免费更换错发的配套产品，因错发货物而发生的一切费用及损失由供方承担。

5. 供方应承担逾期供货的责任（不可抗力除外）赔偿逾期供货而造成需方直接和间接损失。

6. 供方应对供货产品质量有缺陷，供货不足或错发负责，并承担由此造成的直接和间接损失。

7. 需方应积极采取措施减少或避免供方的过错，从而减少损失。供方应补偿由此而发生的费用。

8. 供方提供的产品由于质量问题造成需方生产停产或第三方生产停产所产生的索赔及在产品最终用户使用过程中产生的索赔参考需方的三包索赔协议书执行。

第九条 停止供货后产成品过渡条款

1. 由供方提出不履行合同，停止供货服务的，不存在产品过渡问题。供方在需方的剩余货款，需方在两年后支付给供方（用于售后服务保障）。

2. 由于供方技术质量、服务等问题停止供货，供方按需方相关程序办理产成品过渡手续，过渡产品数量不超过其1个月份额内的供货量，不合格产品不存在过渡。

3. 由于市场产品价格下浮，供方不能按需方的新价格执行，则需方过渡供方产成品按新价格执行，但总数不超过其1～6个月份额内供货量。

4. 由于需方采购政策或其他政策调整，需方同意过渡供方1～6个月份额内供货数量。

5. 所有存在产成品过渡的供方应在停止供货、终止合同、取消供货商资格、新价格调整、采购政策调整等实施之日起10日内提出书面过渡报告，否则视为无效，一切后果由供方自负。

第十条 违约责任

1. 由于供方未及时交货而导致需方或第三方损失，该损失由供方向需方每天支付供货前3个月供货额的5%，作为违约金；由于供方交货数量不足超过5%而导致需方或第三方损失，该损失由供方向需方每天支付供货前3个月供货额的5%，作为违约金。

2. 在需方生产线上、仓库、售后服务中发现供方产品有质量瑕疵，供方在接到需方通知后24小时到达需方或最终用户现场进行修理或更换，否则需方可自行修理或更换，因此产生的全部费用由供方承担，同时供方赔偿需方上述实际费用的3倍。质保期内，供方免费给予需方或最终用户修理或更换，负有包修包换义务；质保期外，供方给予需方的最终用户提供优惠价格。

3. 因供方的违约行为造成需方停产或其他损失，供方赔偿需方损失同时，在供方停止供货期间，需方有权另选供应商，所选供应商的供货价格若高于停供供应商的产品价格，其差额损失由供方承担。

4. 当供方出现违约行为，需方进行索赔时，需方将索赔清单及计算依据提交给供方，自需方提供之日起 7 日内供方不提出书面异议，需方将从供方货款中扣除。

5. 若需方在供方违约时没有依据上述条款对供方进行索赔处置，并不因此而免除供方的法律责任。

6. 如供方单方终止合同或超过需方产品采购订单 7 天以上未供货，应向需方支付停止供货前 3 个月供货额的 30%，作为违约金。

7. 其他未明事宜按质量保证协议书执行。

第十一条　知识产权

1. 供方对需方的图纸、技术资料等提供的其他信息均认为是保密的，未经需方许可，不得擅自利用需方确认的图纸、技术资料制造相关产品及向第三方出售或提供技术服务。

2. 合同终止时，所有相关技术文件及图纸必须全部返还给需方，不得自行拷贝或保留。

3. 合作过程供方基于对需方供货产品所进行的技术开发（包括专利权、专利申请优先权）为双方共同拥有。

4. 合作期间，需方提供给供方使用的需方专用产品，未经需方明确的书面授权，供方不得向任何第三方透露从需方得到的任何技术资料及按需方数模、图纸、样件等制作的产品；若双方终止合同，供方必须归还从需方取得的所有技术资料和样品，在未经需方明确书面同意供方不得在终止合同后为他人制造属需方专用的产品或包含需方设计思想的改制品。

5. 如供方违反上述条款，需方有权要求供方支付违约金，该违约金数额为该产品实际结算价格的 50 倍以上，并调整供方供货量、停止供货或终止合同。违约金由需方直接从供方货款中扣除，货款不足以抵扣违约金的需方有权要求供方赔偿。

第十二条　其他约定

1. 合同经供需双方有权代表签字并盖章后生效。

2. 凡由于执行本合同而发生的一切争议，应通过友好协商解决。如果协商不能解决，由上海仲裁委员会进行仲裁。仲裁机构的裁决具有最终效力，双方必须遵照执行，仲裁费用由败诉一方承担。仲裁期间，双方应继续执行除争议部分之外的合同其他条款。

3. 合同变更须双方以书面形式确认。

4. 合同有效期：从双方签字盖章之日起 3 年内有效，如双方无异议，合同可自动续签。

5. 合同一式四份，供方持一份，需方持三份。

6. 经双方所签订的产品技术协议书、质量保证协议书、三包索赔协议等为合同附件，与合同具有同等法律效力。

7. 供需双方应相互配合，持续改进产品质量，以达到让合作伙伴增值的目的。

需方：×××公司	供方：×××公司
地址：	地址：
代表人：	代表人：

第八章 采购绩效评估

第一节 采购绩效评估概述

一、采购绩效评估的定义

商品采购工作在一系列的工作程序完成之后，是否实现预期目标，企业对采购的商品是否满意，是需要经过考核评估之后才能下结论的。商品采购绩效评估就是建立一套科学的评估指标体系，用来全面反映和检查采购部门工作实绩、工作效率和效益。

对商品采购绩效的评估可以分为对整个采购部门的评估和对采购人员个人的评估。对采购部门绩效的评估可以由企业高层管理者来进行，也可以由外部客户来进行；而对采购人员的评估常由采购部门的负责人来操作。

对商品采购绩效的评估是围绕采购基本功能来进行的。采购的基本功能可以从两方面进行描述：

（1）及时、准确、保质和保量地把所需的商品及时买回来，保证销售或生产的持续进行。

（2）及时开发更优秀的供应源，不断优化采购渠道，对供应商进行有效管理，不断降低采购成本。

二、影响采购绩效评估的因素

影响采购绩效评估的一个重要因素是，企业高层管理人员如何看待采购业务的重要性以及它在企业中所处的地位。企业高层管理人员对采购业务的不同期望会对采用的评估方法和技术产生重要影响。

不同企业在采购绩效评估方面是不同的。导致这种状况的直接原因是各企业在管理风格、组织程度、委托采购上分配的职责不同，而不是由企业具体特征（如工业类型、生产经营类型等）造成的。影响采购绩效评估的因素主要有以下四种。

（一）业务活动

评估采购业务的绩效主要取决于与现行采购业务有关的一些参数，如订货量、订货间隔期、积压数量、安全库存量、保险库存量、采购供应率、现行市价等。

（二）商业活动

采购业务是一种商业活动，采购管理人员主要关注采购所能实现的潜在节约额。采购部门的主要目的是降低价格，以减少成本的支出。采购时要关注供应商的竞争性报价，以便保持令人满意的价位。采购绩效评估采用的主要参数是采购中的总体节约量（通常用每一产品组和每一客户表示）、市价高低、差异报告、通货膨胀等。

（三）物流因素

采购往往被看成是综合物流的一部分。企业采购管理人员盲目追求低价存在一定的风险，它可能导致供应商产品的质量和物流服务水平同步降低，即质量不稳定和供货不及时，影响生产正常进行。因此，供应商供货质量和物流服务水平应成为采购管理人员业绩评估的重要因素。

（四）商业方式

采购业务对决定公司的核心业务以及提高公司竞争力有积极作用。在这种情况下，管理人员评价采购绩效应主要考虑以下几个方面：基本供应量的变化（通常是减少量）、新的潜在供应商（订有合同的）的数量和已实现的节约额等。

上述几种管理层对采购的观点以及相应的采购绩效评估因素见表 8－1。

表 8－1　采购绩效评估因素

管理层观点	采购业务的等级地位	绩效评估依据
把采购看作一种业务	在组织中的地位低	订货量、订货间隔期、积压数量、安全库存量、保险库存量、采购供应率、现行市价等。
把采购看作一项商业活动	向管理人员报告	采购中的总体节约量、市价高低、差异报告、通货膨胀等。
把采购看作综合物流的一部分	采购同其他与材料相关的业务构成统一的整体	成本节约额、货物供应的可靠程度、废品率、供应到货时间的缩短量等。
把采购看作一项战略性经营职能	采购者进入高级管理层	基本供应量的变化（通常是减少量）、新的潜在供应商（订有合同的）的数量和已实现的节约额等。

三、采购绩效评估的目的

（一）确保采购目标的实现

各类企业的采购目标有所不同，如政府的采购单位偏重“防弊”，采购作业以“按期、按质、按量”为目标；而民营企业的采购单位则注重“兴利”，采购工作除维持正常的产销活动外，还非常重视降低产销成本。因此，各类企业可针对采购单位追求的主要目标加以评估，并督促其实现。

（二）提供改进绩效的依据

采购绩效考核与评估制度可以提供客观的标准，来衡量采购目标是否达成，同时，也可以衡量采购部门目前的工作表现如何。正确的绩效评估，有助于发现采购作业的缺陷所在，借此拟订改进措施，达到以评促改、以评促建的目的。

（三）作为各种人事考核的参考资料

良好的绩效考核与评估方法，能将采购部门的绩效独立于其他部门而突出显现，并反映采购人员的个人表现，可以作为各种人事考核的参考资料。依据客观的绩效评估，进行公平、公正、公开的奖惩，能鼓舞采购人员的士气，使整个部门团结协作，形成合力。

（四）协助人员甄选与训练

根据采购绩效考核与评估的结果，可以得出采购人员在德、能、勤、绩诸多方面的表现，并针对现有采购人员中存在的问题拟订改进计划，如哪些人员表现出色，可以委以重任；哪些人员存在问题，需要参加专业性教育训练；还有哪些人员不适合做采购工作，应转岗或下岗。

（五）改善部门之间的关系

采购部门的绩效高低和其他部门能否密切配合有很大关系。所以，采购部门职责是否明确，表单、流程是否简单、合理，付款条件及交货方式是否符合公司管理制度，各部门的目标是否协调一致等，均可以通过绩效考核与评估予以判断。绩效考核与评估还可以改善部门之间的合作关系，提高企业整体的运作效率。

（六）提高采购人员的士气

有效且公平的绩效考核与评估制度，将使采购人员的努力获得适当的回报。通过绩效评估，采购人员与业务人员或财务人员一样，对公司的利润贡献有客观的衡量尺度，成为受肯定的工作伙伴，对其士气提高大有帮助。

第二节 采购评估指标和标准

一、采购评估主要指标

采购作业必须符合适时、适量、适质、适价及适地等基本要求，因此，采购绩效评估应以采购作业的基本要求为中心，并以数量化的指标作为衡量采购绩效的指标。

（一）质量绩效

采购的质量绩效可由验收记录及生产记录来判断。前者是指供应商交货时，为企业所接受（或拒收）的采购项目数量或百分比；后者是交货后，在生产过程中发现质量不合格的项目数量或百分比。

（1）进料验收合格（或拒收）率$=\dfrac{\text{合格（或拒收）数量}}{\text{检验数量}}\times 100\%$

（2）生产使用合格（或拒用）率$=\dfrac{\text{可用（或拒用）数量}}{\text{使用数量}}\times 100\%$

若进料质量管制采用抽样检验的方式，则生产质量管制发现质量不良的比率，将比进料质量管制采用全数检验的方式高。拒收或拒用率越高，表明采购人员的质量绩效越差，因为其未能找到理想的供应商。

（二）数量绩效

当采购人员为争取数量折扣，以达到降低价格的目的时，可能会导致存货过多，甚至发生呆料、废料情况。

（1）存货费用指标。现有存货利息费用与正常存货利息费用的差额。

（2）呆料、废料处理损失指标。处理呆料、废料的收入与其取得成本的差额。

存货积压的利息费用越大，呆料、废料处理的损失越高，表明采购人员的数量绩效越差。不过此项数量绩效，有时会受到企业营业状况、物料管理绩效、生产技术变更或投机采购的影响，故并不一定完全归咎于采购人员。

（三）时间绩效

这项指标用以衡量采购人员处理订单的效率及对于供应商交货时间的控制。延迟交货，固然可能形成缺货现象，但是提早交货，也可能导致买方负责不必要的库存成本或提前付款的利息费用。

（1）紧急采购费用指标。紧急运输方式（如空运）的费用与正常运输方式费用的差额。

（2）停工断料损失指标。事实上，除了前述指标所显示的直接费用或损失外，还有许多间接损失。例如，经常停工断料，造成客户订单流失、作业人员离职，以及恢复正常作业的机器必须做的各项调整（包括温度、压力等）；紧急采购可能使得购入物料的价格偏高，质量欠佳，也会产生赶工时间必须额外支付的加班费用。这些费用与损失通常未估算在此项绩效指标内。

（四）价格绩效

价格绩效是企业最重视及最常见的衡量标准。通过价格指标，可以衡量采购人员议价的能力以及供需双方势力的消长情形。采购价差的指标通常有下列几种：

（1）实际价格与标准成本的差额。

（2）实际价格与过去移动平均价格的差额。

（3）比较使用时的价格和采购时价格的差额。

（4）当期采购价格与基期采购价格的比率同当期物价指数与基期物价指数的比率的差额。

（五）采购效率（活动）指标

以下是衡量采购效率的指标：

（1）采购金额。

（2）采购金额占销货收入的百分比。

（3）订购单的件数。

（4）采购人员的人数。

（5）采购部门的费用。

（6）订单处理的时间。

（7）新供应商开发个数。为使供应来源充裕，对单一来源的商品，通常要求采购人员必须在一定期限内扩增供应商家数。此绩效指标亦可以用单一来源商品占所有商品的比率来衡量。

（8）采购完成率。这是衡量采购人员努力完成采购作业的绩效指标。

$$\text{完成率指标}=\frac{\text{本月统计完成件数}}{\text{本月累计请购件数}}\times 100\%$$

完成件数有两种计算标准：一种标准是采购人员签发订购单结算，另一种标准是必须等供应商交货验收完成才结算。不过，采购人员若为提高完成率，使议价流于形式或过于草率，将得不偿失。因此，若无脱销的可能，完成率稍低也无妨。

（9）错误采购次数。这是指未依有关的请购或采购作业程序处理的案件，如错误的请购单位案件、没有预算的资本支出请购案、未经请购单位主管核准的案件、未经采购单位主管核准的订购单等。此等错误次数，应要求降至为零。

二、采购绩效评估指标体系

为有效、全面地进行采购业绩考核，应建立采购绩效评估指标体系，见表 8－2。

表 8－2　采购绩效评估指标体系

指标体系	内容
综合指标体系	主要包括质量、供应、实力、服务、成本、柔性、效率、稳定性等。
管理指标体系	主要包括人员流动比率、采购员工比率、信息系统配置、流程匹配度、监控力度、服务满意度等。
计划指标体系	主要包括认证计划准确率、订单计划准确率、紧急订单比率、库存合理度等。
认证指标体系	主要包括物料质量、物料成本、采购周期、付款周期、独家供应商比例、供应商流动比例、供应饱和度、采购柔性等。
订单处理指标体系	主要包括及时供应率、紧急订单完成率、库存周转率、组织效率、订单周期等。
开发指标体系	主要包括采购质量、采购周期、采购成本、项目完成及时率、设计方案更改次数等。

三、采购绩效评估的标准

有了绩效评估的指标之后，必须考虑依据何种标准，作为与目前实际绩效比较的基础。一般常见的标准如下。

（一）以往绩效

选择企业以往的绩效作为评估目前绩效的基础是相当正确、有效的做法。但要在企业采购部门组织、职责或人员等均没有重大变动的情况下，才适合使用此项标准。

（二）预算或标准绩效

如果过去的绩效难以取得或采购业务变化较大，则可以将预算或标准绩效作为衡量基础。标准绩效的设定有下列三个原则：

（1）固定的标准。标准一旦建立，则不再更改。

（2）理想的标准。即在完美的工作条件下应有的绩效。

（3）可达成的标准。即在现实情况下应该达到的水平，通常依据当前的绩效加以衡量设定。

（三）行业平均绩效

若其他企业在采购组织、职责和人员等方面均与本企业相似，则可与其绩效比较，以辨别彼此在采购工作成效上的优劣。若个别企业的绩效资料不可得，则可用整个行业绩效的平均水平来比较。

（四）目标绩效

预算和标准绩效是指在正常情况下，“应该”可以达成的工作绩效；而目标绩效则是在现实情况下，除非经过一番特别的努力，否则无法达到较高的水平。目标绩效代表企业管理层对工作人员最佳绩效的“期望值”。

四、采购绩效评估人员

（一）采购部门主管

由于采购主管对所管辖的采购人员最熟悉，且所有工作任务的指派、工作绩效的完成均在其督导之下，因此，由采购主管负责评估，可注意到采购人员的各种表现，兼顾监督与训练的效果。

（二）财务部门人员

采购金额占企业支出的比例非常大，采购成本的节约，对企业利润的贡献相当大；尤其在经济不景气时，对资金周转的影响也很大。财务部门掌握企业生产、销售、成本等数据，对资金的取得与付出也进行全盘管制，故采购部门的工作绩效可以让财务部门参与评估。

（三）物流部门人员

物流部门涉及仓储验收、退货换货和配送等业务。采购部门能否及时通知到货信息，处理退货、换货业务，供应商能否及时、准确交货等，与采购绩效有关。因此，相关内容应由物流部门参与评估。

（四）生产管理部门人员

采购业务的宗旨是为生产服务。及时供货、紧急订单完成、库存周转率、组织效率、订单周期和最小采购批量等对生产计划执行与库存控制有直接影响。相关内容应由生产管理部门参与评估。

（五）外界的专家或管理顾问

为避免企业各部门之间的本位主义或门户之见，可以特别聘请外界的采购专家或管理顾问，针对全盘的采购制度、组织、人员和工作绩效提出建议。

五、采购绩效评估方式

采购绩效评估方式可分为定期评估和不定期评估。

（一）定期评估

定期评估主要是和公司年度人事考核同步进行的对采购人员工作情况的评估，一般而言，以工作人员的工作表现作为考核内容，包括工作态度、合作精神、工作和学习能力、忠诚度、积极性等，但这些考核内容对采购人员的激励及工作绩效的提升并无太大作用。若能以目标管理的方式，即从各种工作绩效指标当中，选择当年重要性比较高的项目作为目标，年终按实际达成程度加以考核，则必能提升个人或部门的采购绩效。在采购人员自我评估的基础上，采购部门在月末或年末定期对各项采购任务的完成情况进行统计汇总，完成整个部门的阶段性绩效评估。使用这种方法，人们会刻意追求考核目标的提高而忽略其他方面，因此，对目标选择的全面性要求比较高。

（二）不定期评估

不定期评估是跟踪特定的采购项目，由项目执行人自己根据具体情况的变化而随时进行的评估。一项采购任务完成以后，采购人员本身就要对该项采购任务的完成情况有一个总结和评估。不定期的绩效评估以特定项目方式进行，例如，公司要求某项产品的采购成本降低 8%，当设定的期限一到，即评估实际的成果是否高于或低于8%，并就此成果给予采购人员适当的奖惩。因此，此种评估方式对提升采购人员的士气有相当大的作用。这种评估方式特别适用于新产品开发计划、资本支出预算、成本降低专项方案等。

六、采购绩效考核与评估的技巧

（一）书面描述法

一种评价的好坏，可能不仅取决于员工的实际绩效水平，而且与评估者的写作技能有很大关系。

（二）关键事件法

只述及具体的行为，而不笼统地评价一个人的个性素质。为某一个人记下一长串关键事件，就可以提供丰富的例子，即员工指明他（她）有哪些期望的或不期望的行为。

（三）评分表法

这种方法便于进行定量分析和比较。

（四）行为定位评分法

这种方法综合了关键事件法和评分表法的要素，考评者按某一序数值尺度对各项指标打分。这种方法侧重于具体可衡量的工作行为。它将职务的关键要素分解为若干绩效因素，然后为每一绩效因素确定有效果或无效果行为的一些具体示例，其结果可以形成诸如“预测”“计划”“实施”“解决眼前问题”“贯彻执行命令”“处理紧急情况”等的行为描述。

（五）目标管理法

管理者通常强调利润、销售额和成本这些能带来成果的结果指标。

第三节 提升采购绩效的措施

一、改进采购绩效的途径

随着大部分产品进入微利时代及中国加入世界贸易组织，国内企业将与国外企业在同样的游戏规则下展开竞争，优胜劣汰将不可避免。在这种大背景下，采购部门承担的责任越来越重，这就迫使采购人员想办法提高绩效。同时，具有丰富经营知识和经营经验的专家，深入到经营现场和采购人员密切配合，运用科学的方法，根据一定的指标体系，对商品采购绩效做出定量评价或确有论证的定性分析，以便企业对商品采购活动进行改进。下面具体介绍几种改进采购绩效的途径。

（一）营造良好的工作氛围

如果采购组织内部存在激烈的矛盾，采购人员与供应商之间互相不信任，缺乏合作诚意，那么采购人员无法将全部精力投入在工作上，这样就会降低采购的绩效。因此，对于任何采购组织，包括供应商，融洽、和谐、流畅的工作氛围是做好各项工作的基础。

（二）更新采购业绩评价的理念

采购绩效的提升需要先进的理念、扎实的态度和勤奋的工作。

1. 建立全面采购成本的观念

从降低采购价格向降低采购成本目标转化。采购成本包括采购价格和非价格因素成本，而非价格因素成本是指因供应商的商品质量、交货期和售货服务等存在问题而给买方增加的成本。

2. 强化跨部门协作和前期参与

降低采购成本从产品设计开始。采购部门前期参与新产品开发或工程建设，有利于对设计人员施加影响，推进产品标准化，同时可以使采购与工程建设同步化，缩短采购周期，降低采购成本。

3. 加强供应商管理和资源整合

通过加强供应商管理和优化，充分利用供应商技术、服务及劳务成本等优势，实现部分不增值的业务活动外包，降低供应链中的成本，达到双赢。

（三）强化内部管理

管理的根本是管人，雇员是企业最宝贵的资产。与其他部门相比，采购部门对人的依赖性更大，采购工作的大部分内容是人与人的交往。

从管理角度去提升商品采购绩效主要有以下几个方面：

（1）在企业内建立合格的采购队伍（团队），提供必要的资源。

（2）选聘合格人员担任采购人员，给予必要的培训。

（3）给采购部门及采购人员设立有挑战性但又可行的工作目标。

（4）对表现突出的采购人员给予物质及精神上的奖励。

（四）加强与供应商的合作

供应商的表现对采购绩效有很大影响，而供应商与采购商的关系又在很大程度上制约着采购绩效的提升。加强与供应商的合作能够有效地提高采购绩效，与供应商联手实现降低商品采购成本的途径如下：

（1）与供应商共同制订可行的成本降低计划。

（2）与供应商签订长期的采购协议。

（3）供应商参与到产品设计中去。

（五）充分应用科学技术

在企业的采购过程中，要充分应用科学技术，如电话、传真等传统通信技术虽已被使用了几十年甚至上百年，在今天仍发挥着重要作用，但当下新的通信技术如微信、线上会议等也要充分运用。

二、标杆管理

标杆管理最早出现于20世纪80年代前后的美国施乐公司。绩效标杆就是拿自己与最好的比较。而标杆管理就是一种建立绩效标准、过程、测量方法和目标的方法。标杆管理本身并不是一种专门用于采购或者供应链管理的方法，而是企业和部门层次的管理者使用的一种方法。

（一）标杆管理概述

标杆管理是一种通过和该企业最大的竞争者或者行业领导型企业进行比较，对产品、服务、流程、行动和方法进行连续评价的方法。一般来说，标杆管理过程要求通过同最好的企业比较获得测量绩效，发现最好的企业是如何实现它们的绩效水平的，并且把这些信息作为建立本企业目标、行动和战略计划的基础。

1. 标杆管理的类型

标杆管理包括战略标杆管理、运营标杆管理和支持性活动的标杆管理三种类型。

（1）战略标杆管理。它要求将自己企业的市场战略和其他企业的市场战略进行比较。利用这些信息，企业可以建立战略和计划，以便对抗和预测竞争者的情况。

（2）运营标杆管理。它是指采购部门进行标杆管理比较后所应采取的活动。选择建立标杆的部门和活动是运营标杆管理成功的关键，企业应该选择获得最高收益率的职能活动作为标杆。

（3）支持性活动的标杆管理。在这个过程中，企业内部的支持性部门可以通过与外部供应商提供的同样的支持性活动或者服务进行比较，以表明自己活动的成本效用。

2. 标杆管理成功的影响因素

在实施过程中，有一些因素对标杆管理的成功起了重要作用。员工必须把绩效目标管理看作是企业建立目标和竞争战略的一个永久部分，管理层支持绩效管理很重要。企业必须愿意做一些收集数据信息的必要工作，找出某一项活动哪个企业做得最好，发现为什么该企业做得最好，并且量化标杆管理的绩效考核标准。标杆管理过程的成功依赖于详细而准确的标杆管理数据和信息，它们转而成为企业活动计划和绩效目标的一部分。管理部门必须把标杆管理看作是向外部企业学习和持续提高企业内部运行水平的有效途径。

（二）实施标杆管理的过程

虽然基准化类型很多，具体步骤、描述方式等存在不同之处，但基本步骤是相似的。其大体步骤如下。

1. 选择标杆管理目标

进行标杆管理，首先确定企业想要进行基准化的业务流程、职能部门等。一般是企业感觉到其某方面工作的绩效太差，或在竞争的压力下认为有必要提高工作效率，改善工作的效果，因而选用基准化的方法来进行评估和改进。在这一步骤中，要挑选、培训并建立学习基准化的团队，要决定收集资料、考察现状的方法。应该向第一线的工作人员了解该业务流程、职能部门存在的问题和缺陷，掌握其工作原理，以便进行比较分析。可以说，这是整个标杆管理的准备阶段。

（1）选择怎样的标杆管理目标。标杆管理的目标往往是企业与采购相关的关键流程或职能的优化或协调，如采购部门与销售、研发、生产等其他部门的协调，供应商评估与管理，库存周转模式等。

（2）建立怎样的学习团队。标杆管理的整个过程应当由专门的团队负责执行，这个团队要有领导者、标杆管理过程的管理者、参与标杆管理过程的一线工作人员、标杆管理的受益人。团队的组成是为了完成基准化，因而成员们要有积极学习的精神，要了解本企业进行基准化的目的、基准化的步骤等。

2. 确定最佳的比较目标

在大量搜集有关信息和有相关专家参与的基础上，针对不同情况确定不同的比较目标。可以在企业内部寻找绩效较好的部门作为比较目标，也可以在行业内找其他先进企业作为比较的目标，甚至可以将不同行业先进企业的某个业务流程、管理方式等作为比较目标。寻找比较目标时，绩效最高的并不一定就最合适，要综合考虑其规模、组织结构、产品特点、技术特征等因素，选取与本企业具有可比性的企业作为比较目标。

3. 确定基准化项目

在这一步骤中，要找到衡量本企业与比较目标企业绩效的具体项目及其指标，这需要进行一系列的工作。

（1）要通过实地调查、搜集数据、处理数据、加工数据、分析比较等，了解比较目标企业的信息，整理得到以下两个方面的情况：一是比较目标企业的现有绩效水平如何，如企业的市场占有率、盈利率、成本结构、工资水平、企业技术领先程度、具有自主知识产权产品的数量、企业客户稳定性等；二是比较目标企业是采用怎样的方式达到这一绩效水平的，包括工作过程组建、信息系统支持、培训、企业文化、经营模式等方面的内容。

（2）与本企业现有的经营模式进行比较，寻找差距，为企业找到改进的方向与方法。当比较目标是同一个行业中的企业时，核心竞争力和衡量指标大致相同，可方便地进行比较分析；当比较目标是其他行业的业务流程、职能部门时，要找到将其指标进行转化和类比的方法。选择不同行业的一个优秀企业的采购流程作为基准化的目标，虽然采购货物有所不同，但是很多衡量指标是可比的，像有关供应商评估、采购人员管理等方面的指标。

具体操作时要将有关指标全部列出来，一一比较进行打分，或者绘制矩阵图，通过对比分析，区分有优势的方面和有劣势的方面，然后针对差异程度采取适当的方式进行改进。

4. 制订计划并付诸实施

这是实施标杆管理最终的和关键的一环。首先要在本企业内部从思想上达成共识，创造一种环境，使企业全体员工都能够自觉自愿地欢迎变革、进行学习，共同努力实现企业绩效的提升；然后要制订一系列行之有效的计划，并积极付诸行动，向比较目标的基准努力。只有这样，才能够实现提高绩效和竞争力的目的。

5. 评估结果

实施基准化管理是一个循序渐进的过程，需要付出长期努力。在这一过程中，无论是本企业还是比较目标企业的发展信息都是动态的，因而不能忽视一项重要的后续工作，即检查和审视改进的进程，并不断调整标杆管理的目标，使目标切实可行又不乏挑战，只有这样，才能符合本企业提升绩效的实际需求。

第九章 企业业务外包

第一节 业务外包概述

一、外包的概念

“外包”的英文单词是 Outsourcing，直译为“外部寻源”，指企业整合、利用其外部最优秀的专业化资源，达到降低成本、提高效率、充分发挥自身核心竞争力和增强企业对环境的迅速应变能力的一种管理模式。

当今社会，技术日益进步，制品的制作流程越来越复杂，工厂的产量庞大惊人，制品所需的物料、零件若要全部在本厂内生产，就会导致投资过大，经营风险增加，而生产专用性不强。只有将部分增值性不强的生产业务外包出去，才能发挥企业核心竞争力。因此，业务外包乃时势所趋。此外，由于国际贸易的发达与国内生意的昌隆，贸易商或企业本身没有生产工厂，所接到的订单只好依赖其他厂商来承制，从而产生贸易商或一般企业的发包现象。

外包又称外协，是指采购方委托供应商根据其所提供的设计图纸、工艺和质量要求制造或加工产品，或由供应商根据采购方要求提供产品。这种合作关系通常被称为外协关系，这类供应商通常被称为外协供应商，而由供应商提供的产品叫作外包品或外协件。

企业在内部资源有限的情况下，为取得更大的竞争优势，仅保留其最具竞争优势的功能，而把其他功能借助于整合、利用外部最优秀的资源予以实现是十分必要的。企业内部最具竞争力资源和外部最优秀资源的结合，能产生巨大的协同效应，使企业最大限度地发挥自有资源的效率，获得竞争优势，提高对环境变化的适应能力。截取企业价值链中比较窄的部分，缩小经营范围，重新配置企业的各种资源，将资源集中于最能反映企业相对优势的领域，构筑自己的竞争优势，获得使企业持续发展的能力。

二、业务外包的产生与发展

业务外包是工业经济时代已经形成的社会分工与协作组织在当今知识经济条件下的发展与演化。早在 20 世纪 20 年代，美国福特公司就开始在产品零部件标准化基础上形成流水作业线，生产出具有规模效益的 T 型车的生产组织实践，并实现了零部件供应的外部化。发展到 20 世纪下半叶，标准化、全球化的组装生产模式已遍及全球。从工业时代全球化的协作生产到知识经济时代的战略性业务外包是一个不断演进、从量变到质变的连续过程，这种变化有其产生的必要性和必然性。

（一）以信息产业为标志的新兴技术的兴起，带动整个社会经济的迅速发展，整个社会经济处于重新整合的时期

信息技术的发展从根本上改变了企业管理模式，拓展了企业的界限。过去由于市场交换中的信息搜寻、协作分工而付出的成本比较高昂，所以企业必须把研发、生产、销售等一系列活动集中在自己的内部进行。随着网络技术的兴起、管理信息系统的完善、集成制造技术的普及和电子商务的发展，企业间跨越时空障碍的合作日益便利，大大降低了企业协作的交易费用。企业之间可以结成动态联盟，把精力和资源集中在自己最擅长的活动上，而把自己不擅长的工作交给合作伙伴来完成。以信息网络为依托，通过对企业的内部优势资源和外部优势资源进行迅速、有效的整合，企业可以取得更大的竞争优势。

（二）相关行业的发展趋于成熟

相关行业主要是指各种零配件或资源的供应商所组成的行业，这些行业的成熟会形成行业内企业较好的竞争格局。经济学已经证明，上下游企业的资产专用性程度越高，通过市场交易方式的成本就越高。而供应方或需求方的竞争越趋于完全竞争，上下游企业的资产专用程度就越低，进而通过市场交易方式的交易费用就越低，资源配置效率就越高。随着行业日趋成熟，市场交易成本大大降低，业务外包的规模相对于整个行业的规模比例会越来越大。

（三）竞争日益国际化，使市场范围大规模地扩大，这将促使专业化进一步发展

随着社会专业化的发展，大量企业调整（主要是缩小）经营范围，以便更好地利用社会分工所带来的好处，从企业战略角度考虑，这个过程就是业务外包。最后，市场成熟和体制健全降低了企业之间交易的不确定性，提高了企业间交易的效率，使业

务外包战略运营成本大大降低。

（四）业务外包促使外部企业与供应商的合作关系更密切

在全球经济一体化的今天，中国已成为世界工厂。企业业务外包不仅在国内，而且在全球范围内迅速发展。目前，制造企业由于业务外包而越来越重视供应商的开发与管理，利用优质外部资源，同供应商合作追求双赢成为业务外包长期发展的目标。供应商已成为外包企业不可缺少的产品、生产技术、服务等资源的提供者。

三、业务外包的特征

业务外包作为一种企业获得竞争优势的新途径，具有以下几个特征。

（一）并行的作业分布模式

由于企业把非特长的经营活动交给其他企业完成，这使传统企业运作方式中时间和流程上处于先后关系的有关职能和环节得以改变。企业各项活动在空间上是分布的，但在时间上却可以并行。例如，企业在研发时，合作伙伴可能正积极生产或营销该企业产品。并行的作业模式提高了企业的反应速度，有利于企业形成快速反应优势。

（二）在组织结构上，实行业务外包的企业由于业务精简而具有更大的应变性

对实行业务外包的企业来讲，由于大量非特长业务都由合作伙伴来完成，企业可以精简机构而变得更精干，中层经理传统上的监督和协调功能被计算机网络所取代，金字塔状的总公司、子公司的组织结构让位于更加灵活的对信息流有高度应变性的扁平式结构，这种组织结构将随着知识经济的发展越来越具有生命力。

（三）以信息技术为依托实现外部资源的整合

实行业务外包的企业以信息网络为依托，选用不同公司的资源，与这些具有不同优势的企业组成靠电子手段联系的经营实体，企业成员之间的信息传递、业务往来和并行分布作业模式主要由信息网络提供技术支持。如在企业协调方面，计算机支持和群体协同工作环境为外包企业提供全新的协调管理方式，它综合应用计算机和通信技术、分布式技术、人工接口技术、管理科学和社会科学等理论成果，提供系统服务、基本协同服务和任务协同服务三种基本的协调功能；在企业决策方面，实行业务外包的企业采用基于并行工程环境的群体决策模式，包括充分利用互联网信息服务和 ERP 系统，建立企业决策支持系统，利用多智能决策模式，同时与供应商实现信息共享与生产物流同步化等。如目前汽车制造企业同外协供应商实现生产计划与物料需求信息共享，供应商根据外包企业的生产物料需求进度进行准时化供货，不仅降低了外包企业库存，而且使供应商生产与外包企业需求同步化，降低生产的盲目性，避免库存

积压。

(四) 业务外包企业可以专注于核心竞争力的发展

业务外包的目的在于巩固和提高自己的核心竞争力，建立自己的优势。业务外包明显区别于兼并，后者聚焦于市场的外部扩张行动，如通过兼并企业扩展市场规模，而业务外包有时甚至是规模减缩的过程。这种内部化过程不需要对核心竞争力要素的长期积累，而是直接把原有的资源应用于巩固、发展核心竞争力上，从而迅速建立核心竞争优势。可以说，业务外包是建立竞争力最有效的途径。

四、业务外包与采购的区别

大部分企业的业务外包与采购有所不同，业务外包侧重于与供应商建立特定的合作关系，由供应商提供个性化的产品和服务，而采购侧重于一般商品的购买。业务外包与采购的区别见表 9-1。

表 9-1 业务外包与采购的区别

项目	业务外包	采购
合作关系	● 双赢伙伴关系 ● 双方之间相互给予支持	● 一般买卖关系 ● 单纯的商品交易行为
制造方法	根据采购方的设计规格进行生产	● 物料通用性规格 ● 采购方根据一定的目录订货
交易形态	采购方可提供物料，也可不提供物料（零件），其交易具有买卖与外包两种因素	单纯的商品交易
交货后发生事故的处理	由供应商负一切责任	采购方未付款时还可以找供应商负责，付款后，采购方自负全责
隐藏的瑕疵被发现后	● 采购方可以根据契约内容，在一定期限内要求供应商修补，或者提出赔偿请求 ● 采购方与供应商共同分析产生隐形质量问题的原因和研究提高质量水平的解决方案	采购方根据契约内容，过了验收期限，意味着采购方对质量的默认，失去索赔权利
付款期限	采购方收到货后或物料被消耗后一段时间内付款	采购方先付款或货到很短时间内付款

五、业务外包的原则

业务外包应遵循以下几个原则。

(一) 优势互补、实现双赢的原则

企业业务外包的主要目的是发展自身核心竞争力和降低运营成本，只有供应商的

产品质量更好，生产成本更低，优势互补，实现双赢，才能达到各自的目的。

（二）确立长期而稳定的合作原则

业务外包必然涉及供应商模具制作、设备添置、技术保密、独家供货等问题，只有建立长期的合作关系，才能使双方利益得到保障，双方合作才能保持稳定、可持续发展。

（三）降低成本、提高核心竞争力的原则

企业通过外包，利用供应商技术、生产、成本等优势，将附加值较低的非核心业务外包出去，将主要资源投入到核心业务中去，使企业获得更好的经济效益。

（五）不断优化供应商，使供应商持续改进的原则

通过考核供应商绩效，发现供应商存在的问题，帮助供应商持续改进，同时不断优化采购渠道。

（六）规避合作风险的原则

在与供应商合作过程中，会遇到意想不到的风险，如质量问题、质量检验分歧、产能限制、要求涨价等，企业在外包协议中必须有防止合作风险的相关条款，包括知识产权保护、产品责任、价格调整规则、违约责任等条款，规避业务外包的风险。

第二节 外包的方式

一、业务外包的原因

企业为满足市场需求，不可能将生产所需的资源全部自己制造。企业不得不把其中的部分零件交由供应商来制造，并设法对其加以管理。

企业业务外包的目的在于有效利用供应商的资本、设备、技术、劳动力等，借此生产品质更佳、价格更低和更具竞争力的产品。

由于企业间的竞争日趋激烈，加上企业规模的扩大、制品的分工化、技术的专业化，业务外包企业能否同供应商建立良好的合作关系，充分利用供应商技术、质量、成本等优势，直接影响外包企业的经营绩效。因此，供应商管理便成为企业经营的重要课题。一般而言，供应商具有下列功能。

（一）利用供应商产品开发设计、生产技术装备和质量等方面的优势

随着全球经济一体化的发展趋势，企业为提升产品核心竞争力必须寻找在某些产

品、零部件的开发、设计、质量等方面具有独特优势的供应商进行合作。例如，企业生产某种产品时要用到铸造、锻造、镀金加工、塑胶成型等专门技术，或是特殊设备的零件、加工作业，若外包企业本身没有这些技术与设备，就不得不发包给外面的专门工厂去制造、加工。这样有利于企业缩短产品开发周期，提高产品质量和产品知名度。

（二）利用供应商产能弥补生产能力的不足

外包企业的生产计划通常是根据订单的状况以及销售计划而定的。为了达成生产计划，当企业本身的生产能力无法应对生产计划时，就应设法由供应商来制造。外包企业出现生产能力不足的情形可以分成下列几种：

（1）客户订单突然增加需要增产时。突然增产时，由于情况突如其来，无法在短期内增加设备，因此，除了依照原有的生产能力增产外，不足的部分就不得不外包给供应商来生产。

（2）接获偶然的一次性订单时。企业接获偶然的一次性订单，如果为生产某个零部件而增加生产设备，往往会在经营上带来风险，因此，把这部分业务外包给擅长开发和生产这种零部件的供应商。

（3）因资金短缺无法扩充设备时。尽管企业销售规模不断增长，但扩充生产设备需要巨额资金，而企业一时无法筹措这笔资金，只好把增产的部分持续地外包给供应商。

（4）规避扩大投资规模风险。尽管企业具有扩充设备的资金能力，但是，有时增加设备会增加固定投资规模，加大企业经营风险，反而不如外包划算，此时生产业务外包是明智的选择。

（三）降低生产和物流成本

专业化生产不仅技术先进、质量优秀、服务水平高，而且具有规模经济效益，生产成本低。在制造业，由于构成产品零件的种类、数目甚多，材质、形状、规格也是千差万别，且须靠各自的专门技术与工程的分工才能完成，因此，所需的加工、搬运、检查、储存上的设备和管理费用就是一笔相当大的数目，只有生产专业化、规模化才可以降低成本。因此，自己生产不如外包给具有成本优势的供应商划算。

（四）稳定或提高产品质量

许多零件在本企业内无法自制，即使能够自制，也可能品质不稳定或质量低劣，于是势必要寻找供应商来帮忙，供应商商品品质调查、样品试制、认可及进料检验等就成为外包企业品质管制中重要的项目。

（五）减少企业的经营风险

有时企业技术水准已足够，然而由于零件需求量太小，投资设备不划算。有时企业技术水准已足够，零件需求数量也很大，但市场需求预测不准，风险相当大。企业的经营应重视风险的减少，外包给供应商去制造，就可以减少企业的风险。

（六）其他原因

企业为规避新产品开发风险，往往先外包给供应商开发生产，待市场销量打开、技术成熟后，再自行生产。

二、业务外包方式

外包企业与供应商务必站在共存共荣的立场上，履行外包、承包契约。外包企业的经营者应设法与供应商经营者充分沟通，共同决定外包方式，双方还须时常寻找机会，积极商洽，检讨改进，以期彻底执行外包协议，使整个外包工作获得理想的效果。

业务外包方式主要包括以下几种：

（一）独占培养的外包方式

只准许接受外包企业的订单，不准许接受其他企业的订单。独占培养的外包方式主要适用的情况：为供应商提供设计图纸、生产技术或模具等，为防止技术流入第三方。

（二）自由开放的外包方式

不约束供应商的自主性；供应商不受发包企业的支配，可以接受任何企业的订单。这种供应商可以凭借其独创性和各种能力不断发展，由于少受发包企业的扶植、援助，必须以自己的立场从事独立性的经营。这种类型算是进步而理想的类型。自由开放的外包方式主要适用的情况：供应商拥有知识产权，并希望供应商扩大生产规模，不断降低成本。

（三）产品集成的外包方式

将原有众多的零部件采购和组装业务外包给某个供应商进行采购、组装或预装，由供应商提供更大的零部件单元。这种外包方式又称为模块化采购，既有利于扩大供应商的供货规模，也有利于降低采购方的采购风险、物流成本和库存，是一种新型的业务外包，在汽车制造行业应用特别广泛。

产品集成的外包方式主要适用的情况：产品结构复杂、供应商众多，通过产品集成外包，可以减少供应商数量，扩大供应商供货规模。

（四）委托代理采购的外包方式

对于采购风险大、需求量小、采购成本高的物料或备品备件，委托专门代理商进行采购，或指定品牌和采购渠道由供应商采购供货。

委托代理采购的外包方式主要适用的情况：采购需求量小、采购成本高的物料或备品备件、标准件等。

（五）供应商管理库存的外包方式

由供应商根据采购方的需求计划，预先将物料存放在采购方的仓库或第三方物流仓库，不占用采购方库存资金，是一种库存管理外包的形式。

供应商管理库存的外包方式主要适用的情况：存储物料金额不高但库存管理成本高的物料。

（六）物流配送的外包方式

对于笨重、体积大和易碎的物料，由供应商根据采购方的需求计划，将物料直接配送到生产现场的供货方式。

物流配送的外包方式主要适用的情况：配送笨重、体积大和易碎的物料，如汽车座椅、车桥和包装材料等。

第三节 自制与业务外包决策

自制与业务外包决策是企业的重要决策之一，也是企业生产战略以及企业核心业务发展的重要组成部分，它受企业的经营战略、产品技术水平、工艺水平、质量水平、生产能力、开发与生产成本、投资能力、供应商相关能力与供应商关系等诸多因素影响。随着经济全球化的发展，业务外包相对于自制的比例呈现不断扩大的趋势，而且在国外市场或全球市场业务外包的比例也越来越大。

一、业务外包决策需要处理的关系

（一）与企业战略的关系

制造企业在开发生产新产品时，哪些产品或零部件自己制造，哪些需要外包，首先要同企业的核心业务相适应，要同企业的生产经营战略相适应。自制部分必须是企业现有设施、能力所能承担的，而且具备质量和成本优势。一般而言，企业自制的产品或零部件都是具有本企业特色的、能体现本企业产品优势的核心部分。此外，要结合考虑投资方向、产品、技术与工艺发展战略等因素。

企业生产业务发展通常有 A、B、C 三种战略选择，如图 9－1 所示。

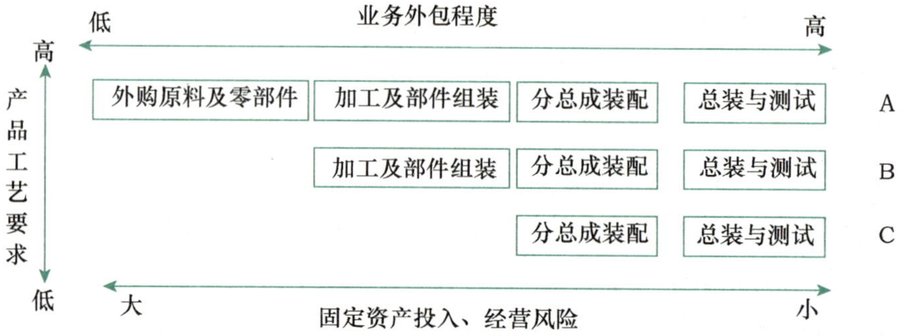

图 9-1 企业生产业务发展战略

（1）战略 A。企业在发展初期，生产规模小，产品未定型，供应链尚未形成，从原材料采购、加工到组织由企业自己完成，生产工艺复杂，工序繁多，设备投资大，生产周期长，遇市场需求波动，生产经营风险大。

（2）战略 B。部分业务外包，关键零部件自己加工，以装配为主，产品生产附加值得到提升。

（3）战略 C。大部分零件加工与组装业务外包，以装配和测试为主，产品生产附加值得到进一步提升。以实行生产运作信息化和自动化为手段，以提高生产效率和降低成本为目标，以产品开发设计为核心竞争力，是现代企业发展的趋势。

（二）与产品开发能力及工艺水平的关系

自制或外包决策在现有产品与工艺水平方面主要考虑以下几点：

（1）产品中的通用件、标准件的比例。对于不影响产品核心性能的零部件应尽量采用通用件或标准件，以降低成本、提高专业化水平，相应的采购比例会提高。

（2）产品中零部件的技术性要求或安全性要求能否满足有关标准。如果本企业的设施及水平对某零部件的生产无法满足产品销售国家或地区相应的技术性或安全性要求，则该零部件必须考虑选择符合要求的供应商外购供应。

（3）本企业对产品中零部件的技术与工艺知识掌握程度以及相应的工艺与技术水平、生产能力等。如果本企业不具备相关零部件的技术开发与工艺生产条件，自然应该考虑外购。

（三）与质量体系的关系

本企业的质量保证体系、质量水平、质量检测与控制手段、过程质量控制能力、质量改进能力等能否满足产品中自制零部件的质量要求，是自制或外包决策必须考虑的重要因素。其中质量保证体系、质量水平、质量改进能力更大程度上反映了企业主导产品的质量管理水平，而相应的过程质量控制能力、质量检测与控制手段则是考虑零部件生产可否自制的主要因素。

（四）与产能的关系

产能是确定自制或外包的重要因素之一。企业接到客户订单后，因产能限制无法在规定时间内交货时，一般就通过生产外包解决问题。

（五）与成本的关系

自制或外包决策最终的考虑因素是成本的问题，在综合考虑企业战略、技术水平、生产能力、质量与供应能力的同时，综合分析产品中零部件自制与外购的成本，计算比较自制与外购的零部件价格、投资以及综合效益等也是自制与采购决策中关键的一步。

（六）自制或外包决策的程序与发展趋势

自制或外包决策归根到底反映在产能、质量、技术和成本等方面。业务外包的优点与缺点见表 9－2。

表 9－2　业务外包的优点与缺点

优点	缺点
● 使投资集中在关键业务。 ● 可优化利用供应商的技术、设备和经验。 ● 灵活性强，可利用供应商的能力消化生产负荷波动。 ● 有利于缩短交货期，提升对客户快速反应的能力。 ● 将采购、研发和投资风险转移给供应商。 ● 降低产品整体开发和运作成本。	● 易对供应商产生依赖。 ● 当供求关系发生不利变化时，存在对供应商难以控制的风险。 ● 存在信息和技术泄密的风险。 ● 存在供应商成本信息不透明问题，需要不断调查市场供求关系，跟踪供应商成本构成变化。

随着经济全球化、技术现代化的发展，采购外协的比例呈不断扩大的趋势，而且在国外市场或全球市场采购的机会和比例也会越来越大。

自制或外包决策通常遵循以下程序：设计或工程部门负责根据产品技术方案提出有关的产品零部件清单及相应的图纸、技术要求，采购部门根据技术文件会同工程设计、质保、生产管理、成本分析等部门，按照相应的要求针对有关的零部件进行自制或外包分析。自制或外包分析必须建立在充分的供应市场调研的基础上，结合本企业的经营战略、产品开发能力及工艺水平、质量体系、供应保障和企划水平、成本与效益分别对自制与采购的优点、缺点进行比较分析，在此基础上提出自制或外购件清单及分析报告，然后由采购经理提交给企业高层领导及相关部门。

二、业务外包的决策分析

虽然实施外包战略能帮助企业降低成本，增强竞争优势，提高质量、效益和市场占有率，但是，一旦外包失误，也会给企业带来相应的风险，如技术泄漏、外包质量、外包管理和企业融合的问题。所以，外包决策对企业能否获得竞争优势是至关重要的。

（一）自制或外包决策矩阵

是否外包取决于企业所处的特定环境，大多数企业存在如图 9－2 所示的自制或外包决策矩阵。不过，由于采用自制和外包业务份额的比例不同，所以各象限大小也会有所不同。

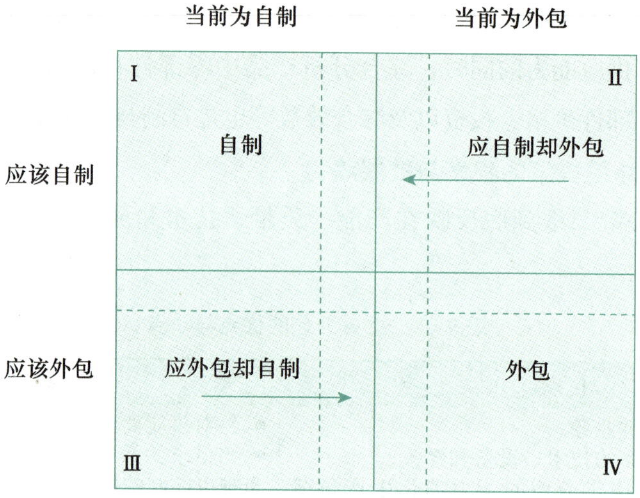

图 9－2　自制或外包决策矩阵

第Ⅰ象限表示应该自制且目前确为自制的职能、任务和活动；第Ⅱ象限表示应该自制却在外包的职能、任务和活动；第Ⅲ象限表示应该外包却在自制的职能、任务和活动；第Ⅳ象限则表示应该外包也确实为外包的职能、任务和活动。第Ⅰ象限和第Ⅳ象限比较稳定，因为事物的现状和理想状况相符。而第Ⅱ象限、第Ⅲ象限则不然，由于一些经济或非经济因素，它们都有改变现状的压力。

明智的决策者会果断改变现状，一开始就避免落入第Ⅱ象限和第Ⅲ象限。图 9－2 中的虚线内表示无法明确“最佳决策是什么”的模糊区域。对于落在虚线里的，尤其是靠近图 9－2 中央的那些职能或活动，需要对区域外部的活动更仔细地进行分析和判断。

决定自制或外包决策一般有三种比例关系可供选择，如图 9－3 所示。

形式 1：企业主要靠自制，自制产品具有明显的市场竞争力，如企业拥有独特的制造设备和核心制造工艺等。

形式 2：企业在产品自制与外包间选择平衡，做出最有利的决策，如企业因设备投资、产能限制等，将部分产品制造外包。

形式 3：企业产品制造以外包为主。如企业把产品设计、市场营销作为核心竞

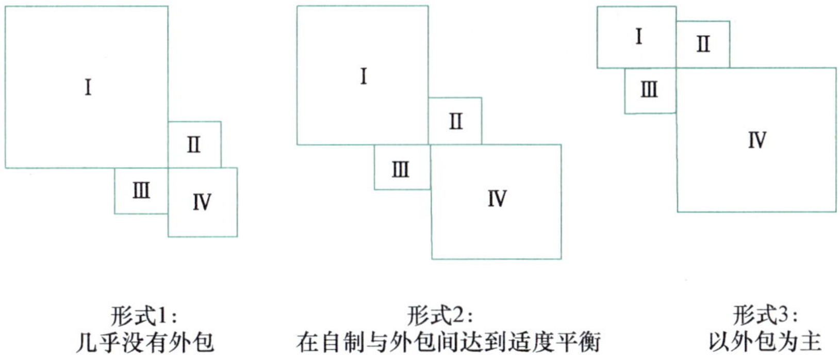

图 9－3　自制与外包的比例关系

争力。

总之，企业决策者在实施外包策略时，应把企业内部的资源集中在那些核心业务，而将非核心业务外包给供应商。埃森哲咨询公司在外包策略方面提出了一个矩阵，如图 9－4 所示。

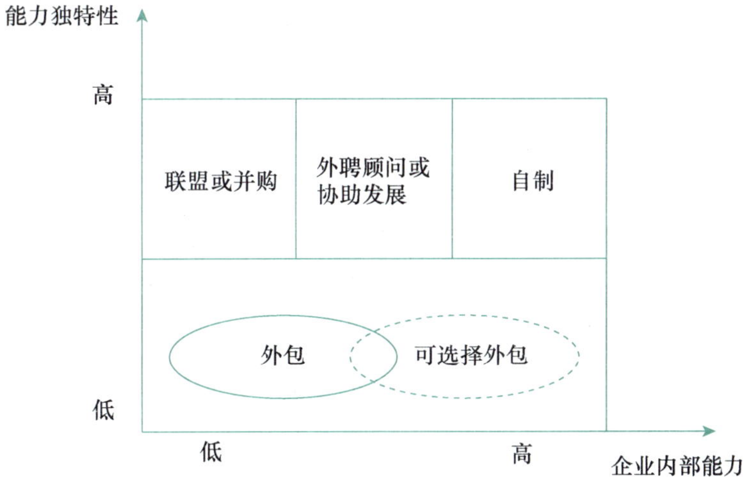

图 9－4　埃森哲的外包策略矩阵

埃森哲咨询公司认为，将非核心的而又不会令企业被排挤出供应链的业务外包给供应商，企业便能以较低的成本获得更好的产品和服务。

(二) 外包决策过程

外包决策取决于许多因素，企业必须基于自己的目标、长期战略等来评价这些因素。值得注意的是，在外包决策过程中，在没有认清企业核心竞争优势之前，要想从外包中获得利润几乎是不可能的，因此，确定企业核心竞争力至关重要。企业外包的决策过程如图 9－5 所示。

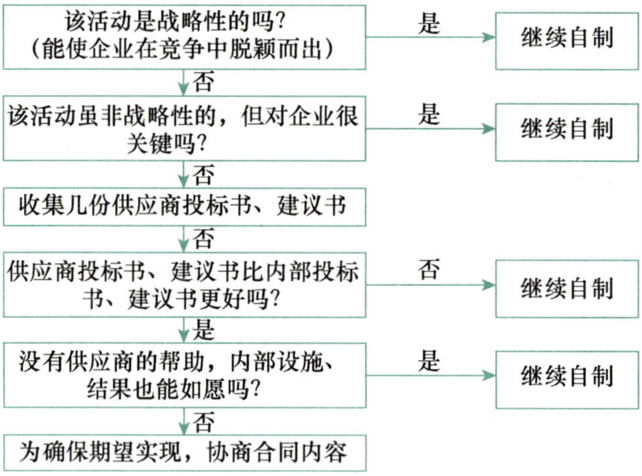

图 9-5　企业外包的决策过程

三、外部供应的风险分析

随着大型跨国公司通过外包战略获得了巨大成功，取得了非凡业绩，外包已然成为各行业的大势所趋。但是，外包并不能包治百病。早在 20 世纪 90 年代初，一些外国学者就指出外包会给企业新增许多风险，并非所有企业都需要外包或适合外包，企业必须有选择性地进行外包。大致的风险如下所述。

（一）不可预知的隐性成本

很多企业在进行外包时，往往只注重短期成本，而没有对长期的、隐性的成本给予充分重视，导致外包后期成本激增，其主要表现如下：

（1）虽然已经将某些工作外包出去，但企业仍然要对整个过程进行管理，以保证外包的成果满足企业的需要。

（2）对于供应商提供的服务或产品，企业需要经过一个内化过程。这一过程隐藏了许多并行工作、再度研发、调试等费用。因此，企业不能只看到短期利益，更应该关注隐藏成本所带来的风险。

（二）经营管理环节的不可分性

外包模式适用于那些成熟度高、可分性强的经营管理环节，但是，随着生产技术的不断进步和生产体系的日益复杂，企业经营环节越来越趋向于整体的交互式连接。

若是不考虑技术的不可分性，而是将技术机械地拆分为几个孤立的单元，将其中不重要或次重要的单元外包，就会破坏潜在的技术创新的整体性要求，技术创新势必不能取得预想的效果，或者根本不能适应市场需要。这种外包行为从一开始就是错误的，投入越多，给企业造成的损失就越大。

（三）市场需求变化的影响

很多企业希望通过外包与供应商共同分担创新活动的风险，削弱市场变化等不确定因素带来的不利影响，但这种策略本身又具有非常明显的风险。

（1）如果供应商市场预测的能力不强，那么企业就需要通过对供应商的管理和协调来抵御市场需求的不确定性。这比直接管理本企业的工作难度更大。

（2）如果供应商的市场敏感性很强，那么企业应该能够获得比较满意的服务，但这样的供应商会更多地考虑自身发展战略，使企业陷入被动。

可见，随着新的市场需求的产生，虽然外包运作模式可以帮助企业寻求到新的增长点，但企业也必须意识到机会成本的问题以及隐藏的不确定性。

（四）内部管理能力弱

企业采取什么样的战略，以及如何发挥外包的作用，在一定程度上受企业管理者能力的影响。企业管理者必须具备相关的知识背景和管理经验，了解外包的过程、特性和管理原则，能够应对各种突发事件，预测环境变化的方向，只有这样才能管理好整个外包过程。

但是，如果企业内部管理能力弱，企业管理者不具备这样的才能，那么外包一开始就会陷入信息不全、方向不明的困境，在外包过程中难以对供应商进行有效的管控。如果外包成为一种长期行为，这其中的风险和不确定性就会给企业运营带来致命的打击。

（五）损害技术创新能力

在技术不断更新、需求不断变化的今天，企业一旦失去技术创新能力，就失去了存在的根本。而企业采取外包时，稍有不慎，就会损害企业自身的技术创新能力。

（1）如果企业将技术创新活动全部予以外包，那么企业技术创新能力就会从根本上被破坏。没有组织学习的载体，就不能形成“研发工作—知识积累—研发工作”的良性循环，即使企业在短期内获得了降低研发成本等好处，但从长远来看则丧失了竞争优势。

（2）如果企业只是将部分研发工作外包，那么在供应商能够进行良好配合的情况下，外包是可以取得良好效果的。但是，如果供应商自身研发能力有限，或者与企业的技术不匹配，那么，整个研发项目就不能均衡展开，最终势必损害企业的技术创新能力。

（六）组织学习欠缺

通过系统研发、生产和营销等工作，企业可以不断积累知识和经验，借助组织学习，企业可以将已获得的知识和经验不断推向成熟和完善，并在此基础上更好地把握企业未来的发展方向。

然而，在进行外包的同时，企业很大程度上丧失了组织学习的机会和载体，导致企业人力资源外流现象严重，从个人到整个组织的知识和经验积累不足，更不用说进行经营管理预测等前瞻性活动。一旦环境发生变化，企业便很可能在新一轮竞争中惨遭淘汰。

基于对上述风险的分析，企业在做出外包决策之初，就必须权衡其中的利弊得失，尽量避免外包带来的不利风险。

第十章 供应商的选择与评估

第一节 供应商选择程序

在全球能源价格上涨、产品技术更新加快、某些关键技术被供应商垄断的情况下，搞好供应商选择与评估是采购管理中最重要、最关键的工作之一。传统观点认为，竞争性招标是签订采购合同最重要的方法。在过去，如果有若干个投标者参与竞争，那么最终把合同给予报价最低的供应商就可以了。但是，当今的企业不仅要求采购成本低，更需要同供应商建立长期可靠的供应链合作伙伴关系，更注重通过开发和选择理想的合作伙伴，利用供应商技术、质量及服务资源提高自身的核心竞争力。因此，供应商选择与评估已成为现代企业可持续发展的关键。

新供应商的开发工作应有计划地进行，并应在预定日期之前开发成功。开发新供应商程序包括明确需求、编制供应商选择进度表、寻找新供应商资料、初步联系、初步访厂、报价、工厂审核、产品认证和正式接纳为合格供应商等环节，如图 10－1 所示。

一、明确需求

这种需求主要包含生产对物料技术、质量及交货期的要求，现有供应商满足供货要求的能力与质量状况，供应商需要具备哪些能力等。

二、编制供应商选择进度表

供应商选择进度与生产需求计划、新产品开发与配套要求及供应商选择的难易程度直接有关。一般可按开发新供应商的步骤编制一份时间进度表，这样不仅可以使开发新供应商的具体工作明确化，而且可以尽量减少计划日期被拖延的可能性，见表 10－1。

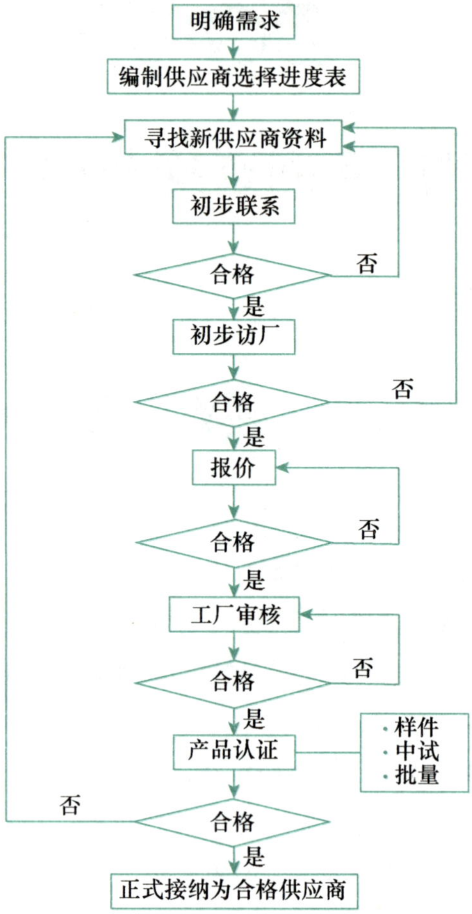

图 10-1　供应商选择程序

表 10-1　供应商选择进度表

项目组长：　　　　　　　　　　　　　　日期：

序号	内容	进度日期										
		1 周	2 周	3 周	4 周	5 周	6 周	7 周	8 周	9 周	10 周	11 周
1	寻找新供应商资料											
2	提供资料与面试会谈											
3	资质认定											
4	报价											
5	确定供应商考察对象											
6	产品质量认证											
7	正式接纳为合格供应商											

三、供应商选择操作程序

（一）寻找新供应商资料

不管是经验丰富的企业还是刚起步的企业，对那些初次合作的供应商进行资料收集都是有一定难度的。在这里，企业可以采用以下几种方法，从多个方面全面收集供应商的真实资料。

1. 拓宽供应商资料收集的渠道

在明确对新供应商的需求（主要包括生产对物料技术、质量及交货期的要求，现有供应商满足供货要求的能力与质量状况，供应商需要具备哪些能力等）的基础上，企业应积极寻找新供应商的资料或信息。获得信息的方式很多，企业可依据实际情况自主选择。

（1）国内外产品发布会、展销会。

（2）国内外新闻传播媒体（如报纸、杂志、广播、电视、网络等）。

（3）政府组织的各类商品订货会。

（4）国内外行业协会、企业协会。

（5）利用专业顾问公司。企业可以利用采购专业顾问公司，特别是采购来源稀少的物料时。

（6）媒体广告。企业可以通过影响力较强的电视或报纸、杂志的广告，利用媒体上的联系电话、地址获得信息。

（7）同行市场调查。企业可以通过对竞争厂商进行调查，发现优良供应商的信息。

（8）厂商介绍。向同行厂商询问，同行厂商可提供相关信息。

（9）供应商自行找上门。相关供应商的销售人员自行找上门。

2. 明确供应商资料收集的关键点

供应商资料收集的关键不在于多，而在于有侧重点，即能够收集到对评价供应商有实际价值的资料。企业在收集供应商资料时，应拟定一个最基本的资料收集框架，然后依据框架进行有目的的筛选。

下面为某汽车制造企业拟定的收集供应商资料的关键点，如图 10－2 所示。

除了将图 10－2 所示的六大模块、24 个要素作为关键点之外，企业还可以将供应商的管理规范与制度（如企业管理制度、工作指导规范，以及制度和规范的执行情况等）也纳入资料搜集的范围，从而可以从侧面了解和考察供应商的管理水平和生产制造水准。

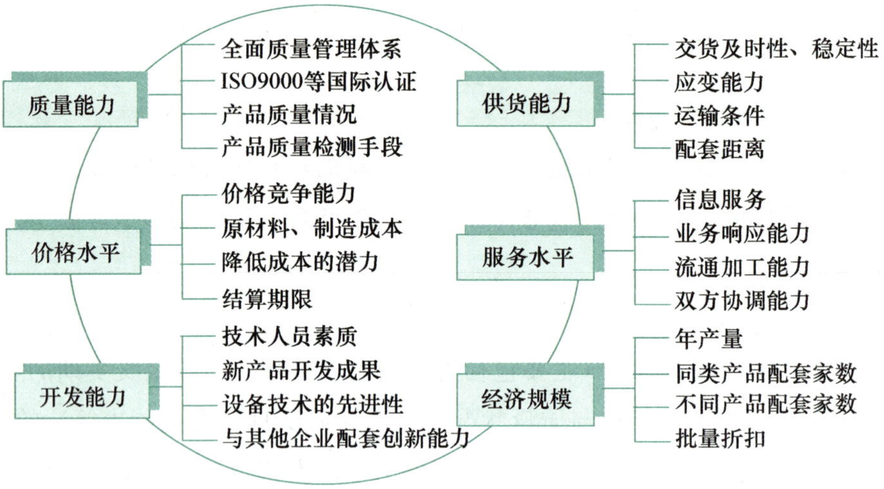

图 10－2　收集供应商资料的关键点

（二）提供资料与面试会谈

1. 要求供应商提供资料

一般来说，初选供应商应提供以下资料：

（1）供应渠道准入申请书。

（2）加盖公章的企业法人营业执照、税务注册登记证及附件的复印件。

（3）专营、代理的授权证书或有关部门批准的经销证明，代理企业法人营业执照、税务登记证复印件，并加盖代理企业公章。

（4）产品执行标准、组织机构代码证和企业法人代码证（原件）及复印件（加盖公章）。

（5）列入工业产品生产许可证和中国强制认证管理产品的相关证件（原件）及复印件（加盖公章）。

（6）供应商质量保证能力证明资料（生产设备、产品检测设备、人员结构、管理水平及质量体系认证情况）。

（7）各项内容填写完备的备选供应商基础信息登记表。

2. 初选供应商面试

在对供应商提供的资料咨询阅读后，对初选供应商进行面试，通过面试，确认其提供资料的真实性，全面了解供应商的基本意向、企业规模、生产经营状况等情况。

（三）资质认定

在对供应商进行基本资质调查时，可用资料的来源包括第一手资料和第二手资料。由于时间和精力有限，企业通常会发放供应商准入资格审查表，见表 10－2，要求供应商实事求是地填写，以此判断该供应商的资质是否符合要求。

表 10－2　供应商准入资格审查表

<table>
<tr><td colspan="5">一、企业概况</td></tr>
<tr><td colspan="2">企业名称</td><td colspan="3"></td></tr>
<tr><td colspan="2">办公地址</td><td colspan="3"></td></tr>
<tr><td colspan="2">生产地址</td><td colspan="3"></td></tr>
<tr><td colspan="2">法定代表人</td><td></td><td>统一社会信用代码</td><td></td></tr>
<tr><td colspan="2">注册资本</td><td></td><td>联系人</td><td></td></tr>
<tr><td colspan="2">电话号码</td><td></td><td>E-mail</td><td></td></tr>
<tr><td colspan="5">二、资质能力</td></tr>
<tr><td colspan="5">1. 企业类型（生产型/贸易型）：</td></tr>
<tr><td colspan="5">2. 企业质量保证体系的认证资质（如有，需提供复印件）：</td></tr>
<tr><td colspan="5">3. 产品获得的国家/国际级认证（如有，需提供复印件）：</td></tr>
<tr><td colspan="5">三、企业的组织结构及人力资源状况</td></tr>
<tr><td colspan="5">1. 企业的组织结构（主要部门及人数列明）：</td></tr>
<tr><td colspan="5">2. 企业的人力资源状况：</td></tr>
<tr><td colspan="5">四、企业的生产能力状况（非生产型企业可不填写）</td></tr>
<tr><td colspan="5">1. 设计开发能力</td></tr>
<tr><td colspan="5">使用的设计开发软件：</td></tr>
<tr><td colspan="5">2. 设计开发的时间周期</td></tr>
<tr><td colspan="3">设计出图时间：</td><td colspan="2">设计制造工装模具时间：</td></tr>
<tr><td colspan="3">样品制作时间：</td><td colspan="2">样品最终确认时间：</td></tr>
<tr><td colspan="5">3. 生产能力</td></tr>
<tr><td colspan="5">生产设备状况（主要生产设备明晰）：</td></tr>
<tr><td>序号</td><td>设备名称</td><td>数量</td><td>设备能力（每小时产能）</td><td>制造商名称/年龄</td></tr>
<tr><td></td><td>1</td><td></td><td></td><td></td></tr>
<tr><td></td><td>2</td><td></td><td></td><td></td></tr>
<tr><td></td><td>3</td><td></td><td></td><td></td></tr>
<tr><td></td><td>4</td><td></td><td></td><td></td></tr>
<tr><td></td><td>5</td><td></td><td></td><td></td></tr>
<tr><td></td><td>6</td><td></td><td></td><td></td></tr>
</table>

续表

4. 品质保证能力				
品保人员数量：				
检验流程：				
检验设备：				
五、企业营销能力状况				
企业年营业额：			营销人员数量：	
交货周期：			付款期限：	
售后服务保障：			客户投诉响应时间：	
六、企业主要产品明晰				
序号	产品名称	年产值	供货周期	备注
1				
2				
3				
4				
5				
七、企业主要客户群				
序号	客户名称	所属行业	年需求量	备注
1				
2				
3				
4				
5				
八、企业主要供应商				
序号	供应商名称	所属行业	年需求量	备注
1				
2				
3				
4				
5				

以上请如实填写，并将企业营业执照正本和副本复印件开户银行资料、生产许可证复印件及质量保证体系证书复印件等相关证明材料加盖公章后提交给我公司存档备案。

供应商填写供应商准入资格审查表时，企业应要求供应商做出承诺：“供应商承诺向××公司所提供的信息及相关附件真实、合法、有效，如因供应商所提供的上述信息不实等原因导致××公司损失，××公司有权向该供应商追究一切责任。”此举可以有效约束供应商的行为，确保所获取的资料真实、合法、有效。

供应商准入资格审查表由供应商生产能力调查和质量体系调查两部分组成，所有信息均需填写清楚（不适用处供应商应注明）。同时，供应商应按要求提供相应的资格证书或其他文件。

（四）报价

在对供应商资质审核及初步掌握供应商的一些基本情况后，可要求供应商报价。供应商一般根据以往经验或同类产品的生产成本及市场价格水平进行报价。在供应商报价前，应发一份询价单给所有要报价的供应商，询价单内容包括物料名称、币种、价格术语、交货周期、最小交货量、交货地、付款条件等，以便让供应商进一步得到此物料的一些基本情况，并可以让供应商以相同的报价条件来报价，这样可以为采购人员比价创造有利条件。

（五）确定供应商考察对象

资质认证合格及报价条件基本符合采购方要求的供应商可以被确定为考察的对象。应使用适当的联系方法与供应商取得联系。一般来说，第一次尽可能使用邮件联系，应跟供应商的相关业务人员清楚地表达与他们联系的目的、自己的需求并初步了解该供应商的产品。

跟供应商邮件联系取得初步的信息后，应根据筛选出的供应商所在地的远近采取不同的行动。可以要求距离较近的供应商来企业面谈，应让供应商带上企业简介、相关的样品，以增加会谈效果，面谈时不仅要尽可能多地从供应商那里得到信息，而且要将企业对预购原材料的要求尽可能向供应商表达清楚，如果必要的话，可带供应商到生产现场看一看，有利于增加供应商对预购产品要求的进一步理解。若涉及技术与工艺保密的问题，则应避免带供应商到生产现场参观。

如果是远距离供应商，草率地让供应商千里迢迢赶来显然是不合适的，合适的做法是让供应商用快递将资料和样品寄一些过来，通过供应商的资料、样品可以在一定程度上了解它的实力，也可以通过访问供应商的网页去了解供应商。

无论供应商是远是近，由供应商填写一份供应商调查问卷是必要的。表10-3是一份供应商调查问卷，它用于在初步联系阶段了解供应商的一些基本情况。

表 10－3　供应商调查问卷

日期：__________
调查员：__________　　编号：__________
1. 供应商名称：__________　　电话：__________　　电子信箱：__________
地址：____________________　　邮编：__________
2. 负责人：__________　　总经理：__________　　副总经理：__________
3. 联络人：__________　　职称：__________
4. 厂商规模
①职员人数：____________；②总雇用人数：____________；③资本：____________；④厂房面积：____________；⑤总动力：__________；⑥已设立时间（年）：__________。
5. 编制
①技术部门：□有，□无。工程师__________人，技术员__________人。
②生产部门：直接人员__________人，管理人员__________人，间接人员__________人。
③品质管理部门：□有，□无。技术人员__________人，检验员__________人。
④主管部门：□有，□无。职员__________人，对__________负责。
6. 财务状况
①往来银行：__________、__________、__________。
②估计营业额：去年__________、今年__________、明年__________。
③主要客户：__________、__________、__________。
7. 生产能力与承制本公司产品能力
①有无生产设备：□有，□无；是否足以生产：□是，□否。
②模具可否自行设计：□可，□否。
③可否自行制作模具：□可，□否；制作能力如何：□足够自用，□尚可代他厂加工，□不足自用；精确性：□良，□不佳。
8. 主要产品制造及设备
9. 厂房平面图

对符合资质、价格和交货条件的潜在供应商，采购方组织采购、质保和工程技术人员前往供应商工厂进行现场考察和审核。

（六）产品质量认证

产品质量认证是供应商评估的关键环节，产品质量认证包括样品试制认证、中试认证和批量认证三个环节。

1. 样品试制认证

样品试制认证的目的是验证系统设计方案的可行性，同时达成在企业与供应商之间的技术折中方案，其内容主要包括签订试制合同、提供试制资料、供应商准备样件、过程协调监控、调整技术方案、供应商提供样件、样件评估、确定样件供应商。样品试制认证程序如图 10－3 所示。

（1）签订试制合同。与初选供应商签订试制合同，目的是确保初选供应商在规定时间内提供符合要求的样件。试制合同中应该包括保密要求，即供应商应该无条件遵守企业的保密规定。

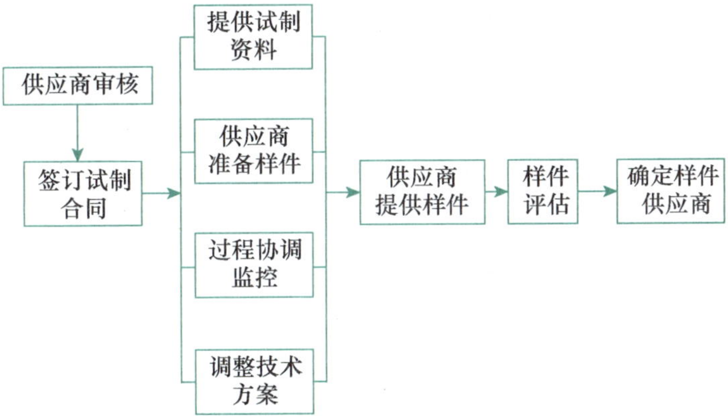

图 10-3 样品试制认证程序

(2) 提供试制资料。签订试制合同后，要向供应商提供更为详尽的资料，其中可能会包括企业的一些机密材料。

(3) 供应商准备样件。供应商获得试制资料以后就应着手进行样件的准备工作。样件的准备工作需要一个周期，不同认证项目其周期不同，对于那些要求较高或全新产品的样件准备往往需要几个月甚至一年的时间，而对于那些只是稍做改动的产品，其样件准备所需时间则较短。一般来说，在同样情况下，电子件、机械件的准备周期相对较短，组合设备的准备周期较长。

(4) 过程协调监控。对于一些准备周期较长的认证项目，认证人员应该对过程进行协调监控，并且在遇到突发事件时及时提出解决对策。

(5) 调整技术方案。在有些情况下，可能需要企业与供应商进行技术方案的调整。设计人员的设计方案与实际加工过程出现需要调整的地方是正常的，认证人员不能因为供应商提出技术方案调整而怀疑供应商的能力。

(6) 供应商提供样件。供应商把样件制造出来之后，应把样件交送采购认证部门进行认证，体积较小的样件只需随身携带，体积巨大的样件需要借助其他方式交送给认证人员或由认证人员前往供应商进行检查。

(7) 样件评估。样件送到认证部门之后，由认证人员组织并协调相关部门一同制定认证项目的评估标准，对样件进行综合评估。样件的评估内容包括性能、质量、外观等。一般需要参加评估的人员包括设计人员、工艺人员、质管人员、认证人员、订单人员、计划人员等。

(8) 确定样件供应商。经过以上工作，就可以由集体决策确定样件供应商并报上级主管批准。为保证所采购产品的质量，一般要选择三家以上的样件供应商。

2. 中试认证

经过试制认证之后，接着就要进行中试认证，它一般包括八个环节：签订中试认证合同、提供中试资料、供应商准备小批件、过程协调监控、调整技术方案、供应商提供小批件、中试评估、确定中试供应商。中试认证程序如图 10－4 所示。

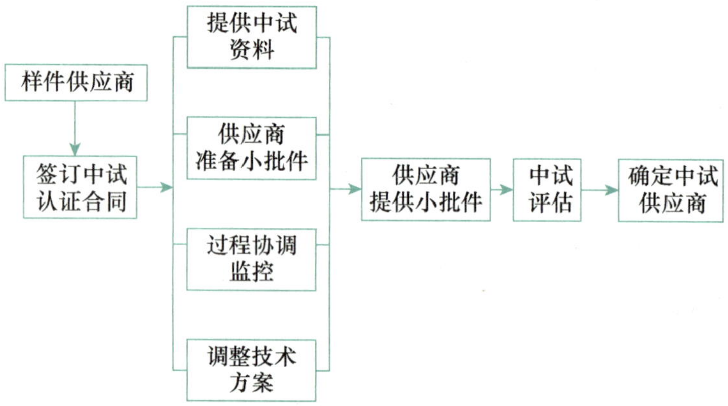

图 10－4　中试认证程序

（1）签订中试认证合同。样件试制过程结束以后，需要与样件供应商签订中试合同，使样件供应商在规定的时期内提供符合中试要求的小批件。

（2）提供中试资料。项目中试资料是经过试制以后修改了的试制项目技术资料，如经过修改的机械图纸、电子器件参数、软件方案等。

（3）供应商准备小批件。准备小批件也需要一个周期，一般来说，小批件的生产周期要比样件周期短，因为供应商经过试制过程之后，在技术、生产工艺、设备和原材料等方面都有了一些经验。

（4）过程协调监控。在中试过程中，认证人员对过程仍需进行跟踪和协调监控。认证人员可以和供应商一起研究提高质量且降低成本的方法，使批量生产具有可能性并最大限度地带来收益。

（5）调整技术方案。供应商一般需要经过多次实验和对比，才能确定性价比最优方案。

（6）供应商提供小批件。供应商把准备好的小批件送到生产或认证部门，有时小批件要送到生产组装现场，有时需认证人员上门检查。

（7）中试评估。由认证人员组织对小批件的质量、成本、供应情况等进行评估。认证人员进行中试评估时也应协调其他部门共同制定认证项目的中试评估标准。需要参加评估的人员包括设计人员、工艺人员、质管人员、认证人员、订单人员、计划人员等。

(8) 确定中试供应商。中试认证的要求比样件试制认证要高，因此通过中试认证确定的供应商成为最后赢家的可能性较大。

3. 批量认证

批量认证一般包括八个方面：签订批量认证合同、提供批量资料、供应商准备批量件、过程协调监控、调整技术方案、供应商提供批量件、批量评估、确定批量供应商。批量认证程序如图 10-5 所示。

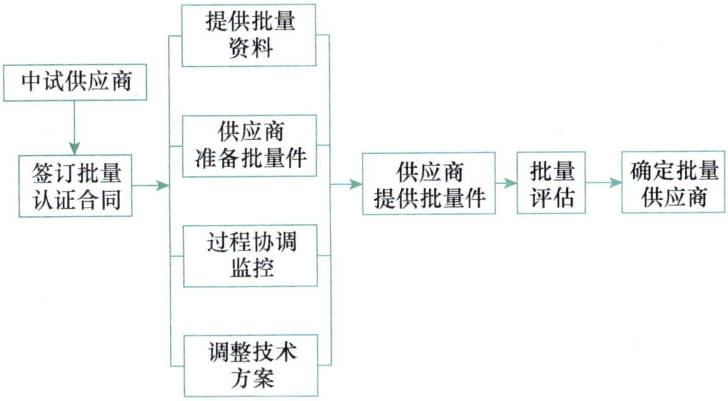

图 10-5　批量认证程序

(1) 签订批量认证合同。与选定的中试供应商签订批量合同，使中试供应商能够在规定时间内提供符合批量认证要求的批量件。

(2) 提供批量资料。项目批量生产资料是经过中试期间修改的技术资料，如可以大规模投放生产的机械图纸、电子器件参数、软件方案等。

(3) 供应商准备批量件。供应商准备批量件需要一定的时间，供应商要想生产批量件就要提高自动化水平，配备相应的批量生产机械，如机械行业中的冲床、专业机械、电子行业的自动化设备等。

(4) 过程协调监控。采购方也需要对批量过程进行跟踪，认证人员与订单人员应随时跟踪生产中可能出现的异常情况。

(5) 调整技术方案。认证机构应该对产品的稳定性和可靠性负责，及时跟踪技术方案的实施情况，根据实际情况对技术方案进行适当修改。

(6) 供应商提供批量件。供应商把准备好的批量件送到生产部门，有时批量件也需要运送到生产组装线。

(7) 批量评估。采购方向供应商索要或订购适当数量的物料进行批量试产，只有较大数量的样品能通过评估，样品评估这个环节才算真正结束。试生产用的第一批订货的数量不宜太大，一般以 3 000～5 000 件（个）为宜，不同的企业对此有不同的规定。

（8）确定批量供应商。通过以上工作，可以确定批量供应商。

（七）正式接纳为合格供应商

如果新供应商的工厂审核及样品评估达到采购方的要求，那么该供应商便可被接纳为合格供应商，将被加入合格供应商的清单中。合格供应商清单应包括供应商名称、采购类别及项目、产能、采购周期、最小采购批量、最小包装数、联系电话、联系人和备注等。合格供应商清单是采购下订单的依据，内容列项应尽量详细，见表 10－4。

表 10－4　合格供应商清单

序号	供应商名称	采购类别及项目	产能	采购周期	最小采购批量	最小包装数	联系电话	联系人	备注

参考资料

×××集团公司供应商选择程序

一、目的

为确保新产品开发与供应商选择能够高效和同步，强化供应商管理，使供应商不断提高产品质量和服务水平，持续改进。同时，为了规范与供应商选择与管理相关的各部门工作人员和供应商在项目开发过程中的职责、工作内容和要求，加快项目开发的速度，提高项目的质量和一次通过率，以及促进供应商持续、稳定地提供合格的产品，特制定本管理流程。

本管理流程同时也对供应商的选择、开发和管理中的具体工作，产品发运前的质量控制，各子公司在项目开发过程中的作用进行相关描述。

二、适用范围

本管理流程适用于集团采购中心所有的配套供应商与产品开发和产品质量控制。

三、程序要求

1. 接受新项目

（1）采购部会同质保、工厂技术部门负责供应商与产品开发工作。采购部经理根据公司新产品开发及供应商选择的要求，收集图纸、技术和质量要求等，并将项目的相关文件和资料转给采购主管、质量经理和文件负责人。

（2）采购工程师应将从各子公司收到的类似先前产品的新项目通知给采购部经理和采购主管。

（3）文件管理员应对收到的文件和资料按照子公司和项目进行归类，同时对图纸进行标识（即盖“受控文件”章）后存档。

（4）采购部经理、采购主管和质量经理进行新项目评估，对高风险和低节省金额的项目进行筛选后，将可以开展的项目下发给采购工程师。采购部经理将不做或暂时不做的项目通知子公司的相关人员。

2. 资源确定

（1）采购主管根据项目的生产类型将项目分配给指定的采购工程师。

（2）采购工程师与子公司的项目联系人进行交流，收集全部的技术要求、质量要求、要求提交的文件等，最好能得到标准样件或样件照片。

（3）向供应商寻价，同时为新供应商发放保密协议，以确保双方机密在正式合作前不被外泄。

（4）对供应商的报价进行确认。对没有达到节省金额目标的报价，要求供应商重新报价，直至符合要求。对找不到合适报价的项目，通知采购主管作放弃处理。

（5）对于新供应商，采购工程师要对其进行考察，并尽量在供应商现场完成供应商调查表。采购工程师将已经确认并认为初步可行的供应商的信息通知供应商质量工程师（SQE）。

（6）SQE 对供应商进行质量体系审核和现场审核，完成质量体系审核报告，并将审核结果通知采购工程师和质量经理。

（7）如果审核的分数不符合要求，则要求采购工程师重新寻找新的供应商；如果审核结果合格，但需要采取纠正措施，则要求供应商在规定的时间内完成工厂纠正/预防措施计划，SQE负责跟踪纠正措施的落实情况。确认供应商有能力和愿望实施纠正措施，并可能在计划时间内完成的，则可进入样件阶段；没有按时完成纠正措施或没有积极性或没有能力完成纠正措施的，将取消其合作机会，并要求采购工程师重新寻找新的供应商。

(8) 报价应包括运费和节省金额的百分比。

(9) 原有供应商的报价要在2周内完成，新的供应商的报价在6周内完成。

(10) 报价需先发送给采购主管进行审核。

(11) 采购工程师将审核后报价发送给子公司的相关负责人进行确认。确认不合适的报价要求供应商进行重新报价，直至合适为止。采购工程师在得到子公司的订单后开始样件试制。

3. 样件阶段

(1) 采购工程师也是项目负责人，与SQE、检验工程师和物流专员组成项目小组，按APQP方法的要求（如组织多方论证会议）进行项目评估，并确定供应商需提交PPAP的具体要求，同时将项目开发和产品供货的相关要求下发给供应商。

(2) 采购工程师将图纸、样件、技术和质量要求等发给供应商进行样件试制，同时要求供应商提供项目时间进度表，并保证项目按照进度表的时间节点完成各阶段的工作。

(3) 采购工程师负责供应商和工厂之间的技术交流，协调和跟踪项目的进展情况。

(4) SQE负责与子公司之间的质量控制、检验方法和工具方面的交流，确认供应商的样品控制计划和作业指导书的可行性和有效性，并同时制定检验工程师的检验作业指导书。

(5) 采购工程师和SQE尽量在项目开发阶段到供应商现场了解项目的进展和质量控制状况，并对出现的各种问题及时加以解决。

(6) 要求供应商在规定的时间内按照全部要求提交PPAP样件和2份相关的文件，其中1份文件在总公司存档。在有可能的情况下，要求供应商提供电子文档资料，以便为检验工程师制定检验作业指导书。

(7) 样件必须全部确认，但确认的方式可以不同。SQE可以到供应商的现场进行确认，也可以将样件送到检测中心进行检测。原则上有不合格项的零件则要求供应商重新制作，不得超过三次，尤其是关键尺寸或性能不合格时；对于非关键要素不合格且数量少时，采购工程师则要求供应商提出偏差申请，并报子公司批准。

(8) SQE负责提交样件和文件给工厂的相关事宜。所有样件必须经过SQE同意后方可提交给子公司。

(9) 所有提交的文件必须备份并存档，包括相关的检测报告。

(10) 子公司对样件和文件进行检测和确认，合格则进入小批量生产阶段，不合格则要求供应商重新提交。

(11) 采购工程师和SQE共同处理此阶段的不合格项，直至项目批准为止。

(12) 文件管理员在3个工作日内，对变更的图纸进行归档，在新版图纸上盖“受控文件”章，在旧版图纸上盖上“作废”章。

4. 小批量生产

(1) 子公司将小批量生产订单发到总公司，无论谁得到都必须将此订单转给物流专员和相关负责的SQE。采购工程师要求供应商对交货的数量和时间进行确认，如果供应商没有反馈，则要求其按照订单上规定的数量和日期交货，如果供应商不能满足订单上的数量和时间要求，则采购工程师需与子公司的相关负责人进行协调，形成双方均能做到的数量和时间。

(2) 供应商应将小批量生产阶段的质量计划和生产计划反馈给采购工程师和SQE。

(3) SQE对小批量生产的过程进行评估，对产品质量进行确认，了解工序能力和生产节拍的状态，并对批量控制计划和相关作业指导书的可行性和有效性进行再确认，如果供应商没有作业指导书和检验作业指导书，不可以发小批量产品。原则上由SQE对小批量生产的产品进行确认，根据零件的要求由SQE确认是否需要检验工程师参加确认。

(4) 采购工程师负责组织此阶段的生产计划，并推动项目进展。

(5) 采购工程师与供应商确认包装的方式，并发给总公司确认。

(6) 物流专员与供应商交流发运方面的要求和随货文件等，同时跟踪发货的日期，以便通知SQE和检验工程师进行产品发货前的产品确认、定仓和确认发货时间。

(7) SQE和检验工程师对批量产品进行确认，并形成检验报告，检验报告需存档。

(8) 子公司对小批量产品进行检验/确认。出现不合格品时，要求供应商提出纠正措施，完成纠正措施计划，SQE和采购工程师进行验证，并重新进行小批量试制。SQE与子公司商议不合格品的处理事宜。

(9) 小批量的数量和批次由采购工程师和SQE与子公司商议后决定。

(10) 从小批量生产开始，产品的按时交付率、废品率（PPM）和子公司的质量抱怨次数开始列入供应商的考核。

5. 批量供货

(1) 子公司将批量生产订单发到总公司，在主管该子公司的物流专员和SQE没有得到该订单的情况下，得到该订单的采购工程师必须将其转给他们。

(2) 采购工程师负责批量生产初期的生产进度、整个产品寿命周期的价格调整和赔款的事宜；为了不断降低采购成本，采购工程师协助SQE不断提高供应商的质量水平。任何产品价格的提高，需要得到采购主管的同意和采购部经理的最后批准。

(3) 大批量供货2～3批次后，采购工程师认为该供应商的供货和质量已经稳定，经采购主管确认批准后，可填写物料转移单，将订单的追踪管理和发货改由物流专员负责。

(4) SQE重点确认供应商现场的质量控制水平和产品质量保证能力，使其能够持续、稳定地提供合格的产品。

(5) 物流专员要求供应商按照订单上要求的时间和数量进行批量供货，定期与供应商进行沟通，并在发货前通知供应商具体的发货方式、时间和地点等。在发货的7天前，物流专员或供应商通知总公司SQE和检验工程师进行发货前的确认。

(6) 原则上前3批产品必须经过检验工程师确认合格后方可发货。根据检验工程师的检验结果来安排检验工程师是否到现场进行确认，如果3批检验结果均合格，则可以放宽检验频次，如果检验结果不合格，则直到3批检验结果均合格后方可放宽检验频次。

(7) 检验工程师对准备发运的产品进行确认，并完成检测报告和确认报告。如果发现不合格产品，则需要供应商对产品进行全部返检、返工或重做。检验工程师必须对返检、返工或重做的结果进行确认，直至全部合格方可发货。如果在发货之前产品的不符合项得不到纠正，检验工程师必须通知SQE，由SQE决定产品如何处理，必要时SQE可要求供应商向子公司提出偏差申请，偏差申请批准后方可发货。当检验工程师发现有不合格品并影响发货时，应及时将检验结果通知SQE、采购工程师和物流专员，并同时抄送给质量经理和采购主管。

(8) 当发现产品不合格时，SQE和检验工程师可以与供应商一起讨论产生问题的根本原因、临时和永久的纠正措施，并确认纠正措施的有效性。

(9) 当产品发运到子公司，发现产品不合格后，SQE与供应商共同纠正该质量问题，并将相关的记录存档。

(10) 当批量生产过程中图纸发生变更，文件管理员应按规定处理，同时将该产品转给采购工程师和SQE负责。

(11) 每月10日前，SQE将所负责供应商的上月的“客户抱怨次数”和“供应商PPM”的统计结果，检验工程师将上月的检验情况统计表报给质量经理。经质量经理确认后，SQE将PPM和客户抱怨的结果通知给所负责的供应商。

(12) 物流专员每月对供应商的按时交付率进行统计，并将其作为考核供应商业绩的重要指标之一。

(13) 采购工程师每月需更新本人负责的项目清单。

(14) SQE负责按审核计划对供应商进行年度审核。审核结束后，必须形成完整的审核报告，并根据审核结果，对供应商进行评价。根据审核结果对供应商进行分类。

(15) 采购主管将按供应商、供应商提供产品的公司、项目和零件号进行大的分类，采购工程师、SQE和检验工程师将产品开发、质量问题的纠正、编号图纸、检验作业指导书和产品确认的全部信息进行存档。

(16) 采购部经理、采购主管和质量经理至少每半年对供应商的项目开发能力、质量保证能力、供货状况和服务质量等评价一次，以确定是否可以增加新项目，保持现有的供货水平，停止新项目的投入或取消供货资格，更换新的供应商。

(17) 每年对业绩好的优秀供应商进行奖励和表扬。

注：

SQE：供应商质量工程师（Supplier Quality Engineer ）

APQP：产品质量先期策划（Advanced Product Quality Planning）

PPM：百万分之几（Parts Per Million）

PPAP：生产件批准程序（Production Part Approval Process）

第二节 供应商评估与审核

一、供应商评估与审核的内容

供应商评估与审核是指在供应商认证的基础上，对供应商是否合格做出评价的业务过程。不同类型的企业评估与审核新供应商有不同的内容。供应商评估与审核一般包括以下几个方面的内容。

(一) 供应商的管理能力

对买方来说，评价供应商的管理能力是很重要的，因为管理决定供应商的经营活动并影响其未来竞争力。具体指标包括以下几点：

(1) 经营管理层是否实行长期规划?

(2) 管理层能否保证全面质量管理和持续完善?

(3) 管理人员变动率是否过高?

(4) 管理层是否具有职业经验?

(5) 有多少采购专业人士被授予采购经理职位?

(6) 企业未来的前景如何?

(7) 管理人员与工人关系如何?

(8) 管理人员是否为员工提供培训和发展机会?

(9) 管理人员是否了解战略资源的重要性?

(二) 员工素质

对供应商的审核过程需要有非管理层员工参与，高素质、稳重和有上进心的员工可以为企业带来巨大的利益，特别是在劳动力短缺时期。具体指标包括以下几点：

(1) 员工团队精神与跨部门合作。

(2) 员工支持、保证及持续完善质量的程度。

(3) 员工的全面技能与教育培训。

(4) 员工知识结构与学历结构状况。

(5) 劳动力弹性。

(6) 员工道德与企业文化。

(7) 劳动力的人事变动率。

(8) 员工为提高供应商的业绩做贡献的机会和意愿。

(三) 成本结构

评价供应商的成本结构需要彻底了解供应商的全部成本，包括直接人工成本、间接人工成本、物料成本、制造或工艺运营成本和总的制造费用成本。了解供应商的成本结构可以帮助买方确定供应商生产项目的效率如何。

在评价过程的初始阶段，面临的主要问题是如何才能收集到成本方面的信息，如供应商可能没有详细了解它的成本；许多供应商没有成熟的成本核算体系，不能有效将制造费用分摊于产品或工艺中；有些供应商的成本资料属于高度机密，供应商害怕成本信息的泄露会破坏其价格策略等。由于供应商的这些忧虑，买方经常在供应商评价的初始阶段只能对供应商的成本结构进行大致估计，形成相对的定价模型。只要双方能了解成本因素，那么以成本为基础的定价方法就能为双方带来相互的利益，但这种做法的前提是双方要相互信任，并且都有强烈的责任感。

（四）财务能力和稳定性

对潜在供应商财务状况的评估一般发生在评估过程的最初阶段。许多采购方认为，财务评估是供应商详细评估之前的必经过程或基本条件。采购方可以利用资金比率来分析供应商的财务状况。如果供应商是一个有公开影响的企业，其有关财务的文件很容易获得。

（五）工艺和技术开发能力

供应商评价团队通常包括来自工程和技术领域的成员，以便对供应商的工艺和技术能力做出评价。工艺流程由用来生产产品或交付服务的技术、设计、方法和设备组成。供应商对生产工艺的选择有助于定义其所要求的技术、人力资源技能和资本设备。

对供应商技术和工艺能力的评价也应该关注未来的工艺和技术能力，这需要评估供应商的资金、设备规划和战略。另外，采购方应该对供应商用以研究和发展的资源进行评价，这个信息表明供应商对未来工艺和技术发展的重视。

采购方也要对供应商的设计能力进行估计。一个减少开发新产品所需时间的方法是选用能够完成产品设计活动的合格的供应商。

（六）产能

供应商的产能大小直接影响供应商的供货周期及供货的稳定性和及时性。评估供应商产能的重点内容应该包括生产设施与设备配备、能源与动力保障、人力资源配备、生产现场布局合理性和生产方式灵活性等。

（七）生产计划和控制体系

生产计划和控制体系包括发布计划和控制供应商生产过程的体系内容，其内容主要包括：供应商追踪物料和生产周期的时间，是否将之与绩效目标或标准相比较；供应商的生产计划体系能否支持买方的即时需求；供应商的生产计划和控制体系需要多长的前置时间；供应商即时交付绩效的历史。评价生产计划和控制体系的背后是确定对供应商已经完成其计划和生产的控制程度。评价原则的基准点是供应商是否拥有一流的物料需求计划体系。

（八）信息化管理水平

信息化管理是现代化企业的重要标志。供应商信息化程度高，可以高效、准确地开展各项生产经营活动，对客户需求能够快速做出反应。因此，信息化是选择供应商的重要条件之一。供应商拥有完善的信息管理系统，有利于实现买卖双方电子交流与共享。这里需要借助的信息技术包括电子数据交换、条码、射频识别等。供应商只有拥有这些技术，才能够保证其与采购方信息同步、共享，采购才更有效率。

（九）环境保护能力

20 世纪 90 年代，人们开始关注工业对环境的影响，政府对污染环境的企业采取的措施越来越严厉。一些最常见的环境绩效标准包括：

（1）环境记录公开。

（2）危害废弃物管理。

（3）有毒废弃物污染管理。

（4）ISO 14000 认证。

（5）回收物流计划。

（6）环保产品包装。

（7）破坏臭氧层的物质管理。

（8）危害气体排放管理。

（十）地理位置与运输距离

供应商的地理位置决定供应商的资源可得性和获得资源的成本，从而决定供应商的生产成本，采购方应考虑供应商的生产经营成本；运输距离决定了供应商的供货周期和运输成本，对采购方的采购成本和持有库存量有相当大的影响，运输距离越短，供应商送货时间越短，意味着紧急缺货时可以快速送到。

（十一）合作潜力

评价供应商，发展长期的合作伙伴关系，已经成为供应链管理的要求。因此，评价供应商是否具有长期的潜在合作关系就成为必需的评选标准之一。其具体指标如下：

（1）供应商对发展长期合作关系表达出意愿和保证。

（2）供应商愿意保证一些资源将不用于其他客户。

（3）供应商愿意参加产品设计。

（4）如果出现问题，供应商愿意进行谈判解决。

（5）供应商是否真正有意共同解决问题。

（6）买卖双方自由、公开地交换信息。

（7）供应商在多大程度上愿意共享未来规划。

（8）合作双方水平如何。

（9）供应商对采购方的产业和业务了解程度。

（10）采购方与供应商是否共享成本资料。

二、供应商评估审核方法

制造企业选择的供应商主要包括制造业供应商和运输供应商，下面介绍制造业供应商和运输供应商评估审核方法。

（一）制造业供应商评估审核

新供应商没有合作经历，因此，只能通过评估来辨别供应商优劣，一般主要对企业资质、生产能力、质量保证能力、技术开发能力、服务能力、产品质量等级和财务能力等方面进行评估。制造业供应商评估方法见表 10－5。

表 10－5　制造业供应商评估方法

企业名称		零部件名称	
评价方式		日期	
评估人员			
一、企业资质			
序号	评估项目	现场评估记录	备注
1	拥有合法的生产经营许可证、法定注册资格，并具有独立的法人代表		
2	有纳税人登记号		
3	相关产品生产历史		
4	行业地位及主供单位		
二、生产能力（20 分）			
序号	评估项目	现场评估记录	得分
1	生产系统组织机构及人员配置（1 分）		
2	主要生产设备及管理（生产设备计划管理、设备可开动率）（6 分）		
3	生产能力（7 分）		
4	零部件自制率（2 分）		
5	产品品种及状态（3 分）		
6	员工培训（1 分）		
合计得分			
三、质量保证能力（20 分）			
序号	评估项目	现场评估记录	得分
1	质量系统组织机构及人员配置（1 分）		

续表

2	完善的质量管理体系或通过质量体系认证（2 分）		
3	检验、检测设备及管理（6 分）		
4	委外检验、检测的事项（2 分）		
5	标准执行情况（2 分）		
6	配套体系的管理办法（3 分）		
7	质量信息的分析处理（3 分）		
8	员工培训（1 分）		
合计得分			
四、技术开发能力（10 分）			
序号	评估项目	现场评估记录	得分
1	技术系统组织机构及人员配置（含学历和职称）（1 分）		
2	必备的研发及测试设备（4 分）		
3	产品图纸、工艺、出厂技术条件和作业指导书等技术资料（4 分）		
4	核心技术及专利、知识产权的获得情况（可加 5 分）		
5	是否与大专院校进行技术合作及交流（可加 5 分）		
6	员工培训（1 分）		
合计得分			
五、服务能力（10 分）			
序号	评估项目	现场评估记录	得分
1	组织机构及人员配置（1 分）		
2	售后服务管理办法（8 分）		
3	员工培训（1 分）		
合计得分			
六、产品质量等级（25 分）			
序号	评估项目	现场评估记录	得分
1	产品材质（5 分）		
2	产品性能（5 分）		
3	产品的可靠性、耐久性（5 分）		
4	产品加工精度及质量等级（3 分）		

续表

5	开关电源类产品必须具有国家认定机构的检验报告或行业出具的等级证明（2 分）		
6	产品是否通过第三方认证（可加 5 分）		
合计得分			
七、财务能力（15 分）			
序号	评估项目	现场评估记录	得分
1	产品价格（10 分）		
2	财务系统组织机构及人员配置（2 分）		
3	成本、费用管理办法（3 分）		
合计得分			
说明： 1. 供方必须具备企业资质内容、企业标准、产品图纸等。 2. 核心技术及专利、知识产权的获得情况，是否与大专院校进行技术合作及交流，产品是否通过第三方认证属供方加分项目。机加产品设备中，普通级、淘汰型设备为减分项；数控、数显为必备的基本标准，加工中心、计算机、机械手、国内先进设备应用等为加分项，每项加 2 分。 3. 60 分以上（含 60 分）为合格。 4. 现场评估记录必须具体、详细，填写位置不够可附页。			
考评初步意见： 评估组长： 年 月 日			
考评结论： 总经理： 年 月 日			

【例 10－1】 某制造企业对供应商进行评估与审核，审核内容包括质量体系与质量保障能力、产品质量、开发保证能力、成本保证能力、交付能力、服务能力、社会责任和创新能力八大项目。

根据采购项目金额大小、采购风险高低、资源可得性和可替代性等特征，将供应商分为战略型供应商、瓶颈型供应商、一般型供应商和杠杆型供应商四种类型，根据供应商类型确定项目审核评分的权重分配。

1. 战略型供应商采购金额大，供应风险大，这类供应商属于强势供应商，如掌握独特知识产权的垄断型高科技公司。采购金额比较大，可能对其也有一定的吸引力。

在这种情况下，需要增加与其沟通的频率和层次，最好在双方企业高层之间形成良好互动，建立伙伴关系。通过双方各层次密切的合作和沟通，保证供应的稳定性和价格的合理性。

2. 瓶颈型供应商采购金额小，但供应风险高。这部分供应商是管理合作难度最大的供应商。因为采购金额很可能对其吸引力不大，但是此类供应商又属于“唯一资源”，也就是说不可能实现备选或者实现备选的代价极大。此时，管理重点应该放在保证供应上。换句话说，在成本、库存、交货周期等方面要多做出让步，或者采用联合采购等方式增加话语权。

3. 一般型供应商采购金额小，供应风险低。一般是指市场竞争充分的物料供应商，如包材、印刷品等，或者 MRO（维护、修理、运作）采购等，属于买方市场。可以随时找到备选资源，替换成本很低，而且采购分散，总金额也不大。对于这部分供应商，重点是降低管理成本，简化流程，降低订单处理成本。简单地说，这部分供应商不作为管理重点。

4. 杠杆型供应商采购金额大，但供应风险低。杠杆型供应商与一般型供应商唯一的区别是采购金额大，因此，不能不重视。同时，因为市场竞争充分，可以充分利用价格杠杆，多家比价议价，价低者得，充分获得成本上的收益。

对供应商进行审核评分后，根据对供应商类型的分析结果，确定审核项目的权重，计算加权分数，最后计算出审核总分，进行供应商评估结果排名，见表 10－6。

表 10－6　供应商审核项目评分权重分配

项次	项目	评分	权重				加权分数
			杠杆型供应商	一般型供应商	瓶颈型供应商	战略型供应商	
1	质量体系与质量保障能力		0.15	0.15	0.1	0.05	
2	产品质量		0.1	0.1	0.1	0.05	
3	开发保证能力				0.1	0.1	
4	成本保证能力		0.4	0.5	0.1	0.25	
5	交付能力		0.2	0.1	0.4	0.25	
6	服务能力		0.1	0.1	0.2	0.1	
7	社会责任		0.05	0.05		0.1	
8	创新能力					0.1	
总分＝$\sum$评分×权重							

（二）运输供应商评估审核

运输供应商不同于制造供应商，评估内容包括运输组织能力、内部组织、财务系统、经营管理能力、信息系统和质量控制系统等。运输供应商评估方法见表 10－7。

表 10－7 运输供应商评估方法

一、供应商背景									
供应商名称：	供应商服务历史：								
年营业额：	所服务的其他客户资源：								
服务范围：	在国内的业务覆盖范围：								
其他后勤保障服务：	未来 18 个月内的发展计划：								
运力供应能力：	每年货运的赔损总数：								
二、关键要素评估									
评估项目		5	4	3	2	1	0	项目得分	
1. 运输组织能力	20 分								
（1）组织能力是否有一套完整的系统或进程予以支持，并被不断改进？（2 分）									
（2）提供的车辆是否符合客户要求？（4 分）									
（3）是否有专人负责改善运力系统？（4 分）									
（4）供应商的车辆是否按国家要求定期检查与保养？（2 分）									
（5）对承运质量是否有专门的管理？（2 分）									
（6）是否了解客户的运输质量要求？（2 分）									
（7）是否明白客户今后 1～3 年的总计划，并制订相应的计划以支持客户发展？（2 分）									
（8）即使客户无预先通知，供应商是否也能及时调度车辆，安排运力？（2 分）									
2. 内部组织	10 分								
（1）是否有系统的组织理念？（2 分）									
（2）员工是否了解企业的服务理念？（2 分）									
（3）是否有完整的人才培训系统以支持业务发展？（2 分）									
（4）供应商公司高层是否有较强的领导能力？（4 分）									
3. 财务系统	10 分								
（1）资产负债率（2 分）									
（2）应收账款水平（2 分）									
（3）年盈利能力（4 分）									

续表

（4）是否有改善财务状况的系统计划？（2分）								
4. 经营管理能力	10分							
（1）是否用ABC法则管理日常开支和业务？（2分）								
（2）是否跟踪车辆的运作情况并做相应记录？（2分）								
（3）供应商是否给高效率运作的客户以价格折扣？（2分）								
（4）是否有完整的财务系统掌握企业运作的各项费用？（2分）								
（5）是否有完整的系统控制，能否不断降低成本？（2分）								
5. 信息系统	20分							
（1）是否有类似MIS系统满足现行管理需要，以确认承运货物发出、在途、到达、进仓等资料？（4分）								
（2）是否有跟踪在途车辆的方法？（6分）								
（3）是否已计划采用电子信息系统来提供物流信息及运费结算？（6分）								
（4）是否能够让货主共享运输信息？（4分）								
6. 质量控制系统	30分							
（1）供应商采取何种管理方法来改善服务、降低成本？（4分）								
（2）对运输质量如何跟踪？（6分）								
（3）是否将运输质量及时、准确地向客户反映？（8分）								
（4）将部分业务外包时，是否事先对分包商有评估？（8分）								
（5）是否已建立量化的品质指标，以改善服务？（4分）								
项目合计								

第十一章 供应商绩效考核

第一节 供应商绩效考核体系建立

一、确定供应商绩效考核的目标

供应商绩效考核体系是由一组既独立又相互关联，并能较完整地表达评价要求的考核指标组成的评价系统。供应商绩效考核体系的建立可以确保绩效考核行之有据，同时确保考核结果准确、合理。

如今，供应商的业绩对制造企业的影响越来越大，其交货、产品质量、提前期、库存水平、产品设计等方面都影响企业采购能否成功。因此，企业需要对供应商进行绩效考核，以保证企业供应链系统的稳定和高效运作。

对供应商进行绩效考核时，企业必须明确自己的考核目标，从而确保考核工作有的放矢。供应商绩效考核的目标见表 11-1。

表 11-1 供应商绩效考核的目标

目标	说明
获得符合企业总体质量和数量要求的产品与服务。	企业有一整套战略规划和方针。选择供应商时，必须充分考虑该供应商的发展方向是否与本企业的发展方向一致，它所提供的产品和服务能否满足本企业在质量及数量方面的要求。
确保供应商能够提供最优质的产品、服务及供货最及时。	企业在选择供应商并确立双方的供需关系后，必须将最优质的产品、服务及供货最及时作为考核供应商的根本要素。
力争以最低的成本获得最优质的产品和服务。	企业总以追求最大利润为根本目标。因此，在供需关系确立后，采购方会采取多种措施降低采购成本，取得最优的产品和服务。

续表

目标	说明
淘汰不合格的供应商，开发有潜质的供应商，不断推陈出新。	采购方与供应商之间并非是从一而终的既定关系。双方都会不断衡量自身的利益是否能在与对方的合作中得以实现，那些不符合自身利益的合作伙伴最终会被摒弃。
维护和发展良好的、长期稳定的供应商合作关系。	越来越多的企业意识到，与供应商发展战略伙伴关系更加有利于自身的发展，这是经过市场检验的基本规律。采购方谋求的应该是建立并维持长期的伙伴关系。

供应商绩效考核所要达成的目标不同，考核方式和侧重点也会有所不同。例如，将考核目标设定为“力争以最低的成本获得最优的产品和服务”时，考核方式以“多家供应商对比考核”为佳，考核侧重点应为产品价格，价格指标所占权重也会随之提升。

二、选定供应商绩效考核方式

目前，国内大部分企业在进行供应商绩效考核时，多采用全方位考核、多家供应商对比考核、关键绩效指标考核三种方式。

（一）全方位考核

全方位考核是指从与供应商（被考核者）发生工作关系的多方主体那里获得供应商的信息，然后以此对供应商进行全方位、多维度的绩效考核。由于信息来源是多方位的，包括采购部的评估、制造部的评估、质检部的评估、财务部的评估、物流部的评估、技术部的评估等，所以被称为全方位考核，如图 11－1 所示。

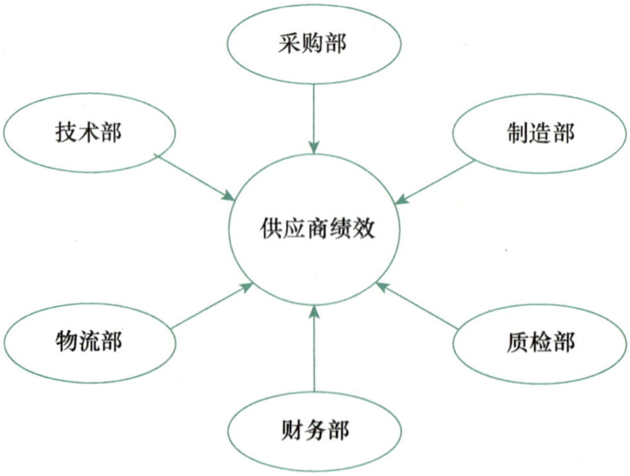

图 11－1　全方位考核

全方位考核与传统的绩效考核和评估方法最大的不同是，它不是把采购部的评价作为供应商绩效信息的唯一来源，而是将与供应商有业务关联的部门都作为提供反馈绩效的信息主体，供应商需接受多部门考核。

（二）多家供应商对比考核

对供应商的对比考核是指以比较为重要手段，对供应商的质量、价格与交货情况等进行考核的一种方式。在实际考核中，对比不仅作为一个重要的绩效考核手段存在，更重要的是必须将它作为基本思路贯穿到整个绩效考核的过程中。

在对比考核过程中，要对各类信息进行对照和分析，并通过对两类或两类以上同类要素的比较辨别出异同或高低，对考核对象的质量、价格与交货等方面的情况做出准确的描述，为供应商的绩效考核提供有用的依据。

（三）关键绩效指标考核

关键绩效指标考核是通过对供应绩效特征的分析，提炼出最能代表绩效的若干关键指标，并以此为基础进行绩效考核的模式。关键绩效指标必须是衡量供应商作业效果的关键指标，并能够将供应商绩效考核的指标细化、量化，从而确保供应商绩效考核的公正、客观。

供应商关键绩效指标的制定流程如图 11－2 所示。

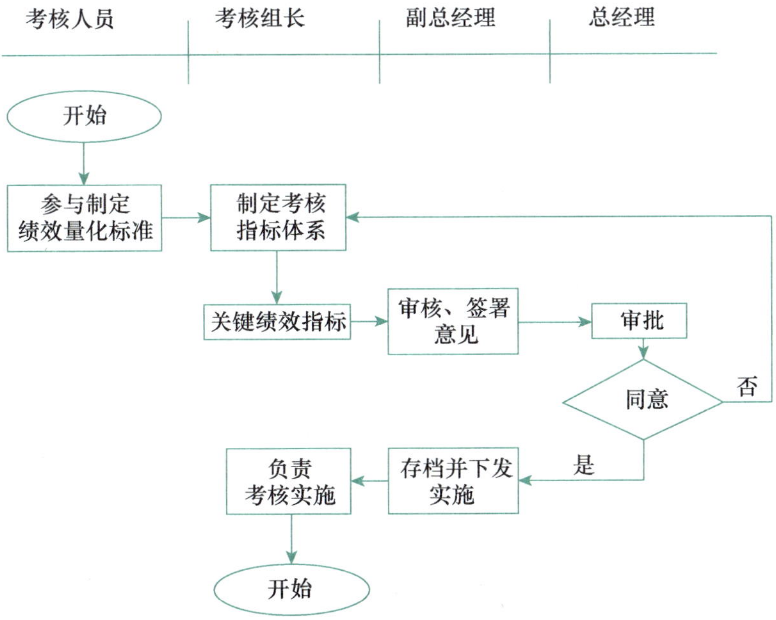

图 11－2　供应商关键绩效指标的制定流程

三、供应商绩效分数统计程序

供应商绩效分数统计是供应商绩效考核体系建立的关键环节，它直接决定供应商绩效考核结果的好坏，对供应商绩效考核的公正、客观起着重要作用。供应商绩效分数统计程序如下。

（一）确定关键绩效指标

统计供应商绩效考核分数时，首先应确定关键绩效指标，可通过平衡计分卡、财务报表、戴明环等方法制定关键绩效指标。

根据影响供应商交货绩效的主要因素，供应商绩效考核关键绩效指标通常有价格、质量、交货期、配合度四种类型。

（二）确定关键绩效指标权重

确定完整、合理的供应商绩效考核关键绩效指标后，下一步是确定每个指标的权重。确定关键绩效指标权重时须遵循以下三项原则：

1. 定量指标与定性指标相结合原则

可以取得统计数据的业绩考核指标为定量指标，如准时交货率、质量合格率、客户满意率等；不需统计的业绩考核指标为定性指标，如付款期、交货期、合作态度、配合度等。定量指标权重不得低于70%。

2. 合理分配指标权重原则

根据企业发展不同阶段、采购的不同产品所处的不同寿命周期及在产品构成中的不同关键性和重要性，按所采购产品大类设置供应商绩效考核指标权重。

3. 指标权重优化和调整原则

根据企业发展和供应商供货质量与服务水平的变化，可以对指标和权重分配进行优化及调整，更有利于激励供应商持续改进。

四、供应商绩效考核指标

供应商绩效考核指标很多，不同的企业因做法不同所用的绩效考核指标也不相同。但概括归纳起来有以下四大类。

（一）质量指标

供应商质量指标是供应商考评最基本的指标，包括来料批次合格率、来料抽检缺陷率、来料在线报废率、来料免检率等，分别叙述如下：

（1）来料批次合格率＝(合格来料批次÷来料总批次)×100%。

（2）来料抽检缺陷率=（抽检缺陷总数÷抽检样品总数）×100%。

（3）来料在线报废率=[来料总报废数（含在线生产时发现的）÷来料总数]×100%。

（4）来料免检率=（来料免检的种类数÷供应的产品总种类数）×100%。

此外，供应商体系、质量信息、供应商通过了 ISO 9000 认证或对供应商的质量体系审核达到一定水平则得分，否则不得分。还有些企业要求供应商在提供产品的同时提供相应的质量文件，如过程质量检验报告、出货质量检验报告、产品成分性能测试报告等，并按供应商提供相应信息完整、及时与否给予打分考评。

（二）供货指标

供应商供货指标是与供应商的交货表现以及供应商企划管理水平相关的考核因素，其中最重要的是准时交货率、交货周期、订单变化接受率等。

（1）准时交货率。准时交货率=（按时、按量交货的实际批次÷订单确认的交货总批次）×100%。

（2）交货周期。自订单开出之日到收货之时的时间长度，常以天为单位。

（3）订单变化接受率。订单变化接受率是衡量供应商对订单变化灵活性反应的一个指标，指在双方确认的交货周期中供应商可接受的订单增加或减少的比率。

订单变化接受率=（订单增加或减少的交货数量÷订单原定的交货数量）×100%

值得一提的是，供应商能够接受的订单增加接受率与订单减少接受率往往不同，前者取决于供应商生产能力的弹性、生产计划安排与反应快慢以及库存大小与状态（原材料、半成品或成品），后者主要取决于供应商的反应、库存大小（包括原材料与在制品）以及减单可能带来的损失的承受力。

此外，有些企业还将本企业必须保持的供应商供应的原材料或零部件的最低库存量、供应商的企划（Logistics，或称后勤）体系水平、供应商所采用的企划系统（MRP、MRPⅡ或 ERP）、供应商是否同本企业实施“实时供应”等也纳入考核。

（三）经济指标

供应商考核的经济指标总是与采购价格和成本相联系。与质量指标和供货指标不同的是，质量与供货考核通常每月进行一次，而经济指标则相对稳定，多数企业是每季度考核一次，且经济指标往往都是定性的，难以量化。具体考核点如下：

（1）价格水平。这往往同企业所掌握的市场行情比较或根据供应商的实际成本结构及利润率进行判断。

（2）报价是否及时，报价单是否客观、具体、透明（分解成原材料费用、加工费用、包装费用、运输费用、税金、利润以及相对应的交货与付款条件等）。

（3）降低成本的态度及行动。是否真诚地配合本企业或主动地开展降低成本活动、制订改进计划、实施改进行动。

（4）分享降价成果。是否将降低成本的好处也让利给客户（本企业）。

（5）付款。是否积极配合响应本企业提出的付款要求与办法，开出付款发票是否准确、及时并符合有关财税要求。有些企业还将供应商的财务管理水平与手段、财务状况以及对整体成本的认识纳入考核。

（四）支持、配合与服务指标

同经济指标一样，考核供应商在支持、配合与服务方面的表现通常也是定性考核，每个季度一次，相关的指标如下：

（1）反应表现。对订单、交货、质量投诉等反应是否及时、迅速，答复是否完整，对退货、挑选等的处理是否及时。

（2）沟通手段。是否有合适的人员与本企业沟通，沟通手段是否符合本企业的要求（电话、传真、电子邮件和文件书写所用软件与本企业的匹配程度等）。

（3）合作态度。是否将本企业看成重要客户，供应商高层领导或关键人物是否重视本公司的要求，供应商内部（如市场、生产、计划、工程、质量等部门）沟通协作是否能整体理解并满足本企业的要求。

（4）共同改进。是否积极参与本企业相关的质量、供应、成本等改进项目或活动，或推行新的管理做法等，是否积极组织参与本企业共同召开的供应商改进会议，并配合本企业开展的质量体系审核等。

（5）售后服务。是否主动征询客户（本企业）的意见，主动访问本企业，主动解决或预防问题。

（6）参与开发。是否参与、如何参与本企业的产品或业务开发过程。

（7）其他支持。是否积极接纳本企业提出的有关参观、访问事宜，是否积极提供本企业要求的新产品报价并送样，是否妥善保存与本企业相关的文件等不予泄露，是否保证不与影响本企业切身利益的相关企业或单位进行合作等。

第二节 供应商绩效考核实施

供应商绩效考核是指对现有供应商的业绩进行评价的业务过程。供应商绩效考核与新供应商评估不同，供应商绩效考核内容一般包括价格、质量和交货等，应根据企业产品定位、经营战略和物料需求性质等设置考核内容的权重。供应商绩效考核可以分为定性分析法和定量分析法两种，企业应根据具体情况合理选择。

一、定性分析法

定性分析法又称经验判断法，即根据供应商的实际情况和评价者的主观判断对供应商业绩进行评估的方法。

例如，由采购、物流、质检、生产、财务等相关部门针对其所关切的项目，综合每个供应商过去或现在的表现，评估其为“满意”“尚可”或“不满意”。具体方法见表 11 - 2。

表 11 - 2　供应商评估

供应商名称			评估日期	
评估结果	评估部门	满意	尚可	不满意
	采购部			
	物流部			
	质检部			
	生产部			
	财务部			
评估部门	评估项目	满意	尚可	不满意
采购部	按报价交付			
	价格竞争力			
	价格水平			
	紧急订单处理能力			
	愿意提供协助			
	快速反应			
物流部	交货准时			
	数量准确			
	货损货差			
	包装状况			
	物流服务			
质检部	来料检验质量			
	生产过程检验质量			
	售后质量			
	质量问题处理			
	质量改善			

续表

生产部	技术支持			
	质量稳定性			
	相关服务			
财务部	发票及时性			
	发票正确性			
	付款周期			
	提供对账支持			
	没有其他支付条款要求			

二、定量分析法

定量分析法是指通过数据统计方法，对供应商业绩进行评估的方法。在供应商绩效考核中，最常用的定量分析法就是加权指数法，即首先确定供应商考核项目，给每个项目设定权重，然后将供应商在各项目的得分乘以该项目的权重，最后将各项目得分加总得到总分，其计算公式如下：

$$价格分=价格系数\times权重数=\frac{最低报价}{实际报价}\times权重数$$

质量分=合格率×权重数

交货分=交货准时率×权重数

总分=价格分+质量分+交货分

【例 11-1】 某企业评估供应商指标规定，对于某物料的价格给予 50 分，质量为 30 分，交货为 20 分。三个供应商的报价如下：供应商 A 为 59 元，供应商 B 为 63 元，供应商 C 为 70 元。在一年的采购中，各供应商各项的表现见表 11-3。

表 11-3 供应商各项的表现

供应商	报价（元）	总交货次数	不合格次数	迟交次数
供应商 A	59	65	6	13
供应商 B	63	35	0	2
供应商 C	70	45	2	7

1. 价格（50 分）

$$价格分=价格系数\times权重数=\frac{最低报价}{实际报价}\times权重数$$

供应商 A：$\frac{59}{59}\times50=50.0$

供应商 B：$\frac{59}{63}\times50\approx46.8$

供应商 C：$\frac{59}{70}\times50\approx42.1$

2. 质量（30 分）

质量分＝合格率×权重数

供应商 A：$\frac{59}{65}\times30\approx27.2$

供应商 B：$\frac{35}{35}\times30=30.0$

供应商 C：$\frac{43}{45}\times30\approx28.7$

3. 交货（20 分）

交货分＝交货准时率×权重数

供应商 A：$\frac{52}{65}\times20=16.0$

供应商 B：$\frac{33}{35}\times20\approx18.9$

供应商 C：$\frac{38}{45}\times20\approx16.9$

4. 总分

总分＝价格分＋质量分＋交货分

供应商 A：50.0＋27.2＋16.0＝93.2

供应商 B：46.8＋30.0＋18.9＝95.7

供应商 C：42.1＋28.7＋16.9＝87.7

考核结果：第一、二、三名分别为供应商 B、供应商 A 和供应商 C。

供应商绩效考核项目应根据不同企业实际情况来设定，如质量考核项目可设置合格、让步接收、返工、不合格等指标；交货项目可设置准时交货、提前交货、延迟交货等指标。各指标权重不得大于项目权重。

【例 11－2】 某企业评估供应商指标规定，对于某物料的价格给予 50 分，质量为 30 分，交货为 20 分。三个供应商的报价如下：供应商 A 为 59 元，供应商 B 为 63 元，供应商 C 为 70 元。在一年的采购中，各供应商绩效考核见表 11－4。

表 11-4　各供应商绩效考核

供应商	总交货次数	价格（元）（50 分）	质量（30 分）				交货（20 分）		
			合格（30 分）	让步接收（20 分）	返工（10 分）	不合格（0 分）	准时交货（20 分）	提前交货（15 分）	延迟交货（10 分）
供应商 A	65	59	59	2	2	2	52	6	7
供应商 B	35	63	35	0	0	0	31	2	2
供应商 C	45	70	43	0	1	1	38	4	3

1. **价格**（50 分）

$$价格分=价格系数\times 权重数=\frac{最低报价}{实际报价}\times 权重数$$

供应商 A：50.0

供应商 B：46.8

供应商 C：42.1

2. **质量**（30 分）

$$质量分=\frac{合格次数}{总交货次数}\times 权重数+\frac{让步接收次数}{总交货次数}\times 权重数+\frac{返工次数}{总交货次数}\times 权重数+\frac{不合格次数}{总交货次数}\times 权重数$$

供应商 A：$\frac{59}{65}\times 30+\frac{2}{65}\times 20+\frac{2}{65}\times 10+\frac{2}{65}\times 0\approx 28.1$

供应商 B：$\frac{35}{35}\times 30=30.0$

供应商 C：$\frac{43}{45}\times 30+\frac{1}{45}\times 10+\frac{1}{45}\times 0\approx 28.9$

3. **交货**（20 分）

$$交货分=\frac{准时交货次数}{总交货次数}\times 权重数+\frac{提前交货次数}{总交货次数}\times 权重数+\frac{延迟交货次数}{总交货次数}\times 权重数+\frac{未交货次数}{总交货次数}\times 权重数$$

供应商 A：$\frac{52}{65}\times20+\frac{6}{65}\times15+\frac{7}{65}\times10+\frac{0}{65}\times0\approx18.5$

供应商 B：$\frac{31}{35}\times20+\frac{2}{35}\times15+\frac{2}{35}\times10+\frac{0}{35}\times0\approx19.2$

供应商 C：$\frac{38}{45}\times20+\frac{4}{45}\times15+\frac{3}{45}\times10+\frac{0}{45}\times0\approx18.9$

4. 总分

最终总分＝价格分＋质量分＋交货分

供应商 A：50.0＋28.1＋18.5＝96.6

供应商 B：46.8＋30.0＋19.2＝96.0

供应商 C：42.1＋28.9＋18.9＝89.9

考核结果：第一、二、三名分别为供应商 A、供应商 B 和供应商 C。

三、定性分析法和定量分析法的合理选择

应根据不同情况选择评估方法，见表 11－5。

表 11－5 定性分析法和定量分析法对比

方法	优点	缺点	适合情况
定性分析法	(1) 容易实施。 (2) 需要最少的资料。 (3) 多数人可参与。 (4) 适合资源有限的公司。 (5) 低成本的制度。	(1) 最不可靠。 (2) 评估次数最少。 (3) 最主观的评定。 (4) 通常为人工作业。	(1) 临时性小额采购。 (2) 小公司。 (3) 开始发展评估制度。
定量分析法	(1) 有弹性的制度。 (2) 可以当作供应商评定办法。 (3) 实施成本适中。 (4) 结合计数与计量的制度。	(1) 重视单价。 (2) 需要使用计算机。	(1) 金额大、数量大、标准化程度高的物料采购。 (2) 多数公司适用。

为更有效地进行供应商绩效考核，应采用定量分析法和定性分析法相结合的方法，除设置定量考核项目外，还可以设置定性考核项目，如是否提供实时供应、技术支持等。一般定性分析权重应不超过 30%。

第三节 供应商绩效考核结果的处理

供应商绩效考核只是一种手段，而非目的。完成对供应商的绩效考核工作后，供应商管理部门还应依据供应商绩效考核的结果对供应商进行后续处理，包括对供应商进行分层、分级，奖惩激励供应商，协助供应商改善绩效，对确实无力改善、无法继续合作的供应商予以淘汰，只有这样，才能达成供应商绩效考核的目标。

一、供应商分级管理

供应商分级管理是指按绩效考核结果对供应商进行等级划分，并据此及时改进企业与供应商的合作策略，解决市场变化带来的问题，避免损失及规避风险。

对供应商实行评分分级制度，满分为 100 分，表 11－6 所列为供应商的等级划分。

表 11－6　供应商的等级划分

考核项目	得分	评价及措施
质量状况、交付情况、服务质量及价格水平	90～100 分	一级供应商，优秀供应商，应继续加强与其合作关系，实现双赢。
	80～89 分	二级供应商，合格供应商，应逐步改进、优化合作关系，为向一级供应商方向发展而努力。
	60～79 分	三级供应商，需要进一步培训与辅导或减量、暂停。
	60 分以下	采购不合格供应商，督促其改善，并视情况调整与其合作策略。

对不同等级供应商应采取不同的管理措施。对于不合格供应商，若其为垄断性质供应商，企业应改善与供应商之间的关系，使之向二级供应商或一级供应商转变；若其为非垄断性质供应商，则应根据其合作情况有无改善决定淘汰与否，并积极引入其他供应商。企业分级管理可以每隔 6 个月进行一次，对供应商级别进行调整。

二、对供应商的奖惩激励

奖惩激励供应商的目的在于充分发挥供应商的积极性和主动性，做好物料供应工作，保证采购方企业的生产活动正常进行。对供应商实施有效的奖惩激励，有利于增强供应商的适度竞争，保持对供应商的动态管理，提高供应商的服务水平，从而降低企业采购的风险。

（一）奖励供应商的措施

根据供应商绩效考核的结果，向供应商提供奖励性激励，可以使供应商在受到这样的激励后“更上一层楼”。供应商的激励措施及适用对象见表 11－7。

表 11－7　供应商的激励措施及适用对象

激励措施	激励效果	适用对象
延长合作期限	延长与供应商的合作期，可以增强供应商业务的稳定性，降低其经营风险。	适用于合作期限较短的供应商。
增加合作份额	增加订单数额，可以提高供应商的营业额，提高其获利能力。	适用于具备更大产能、急于扩大营业额的供应商。
增加物品种类	增加合作的物品种类，可以使供应商一次性送货的成本降低。	适用于增加物品种类有利于降低其成本的供应商。
供应商级别提升	提高供应商的美誉度和市场影响力，提高其市场竞争力。	适用于尚未达到战略合作伙伴级别的供应商。
书面表扬	提高供应商的美誉度和市场影响力。	适用于对荣誉较为看重的供应商。
颁发证书或锦旗	提高供应商的美誉度。	适用于对荣誉较为看重的供应商。
现金或实物奖励	向供应商颁奖（奖金、奖品），这种奖励更能起激励作用。	适用于对企业做出重大贡献或特殊贡献的供应商。

（二）惩罚供应商的措施

惩罚供应商属于负激励，一般用于业绩不佳的供应商。其目的在于提高供应商的积极性，改进合作效果，维护企业利益不受损失。一般而言，有以下几种惩罚措施可供参考：

（1）供应商品质不良或交货期延误所致损失，由供应商负赔偿责任。

（2）考核成绩连续 3 个月评定为三级以下者，接受订单减量、各项稽查及改善辅导措施。

（3）考核成绩连续 3 个月评定为采购不合格供应商且未在限期内改善者，停止合作。

奖罚激励由企业的供应商管理部门根据绩效考核结果提出，由部门经理审核，报分管副总经理批准后实施。实施对供应商的惩罚后，要高度关注其行为，尤其是受到惩罚前后的变化，作为评价和改进供应商激励方案的依据，以防出现对企业不利的问题。

三、协助供应商改善绩效

对于绩效考核成绩欠佳却又基于价格或其他原因不便淘汰的供应商，采购方有必要采取措施协助供应商改善绩效，协助供应商建立一套有效的品质控制系统。

（一）协助供应商实现产品要求

当供应商接受采购订单时，如果其对产品的要求都不清楚，那么其产品质量很难达标。而解释对产品的要求是采购方的责任，采购方应向供应商清晰地解读图纸、规格、检验程序、技术说明和报价要求，指导供应商实现产品要求。供应商了解产品要求的途径见表 11-8。

表 11-8 供应商了解产品要求的途径

途径	说明
产品图纸和规格	供应商必须检查图纸的公差要求和可能影响装配的组合，还必须检查确定基础表面和基线是否定义清楚并与工艺过程相适应。必要时，供应商应就改变尺寸基准方法和公差以及改善清晰度提出建议。供应商必须对材料的要求及其物理特性（如硬度、光洁度、传导性等）有全面了解。
技术规格	供应商应分析产品的技术规格，以确定产品是否按功能规格要求进行生产。
测试要求	如果采购方提供测试设备或仪器，供应商应检查操作程序、校正方法。

如果供应商在了解基本需求后，仍因能力欠缺而不能满足产品要求，采购方可酌情提供技术指导及其他方法上的帮助。

（二）协助供应商制定质量管理手册

质量管理手册是生产企业为产品和员工建立的书面质量标准，它在结构和深度上与工程、生产、采购等部门制定的手册类似，并与它们共同使用。供应商如果没有质量管理手册，采购方可协助其建立。

1. 质量管理手册的内容

质量管理手册应阐述政策声明、规程、工作指示和可应用的过程规格，在规模大、组织结构复杂的企业中，可能有必要将它们分解到不同文件或手册中，利于有效使用。质量管理手册的内容见表 11-9。

表 11-9 质量管理手册的内容

内容	说明
质量政策	讲述企业的质量政策和目标，可能有必要描述几个功能区域的运行政策，如保证声明、纠正措施、设计检查、分包、过程控制等；描述如何确定产品和服务是否符合规格。
质量程序	这些文件明确了执行质量系统的职责，也总结了信息和工作流程，并提供了一系列总的指示。
作业指导书	在某些情况下，有必要为镀层、热处理、捆扎线束、完成测试报告等特殊活动制定每个步骤的指示，将这类指示与以前描述的更综合的指示分开比较好，即将叙述详细、彼此独立的工作指示手册发给工作人员。
工艺规程	这些技术文件提供在按照常规检查技术不能对最终结果进行检验的情况下，如何对操作进行控制，如热处理、化学配方制造、老化、镀膜、浸渍以及非破坏性检查。

2. 质量管理手册的形式

质量规程和工作指示的形式可根据企业的期望和要求制定，但是文件应明确主题、目标、范围、方法、程序和责任。

质量管理手册应按功能或组织分成不同章节。按功能分，可以将一个具体操作的所有指示编入单独一节；按组织分，可以将与一个部门有关的所有指示编入一节。

3. 质量管理手册的管理

质量经理应建立定期检查质量管理手册的制度，以保证它的可应用性并去掉不必要或过时的指示。目录中应包括最新版本的日期。应向每个需要它完成工作的人和应注意到它内容的人分发手册，分发清单上应注明分给每个人的手册的编号；不需要使用质量管理手册时，应退还给质量保证组织。

(三) 协助供应商建立记录和跟踪系统

采购方企业应协助供应商将客观质量证据（用来向客户证明产品是按照规格生产和检测的一系列证明质量的资料）列入其管理体系。在某些情况下，客观质量证据是管理部门为产品的销售和使用颁发许可证的基础。在产品责任事件中，客观质量证据可以是证明产品满足所有材料和设计标准的基础。

一般来说，证明质量的资料应包括：

(1) 原始的或真实的测试数据报告的复印件。它应指明测试所对应的规格、方法以及获得的实际检测结果。

(2) 进行检测的活动或实验室的标志、日期和实验室管理编号，检测报告必须由检测实验室的管理者签字。

(3) 材料上必须印有可以追踪到采购订单编号、批次、热处理、批量的文档或跟踪编号。通常，制造者完成的原始分析和测试报告被作为证明接收，但是如果任何后续工序（如热处理、锻造、冷加工等）会改变材料的性质，将需要进行另外的代表完成状态的测试。

供应商应对发送给采购方的产品质量负责，因此需要对从供应商和分销商采购的制造产品的材料和零件的质量负责。供应商要保证他们购买的产品使用时安全并达到期望值，并有确凿的记录证明，客观质量证据的目的就在于此，它可以确保产品从开始生产到加工的每个阶段直至最终销售都被全程跟踪。

参考资料

×××公司供应商考核与管理办法

1. 目的

为强化供应商管理，促进其持续改进，客观、公正地评价供方的质保能力、生产能力、竞争能力、服务水平、零部件价格等，建立优胜劣汰的管理机制，为优化配套体系提供更好的决策依据，特制定本办法。

2. 范围

适用于配套体系内供应商的管理和供应商零部件的质量评价。

3. 职责

3.1　售后服务部负责每年12月25日前将市场重大批量质量问题、市场发生的不合格零部件数量分厂家、规格、数量报采购部。

3.2　信息中心负责每月25日前将本月交验合格率、生产过程中零部件使用合格率、计划完成情况、准时供货率报采购部。

3.3　工程技术部负责每月25日前将质量整改完成情况报采购部。

3.4　配套部负责每月25日前将新品计划完成情况、成本推移报价及时性和准确性情况、新品报价及时性和准确性情况、服务情况等报采购部，并负责组织季度A、B类零部件配套比例评估和季度C类零部件配套比例的评估。

3.5　采购部负责收集各部门采集的数据，进行汇总、发布，并负责月度配套比例的抽查。

3.6　财务部负责配套单位考核的兑现。

3.7　技术总监或总工程师负责供方月度综合质量情况通报、年度供方综合考核表的审核。

3.8　评估组长负责出具合格供方考评初步意见。

3.9　总经理负责供方月度综合质量情况通报、年度供方综合考核表的审批，并负责签署合格供方考评结论。

4. 正文

4.1　供应商品质评价项目及评价方式。

序号	评价项目	评价方式
1. 市场质量评价		
序号	评价项目	评价方式
①	供应商市场零部件不合格率	$\frac{\text{市场每年发生的不合格数量}}{\text{每年使用的零部件数量}}\times 100\%$
②	市场重大质量问题、批量质量问题的次数	
2. 交验产品质量评价		
序号	评价项目	评价方式
①	一次交验合格率	$\frac{\sum \text{合格入库数(不含降级使用)}}{\sum \text{送货数}}\times 100\%$
②	生产过程中零部件使用合格率	$1-\frac{\sum \text{料废入库数}}{\sum \text{生产领用数}}\times 100\%$
③	质量整改完成情况	
3. 准时供货评价		
序号	评价项目	评价方式
①	计划完成情况	$\frac{\sum \text{送货数}}{\sum \text{计划数}}\times 100\%$
②	准时供货率	$1-\frac{\sum \text{过期失效量}}{\sum \text{计划数过期数}}\times 100\%$
③	新品计划完成情况	
4. 产品价格评价		
序号	评价项目	评价方式
①	报价及时性、准确性	
②	新品报价及时性、准确性	
5. 服务与技术支持		

4.2　月度考核及通报。

4.2.1　月度评价考核内容由采购部按月将合格供方的综合考核表在次月30日前完成。

4.2.2　每月30日，采购部将综合考评排名最差的五家供应商按年月供货质量情况通报给相关单位第一责任人。

4.2.3　连续两个月综合排名在最后的三名供应商，采购部以第二个月排名为准，按以下标准报财务部考核：

序号	名次	罚款金额（元）
1	最后一名	5 000
2	倒数第二名	4 000
3	倒数第三名	3 000

4.2.4　每季度质量排序后，对连续两个月及以上排名都在后三名的供应商，在季度配套比例评估时，降低该供应商30%～50%的配套比例或取消其配套资格。

4.2.5　交验合格率考核。

按当年的质量技术协议书执行。

4.3 重大质量问题通报。

若供应商发生以下重大质量问题，将随时对相关单位第一责任人进行通报并要求其赔偿经济损失。

4.3.1　在市场使用中出现重大质量事故或批量性质量问题。

4.3.2　生产过程中连续两次发生批量（50件以上）的质量问题。

4.4　限期整改、停货、恢复供货及取消资格。

4.4.1　根据供方零部件送检情况、生产过程质量信息情况及市场质量信息情况，工程技术部可发出书面整改通知，通知供方限期整改、减少供货比例或停货整改。停货整改和整改期间生产急需的零部件需缩短整改期限必须报总工程师批准。限期整改、整改通知书应明确整改期限，并通知配套部、物资部、质检部、计调中心等有关部门。

4.4.2　对限期整改的，当整改到期后由工程技术部根据整改期间质检部统计的进货合格率或跟踪现场生产过程中质量情况（书面记录）确定整改结束、继续整改、限量整改或停货整改建议并报总工程师批准。

4.4.3　整改期限。

4.4.3.1　连续送检一般项不合格、混规格和不正常供货，加工不到位，尺寸超公差等整改期限为15天。

4.4.3.2　连续送检材质不合格、混材料和材料以劣代优，生产过程质量问题、模具严重问题、批量质量和重大项目质量问题等，整改期限为1～2月。

4.4.3.3　存在重大质量隐患且短时间不能得到改善，重大安全质量事故，连续停货整改两次及以上等，整改期限为3个月以上。

4.4.4　停货整改的，整改到期后由停货单位向工程技术部和总工程师提交整改报告书，经确认其整改措施切实有效后，由工程技术部通知停货单位提交50～100件（套）样件送检，质检部样件检验结果报工程技术部和总工程师。样件检验合格后，由工程技术部向质检部、配套部、物资部、计调中心等部门发出恢复供货或小批送样通知。整改不合格的，由总工程师判定供方继续整改或在季度配套比例评估中提议取消其供方资格。

4.4.5 供方资格恢复。

4.4.5.1 凡合格供方因不明原因连续两个月未供货，原则上应作自动取消配套资格处理，供方资格恢复按新进供方处理。

4.4.5.2 凡被取消配套资格的供方，在取消资格6个月后才能再次申请，供方资格恢复按新进供方处理。

4.4.5.3 特殊情况下按照公司总经理意见办理。

4.5 配套比例的评估及配套比例的控制。

4.5.1 配套比例评估小组。

评估小组组长：生产副总经理。

评估小组副组长：技术总监、总工程师。

评估小组组员：工程技术部负责人、质检部负责人、配套部负责人、采购部负责人、采购部主办人员。

4.5.2 每季度末配套部组织评估小组根据月合格供方综合考核表综合成绩对A、B类零部件进行供方配套比例评估，同类产品综合成绩排名在前的优先考虑配套比例。特殊情况下，可按公司总经理的意见调整配套比例。确定供方的原则：同种零部件供方不得超过5家，同类零部件不得超过3家。配套部将评估结果编制A、B类合格供方比例明细表，送评估小组会签，报总经理审批后执行。A、B类合格供方比例明细表送总经理、评估组长、采购部、财务部各一份。C类零部件由配套部共同参与进行供方配套比例评估，评估结果经评估组长审核、总经理批准后执行，配套部将评估结果送采购部一份。

4.5.3 采购部每月定期对配套比例的执行情况进行监控，供货比例不得超出规定比例±5%的范围，规定比例为5%的不得超出±2.5%的范围。

4.5.4 对A、B类零部件的重点合格供应商，由评估组长每年度一次组织公司相关领导或部门进行实地考评；C类零部件的重点合格供应商，由配套部组织工程技术部、质检部、采购部、财务部进行实地考评。评价标准总分100分，在60分以上

（含 60 分）为合格，低于 60 分取消其配套体系的资格（特殊情况由评估组长或总工程师处置）。考评结果排名作为供方季度配套比例评估的重要依据，评估记录由配套部保存在合格的供方档案中。

______月合格供方综合考核表

供方名称：

项目	考核内容	标准分	考核办法	考核结果	
				考核情况	考核得分
产品质量评价	一次交验合格率	25 分	80%以下扣 25 分（含 80%）； 80%以上按以下公式计算： $\frac{(合格率-80\%)\times 25分}{20\%}$		
	生产过程中零部件使用合格率	5 分	合格率×5 分		
	市场重大质量问题、批量质量问题的次数	10 分	每发生一次扣 5 分，两次及两次以上扣 10 分		
	质量整改完成情况	10 分	一次未按时整改扣 5 分，两次及两次以上扣 10 分		
准时供货评价	计划完成情况	20 分	计划完成率×20 分		
	准时供货率	10 分	准时供货率×10 分		
	新品计划完成情况	5 分	每一次问题扣 1 分		
产品价格评价	成本推移报价及时性、准确性	5 分	晚一天报价扣 1 分，以此顺推		
	新品报价及时性、准确性	5 分	报价不准确一次扣 0.2 分，以此顺推		
服务	服务是否周到	5 分	未安排售后人员扣 1 分，服务不及时每次扣 1 分		
合计得分					

第十二章 供应商关系管理

第一节 供应商关系的发展趋势

一、供应市场变化对供应商关系的影响

传统的供应商与客户的关系就是简单的买卖关系，这种关系的理念就是以最便宜的价格买到最好的东西，其出发点为买卖双方围绕着生意讨价还价，相互之间是竞争关系，因此，客户往往将供应商看成是生意场上的对手或敌人。随着社会的发展、技术的进步，供应市场在过去的几十年期间也发生了深刻变化，具体体现为以下几个方面：

（1）技术飞速发展，产品开发周期越来越短，技术手段不断更新。

（2）经济全球化，市场国际化。

（3）新的资源不断出现，资源利用率不断提高。

（4）知识、信息的生产、分配和使用日趋强化，且以加速度走向世界一体化、网络化。

（5）客户需求呈现个性化趋势。

（6）政治因素与经济、市场的相互影响在不断扩大化、国际化。

供应市场变化迫使制造业必须认真审视自己与供应商的关系，大多数工业企业顺应潮流的发展要求，将采购活动由“以做生意为目的”转向“以供应商关系管理为导向、以实现双赢为目的”。

然而，企业与供应商合作过程中面临空前挑战，具体表现在以下几个方面：

（1）随着高科技的发展和新产品的开发，供应商开发难度越来越高。

（2）全球性能源趋紧，原油价格持续走高。

（3）产品更新换代快，产品寿命周期缩短。

（4）上游环节和中间环节被少数公司控制，导致关键设备和零部件供应商垄断价格。

（5）买卖各方不愿牺牲自身利益，缺乏透明度，建立供应链合作伙伴关系障碍多。

因此，如何加强供应商管理、与供应商建立供应链双赢合作伙伴关系成为企业可持续发展的重要课题。

二、供应商关系管理的发展

供应商关系管理是采购活动中的重要内容，采购方的产品质量、成本与效率很大程度上受制于供应商的表现。

我国制造业零部件质量直接影响产成品质量，通过对运行过程暴露的质量问题统计，70%以上是由供应商零部件质量造成的。同时，零部件采购价格直接影响产品成本，根据统计分析，零部件及原材料采购成本约占销售收入的70%。而供应商准时交付率直接影响企业的生产进程，从近几年的情况分析，70%以上的停工待料是由供应商的延迟交付和配件的质量问题造成的。所以，离开供应商的配合，采购活动难有作为，没有供应商的合作，企业生产所需资源供应难以得到保障，为此就必须发展与供应商的良好关系。从采购方与供应商关系的转变过程来看，供应商关系管理大致经历了传统外协管理、供应链管理、战略联盟和世界级水平四个阶段。

（一）第一阶段：传统外协管理

传统外协管理的特征包括：

（1）大量、分散的供应商。

（2）几乎没有建立特定关系。

（3）认为供应商之间是充分竞争的，可互相替代。

（4）没有正式的供应商行为评估。

（5）以价格和质量为主要的选择标准，但还是更突出价格因素。

（二）第二阶段：供应链管理

供应链管理的特征包括：

（1）偏爱数量有限的关键供应商。

（2）有供应商评估系统和双向大量沟通。

（3）突出供应质量。

（4）调查供应商，巡视现场。

(5) 与供应商有限地合作。

传统外协管理与供应链管理的区别见表 12-1。

表 12-1　传统外协管理与供应链管理的区别

比较项目	传统外协管理	供应链管理
供应商数目	多	少
供应商关系	短期的买卖关系	长期合作的伙伴关系
企业与供应商的沟通	仅限于采购部与销售部	双方多个部门沟通
价格谈判	价格尽可能低	适宜的价格，更多的选择标准
供应商选择	凭采购员经验	完善的程序和战略标准
供应商对企业的支持	无	有
企业对供应商的支持	无	有
信任程度与责任感	低	高

(三) 第三阶段：战略联盟

战略联盟的特征包括：

(1) 严格的供应商认证。

(2) 制定长期的合作框架协议。

(3) 透明的成本价格构成和实际的利益。

(4) 共同责任和双赢战略合作。

(5) 排除合作中各种不增值的因素。

(6) 利益共享与利益保障。

(7) 共同支持与早期介入。

(8) 资源整合与信息共享。

(四) 第四阶段：世界级水平

世界级水平的特征包括：

(1) 供应商自我认证。

(2) 关键供应商账户管理。

(3) 战略性配合。

(4) 进行系统化的评估反馈。

(5) 同步双向沟通。

(6) 和供应商一起优化供应链。

三、供应商关系分类

企业在实际运作中根据供应商所提供的资源在企业产品中的重要性、资源可得性、资源市场供求变动及采购金额等因素，将供应商关系分为商业型供应商、优先型供应商、伙伴型供应商（供应伙伴、设计伙伴），见表12-2。

表12-2 供应商关系特点

比较项目	商业型供应商	优先型供应商	伙伴型供应商	
			供应伙伴	设计伙伴
关系特征	运作联系	运作联系	战术考虑	战略考虑
时间跨度	1年以下	1年左右	1～3年	1～5年
设计和生产	提供不同产品让客户选择	按客户设计要求生产	● 按客户要求设计 ● 按客户要求生产	● 早期介入产品设计 ● 提供技术支持 ● 共享知识产权
质量	由客户检验把关	由客户检验把关	● 供应商保证质量 ● 顾客质量抽检 ● 质量持续改进	● 共同确定质量标准 ● 供应商保证质量 ● 质量免检
供货方式	● 按交货订单供货 ● 固有送货时间、包装方式和最小批量	● 按年度协议和交货订单供货 ● 客户决定送货时间、包装方式和最小批量	● 按需求计划供货 ● 共用周转容器 ● 实时供货	● 按电子数据交换系统信息供货 ● 管理客户库存 ● 双方共享信息 ● 多部门横向对口联系
合约	短期买卖协议	年度合作协议	● 年度合资协议（1～3年） ● 质量协议	● 年度合资协议（1～5年） ● 设计合同、质量协议等
成本/价格	市场价格	价格+批量折扣	价格+降价目标	● 公开价格与成本构成 ● 降低成本承诺与计划

第二节 供应商关系策略

在日常运作层面，供应商的管理就是做好四件事：选择、认可、考核与激励。但这四件事都离不开一个基础，那就是供应商的关系策略。只有弄清楚供应商的关系策略，才可以有针对性地建立模板、认可流程与考核标准，并采取相应的激励措施；有针对性，才有可操作性，最终取得实效。

一、供应商关系策略的概念

供应商关系策略是指采购方如何同供应商相处。经常听到的描述是“我们与供应商的关系是双赢的合作伙伴关系”或者“战略合作伙伴关系”，甚至“全天候的战略合作伙伴关系”。这些描述比较宏观和抽象，因此也就难以操作。那么，如何正确理解供应商关系策略？供应商关系策略可以用“分类、减少、开发、扶持”八个字来表述，简称“八字方针”，即“分类”——分为一般型供应商、战略型供应商、杠杆型供应商和瓶颈型供应商，“减少”——减少供应商数目，“开发”——开发有潜力的新供应商，“扶持”——扶持优秀的供应商。

二、供应风险及其控制战略

（一）供应风险

供应风险主要指供应商在五个方面的表现：质量表现、产能保障、技术配套能力、资金实力和管理理念是否匹配。

1. 质量表现

质量表现主要指质量的可靠性与稳定性，可靠性是指供应商的质量是否符合采购方的质量标准，稳定性是指是否持续符合该标准。质量表现还包括出现质量问题时供应商在质量改善方面努力的意愿和效果。

2. 产能保障

质量表现有两层含义：绝对产能、优先保障，即供应商的绝对产能是否与采购方的需求相匹配，或者当采购方的需求增加时，供应商能否同步提升产能；如果不匹配，在供需出现矛盾时能否优先保障对采购方的供应。产能保障的本质是准时交货的能力，它反映了采购方在供应商心目中的优先地位。

3. 技术配套能力

技术配套能力通常从四个维度进行评估：技术储备、技术平台、技术人才和技术支持与服务。技术储备是否具备“三代”特征，即开发一代、应用一代、储备一代，这反映了供应商持续配套的能力。技术平台是指供应商完全自主研发，能够整合社会资源，使产学研（产业界、学术界与研究院）相结合的研发平台。技术人才包括技术研发人员的数量是否足够，比例是否合适，素质如何（高、中、初级研发人员的占比），结构如何（老年人、中年人、青年人的占比），技术传承的机制是否确立。技术支持与服务则包括在售前研发阶段能否早期参与采购方的产品开发与设计，售中生产制造阶段能否支持解决相应的技术问题，售后产品应用或者客户投诉时能否及时提供相应的解决方案，以共同致力于提高客户满意度。

4. 资金实力

资金实力主要指供应商的绝对资金实力和现金流的管理能力，这将直接影响付款方式与付款周期，最终影响采购的总成本。同时，供应商的资金实力的影响还包括以下情况：当需要扩充产能时及时投入，以保障与采购方需求同步增长。管理理念包括两个主要层面：一是对所经营行业与产业的专注度及持续追求，二是对管理系统提升的热情与投入。如果供应商的产品线经常大幅度调整，这将直接影响对采购方的供应保障；而对管理系统提升的重视将最终影响与采购方是否能够“讲同一种语言”。当采购方业务发展到一定阶段，就必须不断提高自身的管理水平，就会很快发现供应商的管理水平将成为业务增长的限制因素，建设有竞争力的供应链取决于供应商管理系统的持续提升。

5. 管理理念

管理理念的趋同需要供需双方高层的对话，通常通过举办与供应商高层的年度研讨会来传递企业未来的发展方向与目标，寻求与供应商的持续合作和管理理念的认同。

（二）供应风险控制战略

企业一般通过供应商的经典“四分法”制定供应风险控制战略。供应商的经典“四分法”是根据采购金额与供应风险的大小将供应商分为四类：一般型、战略型、杠杆型和瓶颈型，如图 12－1 所示。

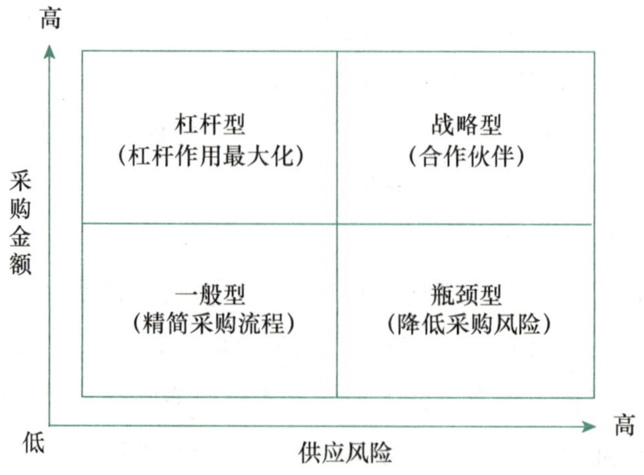

图 12－1　供应商的经典“四分法”

1. 一般型供应商

一般型供应商是指采购金额不大、供应风险也很低的那些供应商。它们通常提供MRO产品，如办公用品与设备、备品备件、实验仪器与试剂、劳保用品、低值易耗品等。对于一般型供应商的管理，要点是精简内部流程，用最简单的方法去采购。

2. 战略型供应商

战略型供应商是指采购金额很大，供应风险也很高的供应商，它们通常提供战略型的物资，对产品的质量、成本和交货保障至关重要。战略型供应商也意味着它会牺牲短期的利益，少赚钱甚至不赚钱，以此获得与采购方长期的共赢。对于战略型供应商的管理，要点是建立双赢伙伴关系，致力于长期紧密合作。

3. 杠杆型供应商

杠杆型供应商是指采购金额很大，但供应风险很小的那些供应商。杠杆型供应商有三个显著特征，即标准件、同质化和竞争性。它们通常提供标准件，产品的同质化程度很高，同时所处的供应市场形态属于竞争性的。也就是说，采购方有多个货源提供相同的产品，产品间没有什么差异，此时最需要关注的是采购价格。对于杠杆型供应商的管理，要点是杠杆作用最大化，价格越低越好。

4. 瓶颈型供应商

瓶颈型供应商是指采购金额很小，但供应风险很大的那些供应商。瓶颈型供应商有三个显著特征，即非标准件、定制的与垄断性。它们通常提供非标准件，产品的同质化程度很低，常常是定制的或者客户有特殊要求的；同时所处的供应市场形态是垄断性的，这种垄断是技术性的、政策性的、行业性的或是资金方面的原因造成的。也就是说，采购方能够选择的货源不多，而产品差异较大，此时最需要关注的是能够把东西买回来。对于瓶颈型供应商管理，要点是降低风险，保障供应。

三、供应商关系动态管理

上述供应商的分类不是一成不变的，每个企业的需求市场在变化，生产的产品在变化，采购材料的种类与用量也相应变化，采购金额与供应风险也将发生变化。按照“四分法”，供应商类别不同，对供应商管理的策略也不一样，对供应商一定要进行动态管理，如图 12－2 所示。

因此，每一年至少应该对供应商的分类重新评估一次，有需要就进行适当调整，这样才便于提高采购效率，降低采购成本。供应商关系动态管理具体内容如下：

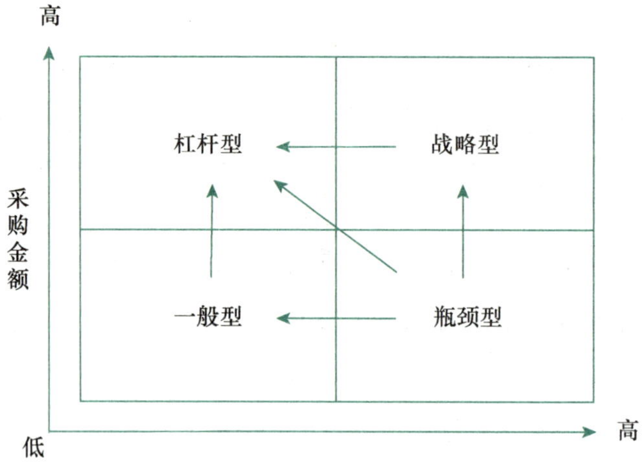

图 12-2 供应商分类动态管理

(一) 一般型供应商

(1) 源头控制，审查供应资质、能力，减少供应商数量。

(2) 逐渐取消代理制，减少中间环节，降低成本。

(3) 通过招标、变更付款方式等手段降低成本。

(4) 简化采购流程，缩小采购半径，实现零库存。

(二) 战略型供应商

(1) 推进新产品早期参与，扶植同类全系列产品开发。

(2) 增加产品供应商份额，逐步实现产品免检和集成采购。

(3) 进行技术、信息和管理等方面的交流和合作。

(4) 利用年度供应商会议进行表彰和奖励。

(5) 致力于质量持续改善和成本降低。

(三) 杠杆型供应商

(1) 实施供应商整合，提高产品集中度，发挥规模效应。

(2) 通过招标、降价和返利等方式发挥价格杠杆作用。

(3) 简化产品开发、验证、价格和份额调整等杠杆方面流程，提高工作效率。

(四) 瓶颈型供应商

1. 质量瓶颈型

(1) 供应商辅导、整改。

(2) 开发新供应商替代。

2. 产能瓶颈型

(1) 加强沟通，增进理解和信任，推动向一般型供应商、战略型供应商和杠杆型供应商转变。

（2）实施批量采购，储备适量库存。

（3）绝对产能不足则开发新供方补充或替代。

3. 技术瓶颈型

通过技术交流，从设计上降低技术难度，消除壁垒。

4. 资金瓶颈型

（1）实施标准化采购。

（2）开发新供应商替代。

5. 理念瓶颈型

缺少持续发展的动力，开发新供应商替代。

第三节　供应商整合

一、供应商整合的概念

供应商整合是指充分利用供应资源，促进供应商在质量、成本、服务和创新等方面持续改进，协调发展供应商的管理措施。供应商整合的内容十分广泛，包括业务外包、减少供应商数量、提升供应商质量管理与物流服务水平、利用供应商技术与品牌、让供应商前期参与新产品开发等。

二、整合供应商的障碍

整合供应商是供应链管理的重要内容，整合供应商有利于企业降低采购和物流成本，促进企业技术进步，提升核心竞争力。但是，由于企业在供应链中所处地位不同、市场供需状况不同，整合供应商会遇到各种障碍，需要企业加以克服。整合供应商的障碍主要有以下几个方面：

（一）整合供应商的外部障碍

1. 商务限制

（1）供应商垄断市场。

（2）供应商市场有限。

（3）产品技术、环保受法律条款限制。

（4）与供应商关系紧张。

（5）专利产品。

（6）限制最低采购量。

（7）地点太远。

2. 技术限制

（1）技术垄断。

（2）产品寿命太短。

（3）缺乏技术标准。

（4）质量不合适。

（5）供应商能力不够。

排除整合供应商外部障碍的途径就是加强供应商开发，不断优化采购渠道。与供应商建立长期合作伙伴关系。通过培养供应商或自行开发来应对垄断供应商，确保企业可持续发展。

（二）整合供应商的内部障碍

1. 内部商务限制

（1）集团公司内部采购。

（2）使用部门指定供应商。

（3）企业内多个部门都与供应商接触。

（4）内部交流不够。

（5）需求计划变化频繁。

（6）采购部门权力不足。

（7）价格指定。

（8）采购区域指定。

（9）过于考虑工业安全性。

（10）采购数量太少，开发周期太长。

2. 内部技术限制

（1）技术规范过于苛刻。

（2）质量标准过高。

（3）没有进行价值分析。

（4）认可新的供应商困难。

（5）新产品缺乏标准。

(6) 技术部门指定生产厂家。

排除整合供应商内部障碍的途径就是加强采购部门与其他部门的沟通和协作，建立采购前期参与产品开发的机制，在采购前应加强对产品需求、技术与检测标准的分析并达成共识，应规范采购、请购行为，杜绝采购过程中的舞弊行为，只有这样，采购部门与供应商打交道时才不会处于被动地位，在合作中才能为企业争得利益。

三、整合供应商的策略

(一) 从采购管理向供应商管理转变

传统采购管理的不足之处就是与供应商之间缺乏合作，缺乏柔性和对需求快速响应的能力。准时化思想出现以后，对企业的供应链管理提出了严峻挑战，需要改变传统的单纯为库存而采购的管理模式，提高采购的柔性和市场响应能力，增加与供应商的信息联系和相互之间的合作，建立新的供需合作模式。在传统的采购模式中，一方面，供应商对采购部门的要求不能得到实时响应；另一方面，对于产品的质量控制也只能进行事后把关，不能进行实时控制，这些缺陷使供应链企业无法实现同步化运作。为此，供应链管理采购模式就是实施有效的外部资源管理。这是将事后把关转变为事中控制的有效途径，即供应商管理。

实施供应商管理也是实施精细化生产、零库存生产的要求。供应链管理中的一个重要思想是在生产控制中采用基于订单流的准时化生产模式，使供应链企业的业务流程朝着精细化生产努力，即实现生产过程的“零”化管理，包括零缺陷、零库存、零交货期、零故障、零纸张、零废料、零事故。

供应链管理思想就是系统性、协调性、集成性、同步性，而供应商管理是实现供应链管理上述思想的一个重要步骤。例如，参与到供应商的产品设计和产品质量控制过程中去，这种同步化和集成化的运营是供应商管理的重要模式。

通过同步化和集成化的供应链计划使供应商和采购方企业在响应需求方面取得一致性的行动，提高采购方企业经营的敏捷性，缩短总周期时间而快速反应，减少库存而降低运营成本和风险。

从供应商的角度来说，如果缺乏和采购方的合作，库存、交货批量就会比较大，而且在质量、需求方面都无法获得有效的控制。通过建立合作式采购策略，把采购方的生产思想扩展到供应商，加强了供需之间的联系与合作。

在开放性的动态信息交互下，面对市场需求的变化，供应商能够做出快速反应，提高了供应商的应变能力。对采购方来说，通过和供应商建立合作关系，实施协同采购，管理水平得到提高，制造过程与产品质量得到有效控制，降低成本，增加制造的精益性。

（二）建立信息交流与共享机制

信息交流有助于减少投机行为，有助于促进重要生产信息的自由流动。为加强与供应商的信息交流，可以从以下几个方面着手：

（1）和供应商经常进行有关成本、作业计划、质量控制信息的交流与沟通，保证信息的一致性和准确性。

（2）实施并行工程，在产品设计阶段让供应商参与进来，这样供应商可以在原材料和零部件的性能和功能方面提供有关信息，为实施质量功能配置的产品开发方法创造条件，把自己的价值需求及时转化为供应商的原材料和零部件的质量与功能要求。

（3）建立联合的任务小组解决共同关心的问题。与供应商建立一种基于团队的工作小组，双方有关人员共同解决供应过程和制造过程中遇到的各种问题。

（4）经常互访，及时发现和解决各自在合作过程中出现的问题，营造良好的合作氛围。

（5）使用电子数据交换和互联网技术进行快速的数据传输。

（三）建立供应商的激励机制

要保持长期的双赢关系，对供应商的激励是非常重要的，没有有效的激励机制就不可能维持良好的供应关系。在激励机制的设计上，要体现公平、一致的原则，如给予供应商价格折扣和柔性合同、赠送股权等，使供应商和制造商分享成功。

（四）实现供应商评价方法和手段合理化

要采取供应商的激励机制，就必须对供应商的业绩进行评价，使供应商不断改进。对供应商的评价要抓住关键绩效指标或问题，例如交货质量是否改善了、提前期是否缩短了、交货准时率是否提高了等。通过评价，把结果反馈给供应商，与供应商一起共同探讨问题产生的根源并采取相应的措施予以改进。

（五）实行企业与供应商一体化管理

企业与供应商一体化是指企业在与供应商共享库存、需求等方面信息的基础上，根据供应情况实时调整自己的计划和执行交付的过程。同时，供应商根据企业实时的库存、计划等信息实时调整自己的计划，从而在不牺牲服务水平的基础上降低库存。

在整个供应链的供应网络中，有很多不能精确确定的因素，如采购提前期、供应商的生产能力等。如果企业不能够及时了解这些情况，会影响整个供应链的供需关系，导致不能按时满足客户的需求。而实时协同就可以使双方快速沟通，进而发现和解决问题。

现在的企业可以充分利用基于互联网的 ERP 企业管理软件进行采购的协同。一般而言，供应商协同战略主要有以下几种形式：

1. 预测协同

企业把对最终产品的中长期预测和期望的客户服务水平传达给相关供应链上的供应商，供应商根据自己的能力将自己所能做的承诺反馈给企业，使企业采购部门能够对自己供应链上的企业有非常清晰的了解。

2. 库存信息协同

企业将自己部分物料的库存情况和供应商形成共享，使供应商对其上游企业有很好的可视性，提高交货的准确度和速度。

3. 采购计划协同

企业将自己近期的采购计划定期下达给供应链上的供应商，供应商可以根据该采购计划进行供应商自己生产计划的安排和备货，从而提高交货速度。

4. 采购订单的执行协同

企业通过互联网下达采购订单给供应商，供应商将采购订单的执行情况及时传达，使企业对采购订单执行情况有明确的了解，以便及时进行调整。

5. 产品设计协同

客户或企业内部研发部门设计个性化产品时，将新产品的零部件及时与供应链上的供应商共享，供应商也可以争取在第一时间进行产品研发。

（六）实行准时制采购

在传统的采购模式中，采购目的很简单，就是为了补充库存，即为库存而采购。采购部门并不关心企业的生产过程，不了解生产的进度和产品需求的变化，因此，采购过程缺乏主动性，采购部门制订的采购计划很难适应制造需求的变化。

在供应链管理模式下，采购活动追求的“零库存”是以订单驱动方式进行的，制造订单是在客户需求订单的驱动下产生的，然后制造订单驱动采购订单，采购订单再驱动供应商。这种准时化订单驱动模式使供应链系统得以准时响应客户的需求，从而降低了库存成本，提高了物流的速度和库存周转率。

准时制采购的基本思想是在恰当的时间、恰当的地点，以恰当的数量、恰当的质量提供恰当的物品。

1. 订单驱动的采购方式特点

（1）与供应商建立战略合作伙伴关系，签订合作框架协议，使交易手续大大简化。

（2）在同步化供应链计划的协调下，制造计划、采购计划与供货计划能够同时进行，大大缩短了交货期，实现了供应链运作同步化。

（3）供应商的供货活动与客户需求实现无间隙对接，做到物料包装采用标准周期容器或专用工位器具，物料供应实现实时配送，大大加快物料周转，降低库存，提高物流运作效率。

（4）为订单采购而非为库存采购，大大降低了库存风险，提高了企业对市场需求的快速反应能力。

2. 实施准时化采购的关键影响因素

（1）创建准时化采购团队。世界一流企业的专业采购人员有如下责任：寻找货源、商定价格、发展与供应商的协作关系并不断改进。因此，专业化、高素质的采购队伍对实施准时化采购至关重要。为此，企业应成立两个团队，一个团队是专门处理供应商事务的团队，该团队的任务是认定和评估供应商的信誉、能力，或与供应商谈判签订准时化订货合同，向供应商发放免检签证等，同时要负责供应商的培训与教育；另一个团队是专门从事消除采购过程中浪费的团队。团队人员应对准时化采购的方法有充分的了解和认识，在必要时对其进行培训。如果这些人员本身对准时化采购的了解和认识不彻底，就不可能指望与供应商合作。

（2）精选少数供应商建立伙伴关系。选择供应商应从这几个方面考虑：产品质量、供货情况、应变能力、地理位置、企业规模、财务状况、技术能力、价格及与其他供应商的可替代性等。

（3）选择最佳的供应商，并对供应商进行有效的管理是准时化采购成功的基石。制订计划，确保准时化采购策略有计划、有步骤地实施。企业要制定采购策略，改进当前的采购方式，着手减少供应商的数量，正确评价供应商，向供应商发放签证。在这个过程中，企业采购部门应与供应商一起商定准时化采购的目标和有关措施，保持经常性的信息沟通。

（4）做好试点工作。企业可以先从某种产品或某条生产线开始，进行零部件或原材料的准时化供应试点工作。在试点过程中，取得各个部门的支持是很重要的，特别是生产部门的支持。试点之后要及时进行经验总结，为正式实施准时化采购打下基础。

（5）做好供应商培训工作，确定共同目标。准时化采购是供需双方共同的业务活动，单靠采购部门的努力是不够的，还需要供应商的配合。只有供应商对准时化采购的策略和运作方法有了认识和理解，才能获得他们的支持和配合，因此，需要对供应商进行教育培训。通过培训，双方可以取得一致的目标，相互之间能够很好地协调，做好采购的准时化工作。可以说，供应商与企业的紧密合作是准时化采购成功的钥匙。

（6）卓有成效的采购过程质量控制。采购过程质量控制是准时化采购成功的保证。准时化采购和传统采购方式的不同之处在于采购方需要对采购产品进行比较多的检验手续。做到这一点，需要供应商做到提供 100%的合格产品。当供应商符合这一要求时，即发给其免检证书。

（7）实现配合准时化生产的交货方式。准时化采购的最终目标是实现企业的生产准时化，为此，要实现从预测的交货方式向准时化适时交货方式转变。

（七）与供应商建立战略联盟

供应链战略联盟是企业为共同利益所形成的联合体，它的出发点是利用各方协作能实现任何一方无法实现的目标。世界著名的零售商沃尔玛在建立战略联盟方面做得较为出色。沃尔玛同 5 000 多家供应商建立伙伴关系，依靠先进的电子数据交换系统同供应商协调工作。该系统使供应商能以战略性长期合作的模式同沃尔玛一道工作，降低生产和物流成本，并且又将节省成本获得的收益传递给沃尔玛，给沃尔玛最优惠的价格。这就可以真正做到双方收益共享，沃尔玛在此基础上提出了著名的“天天平价”的口号。供应链战略联盟与普通的企业间关系的区别见表 12－3。

表 12－3　供应链战略联盟与普通的企业间关系的区别

比较项目	普通的企业间关系	供应链战略联盟
买方、卖方的关系	买卖关系	伙伴关系
合作期限	短	长
供货周期	长	短
供货方式	大批量送货	实时配送或寄售
质量保证	需要检验	免检
订货方式	采购订单	电子数据交换
交流频次	零星	连续
产品设计过程	先设计，再采购	共同参与，同步采购
生产数量	大批量	小批量
成本	考虑降低自身成本	考虑降低双方成本
风险	转嫁风险	风险共担

四、供应商整合途径

（一）供应商数量整合

供应商数量整合即减少供应商数量。通过集中采购，减少供应商数量，与供应商建立合作伙伴关系，有利于降低成本，更好地利用供应商资源。减少供应商数量的措施包括以下几类。

1. 推进产品标准化

推进产品标准化可以整合需求，减少物料品种数，有利于降低采购成本，有效控制库存，也有利于集中采购，减少供应商数量。

2. 实行集中统一采购

通过实行统一采购或招标采购方式，可以使分散采购集中化，有利于提升采购议价能力，防范采购舞弊行为。

3. 采用模块化采购方式

模块化采购即由核心供应商将相关复杂零部件组装成更大的单元供货。这种供货方式可以降低供应商的物流成本，也有利于采购方缩短生产周期，是目前汽车行业最普遍的采购方式之一，如图 12－3 所示。

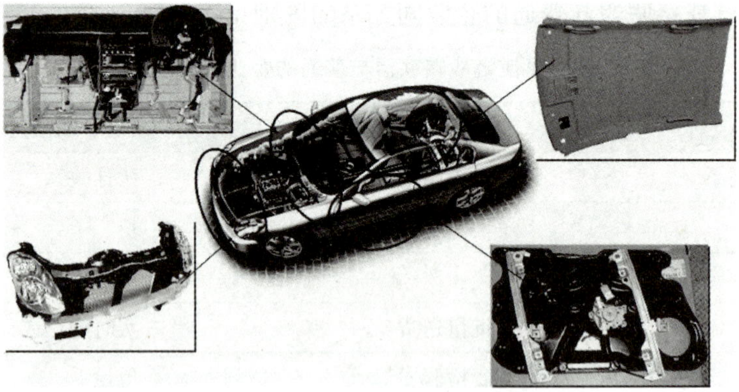

图 12－3　零部件模块化

4. 采购外包

采购外包就是对品种多、采购批量小的零星物料集中打包委托第三方代理采购，或指定产品品牌、采购渠道，委托供应商代理采购的采购方式。通过化零为整的采购方式，有利于降低采购成本和采购风险。随着服务业的不断发展，企业采购外包将成为一种趋势。

（二）供应商资源整合

供应商资源整合就是采购方充分利用供应商技术、成本和条件等优势，降低采购或物流成本，提升核心竞争力的采购策略。主要包括以下几项内容：

（1）供应商早期介入产品开发，缩短产品开发周期。

（2）利用供应商的技术优势解决质量、成本、服务问题。

（3）使供方从单纯确保交货质量向产品质量与服务保障转化。

（4）排除双方合作接口障碍——改进包装方式，采用周转容器或专用工位器具，既有利于降低供应商包装成本，也有利于降低采购方转化包装、分装作业成本及由此产生的货损，例如汽车制造企业工位器具安排，如图 12－4 所示。

图 12－4 汽车制造企业工位器具

（5）供应商从单纯供货向提供全方位的物流服务转化。供应商不同的供货方式直接影响采购方的物流成本和库存水平，采购方应通过加强供应商管理，促使其提高物流服务水平。不同供货方式对买卖双方利益的影响见表 12－4。

表 12－4 不同供货方式对买卖双方利益的影响

供货方式	适用情况	对采购方利益的影响	对供应商利益的影响
定时、定量供货	远距离供货	库存风险大	批量大，成本低
适时供货	近距离供货	库存低，适应性强	运输成本高
寄售库存	远距离供货	资金占用少，占用仓库空间大	降低运输成本，密切合作关系
直送工位	体积大、笨重、易碎物料	资金占用少，占用仓库空间少，质量风险大	运输成本高，质量要求高
模块供货	相关性强的物料	采购业务效率高，便于供应商管理	降低运输成本，提高销售收入
采用标准工位器具供货	定型、常用、量大的物料	便于计数，减少重复劳动，提高效率	降低包装成本，提高服务水平
免检供货	质量优秀的供应商	缩短供货周期	产品质量、检测要求高

参考文献

［1］翟光明，郭淑红，时锦秀．采购与供应商管理操作实务．北京：中国物资出版社，2011.

［2］周云．采购成本控制与供应商管理．2 版．北京：机械工业出版社，2015.

［3］朱仕友，孙科柳．供应商管理实操手册．北京：中国电力出版社，2012.

［4］刘宝红．采购与供应链管理．2 版．北京：机械工业出版社，2015.

［5］陆微，宋秀丽，高深．汽车企业物流与供应链管理及经典案例分析．2 版．北京：机械工业出版社，2013.

［6］丁宁．采购与供应商管理．北京：清华大学出版社，2012.

［7］张彤．采购与供应管理（微课版）．北京：清华大学出版社，2020.